U0451296

本书为国家社科基金一般项目"湘西苗疆'国家化'进程研究"（19BMZ021）的阶段性成果

湖南华洋筹赈会辛酉旱赈湘西研究

曹景文◎著

中国社会科学出版社

图书在版编目（CIP）数据

湖南华洋筹赈会辛酉旱赈湘西研究/曹景文著.—北京：中国社会科学出版社，2021.7

ISBN 978-7-5203-8404-9

Ⅰ.①湖… Ⅱ.①曹… Ⅲ.①救灾—史料—湖南—民国 Ⅳ.①D693.66

中国版本图书馆 CIP 数据核字（2021）第 086778 号

出 版 人	赵剑英
责任编辑	安　芳
特约编辑	张　婷
责任校对	张爱华
责任印制	李寡寡

出　　版	中国社会科学出版社
社　　址	北京鼓楼西大街甲 158 号
邮　　编	100720
网　　址	http://www.csspw.cn
发 行 部	010-84083685
门 市 部	010-84029450
经　　销	新华书店及其他书店
印　　刷	北京明恒达印务有限公司
装　　订	廊坊市广阳区广增装订厂
版　　次	2021 年 7 月第 1 版
印　　次	2021 年 7 月第 1 次印刷
开　　本	710×1000　1/16
印　　张	17.25
插　　页	2
字　　数	266 千字
定　　价	98.00 元

凡购买中国社会科学出版社图书，如有质量问题请与本社营销中心联系调换
电话：010-84083683
版权所有　侵权必究

目　录

绪　言 ……………………………………………………………… (1)

第一章　辛酉湘西旱荒灾重 ……………………………………… (4)
　第一节　辛酉湘西春荒 ………………………………………… (5)
　　一　湘西春荒甚重 …………………………………………… (5)
　　二　春赈湘西 ………………………………………………… (7)
　第二节　辛酉湘西旱荒 ………………………………………… (9)
　　一　因旱致灾 ………………………………………………… (9)
　　二　民众无力抗灾 …………………………………………… (11)
　　三　外界质疑湖南有灾 ……………………………………… (15)
　结　语 …………………………………………………………… (17)

第二章　湘西请赈 ………………………………………………… (18)
　第一节　地方请赈 ……………………………………………… (18)
　第二节　陈渠珍代请 …………………………………………… (21)
　结　语 …………………………………………………………… (29)

第三章　华洋会勘灾定等 ………………………………………… (30)
　第一节　实地勘灾制度 ………………………………………… (30)
　　一　春荒灾报不实 …………………………………………… (30)
　　二　旱荒实地勘灾制度 ……………………………………… (32)

  三 华调查员西路勘灾报告……………………………………（33）
  四 洋调查员西路勘灾报告……………………………………（37）
  五 赈务处西路勘灾报告………………………………………（41）
 第二节 旱灾定等制度……………………………………………（42）
  一 旱荒辛酉定等…………………………………………………（42）
  二 旱荒壬戌定等…………………………………………………（46）
 第三节 湘西所受旱赈……………………………………………（51）
 结 语……………………………………………………………………（55）

第四章 散赈路界争议……………………………………………（56）
 第一节 灾县定等双重标准之争…………………………………（56）
  一 湘西烟苗情事标准……………………………………………（57）
  二 湘西灾县降等及赈款扣（停）发……………………………（58）
  三 双重标准质疑…………………………………………………（60）
 第二节 赈粮分等标准之争………………………………………（62）
  一 评议会坚持普惠标准…………………………………………（62）
  二 干事会遵从……………………………………………………（65）
 第三节 赈款分等标准之争………………………………………（66）
  一 普惠与灾重：标准冲突………………………………………（66）
  二 重订"非赈不生"标准………………………………………（68）
  三 评议会查赈账…………………………………………………（69）
 结 语……………………………………………………………………（73）

第五章 辛酉工赈预期路款之泰平械款……………………………（75）
 第一节 泰平公司在华军售………………………………………（75）
  一 日本陆军省组建泰平公司……………………………………（75）
  二 泰平公司清末对华军售………………………………………（78）
  三 辛亥革命期间泰平公司对华军售……………………………（80）
 第二节 张敬尧签约购买泰平公司械弹………………………（84）
  一 购械时的国际国内形势………………………………………（85）

二　购械动机 ……………………………………………………… (89)
　　三　购械条件合同 ………………………………………………… (90)
　　四　购械定款 ……………………………………………………… (94)
　　五　购械正式合同 ………………………………………………… (96)
　第三节　泰平械款交涉时的国内外局势 ………………………………… (98)
　　一　外国公使团禁止军火输华 …………………………………… (98)
　　二　日本对华外交政策的转换 …………………………………… (100)
　　三　械款交涉时的国内局势 ……………………………………… (102)
　第四节　张敬尧秘密交涉泰平械款 ……………………………………… (105)
　　一　张湘督要求守约交械 ………………………………………… (105)
　　二　张前督废约退款 ……………………………………………… (109)
　第五节　日本拖延交械对策的确立 ……………………………………… (113)
　　一　日本外务省主张拖延交械 …………………………………… (113)
　　二　日本陆军省坚持守约交械 …………………………………… (118)
　第六节　赵恒惕治湘时的械款交涉 ……………………………………… (123)
　　一　湖南获悉张敬尧购械定款 …………………………………… (123)
　　二　太平械款充作辛酉旱赈 ……………………………………… (125)
　　三　湖南对索回械款之乐观预估 ………………………………… (127)
　　四　械款交涉愈加复杂 …………………………………………… (131)
　　五　湖南械款交涉态度趋向强硬 ………………………………… (136)
　　六　械款交涉无果 ………………………………………………… (148)
　结　语 ………………………………………………………………………… (154)

第六章　辛酉工赈其他预期路款与使用争议 ……………………………… (156)
　第一节　辛酉工赈预期路款之米盐公股款 ……………………………… (156)
　第二节　辛酉工赈预期路款之"美款" …………………………………… (161)
　结　语 ………………………………………………………………………… (164)

第七章　图赈还是图路：工赈路界争议 ……………………………………… (165)
　第一节　重赈还是重工——首修段择定争议 …………………………… (165)

一　各方设计工赈路线图方案 …………………………………（166）
　　二　赈路首修段的择定 ……………………………………………（169）
　　三　重赈还是重工：筑路宗旨争议 ………………………………（171）
第二节　赈路还是省路：工赈路线图择定争议 ………………………（176）
　　一　各方路线图设计利益考量 ……………………………………（176）
　　二　省路还是赈路：路线图择定争议 ……………………………（181）
结　语 ………………………………………………………………………（186）

第八章　湘西整体贫困 ………………………………………………（187）

第一节　湘西因兵致贫 …………………………………………………（188）
　　一　滇军假道湘西 …………………………………………………（188）
　　二　徒手黔兵假道湘西 ……………………………………………（195）
　　三　本土军队坐食勒派 ……………………………………………（201）
第二节　湘西因匪致贫 …………………………………………………（205）
　　一　旱荒前后湘西匪患严重 ………………………………………（205）
　　二　湘西剿匪无力 …………………………………………………（211）
　　三　因贫成匪与因匪致贫 …………………………………………（214）
第三节　湘西因毒致贫 …………………………………………………（218）
　　一　湘西成为烟毒温床 ……………………………………………（218）
　　二　湘西烟毒泛滥 …………………………………………………（220）
第四节　湘西整体贫困 …………………………………………………（222）
　　一　苛税繁重 ………………………………………………………（222）
　　二　收入歉薄 ………………………………………………………（224）
　　三　教育破产 ………………………………………………………（225）
　　四　湘西十县教育改进及其失败 …………………………………（229）

余　论　新时代湘西整体脱贫 ………………………………………（238）

附录一 ……………………………………………………………………（245）
《湖南华洋筹赈会续订办事章程》 ……………………………………（245）

《湖南华洋筹赈会简章》（原订） …………………………………（246）
湖南华洋筹赈会成立电 ……………………………………………（247）
《湖南华洋筹赈会分会章程》 ………………………………………（249）
《湖南华洋筹赈会调查员暂行规则》 ………………………………（250）
湖南华洋筹赈会分区委员勘灾电 …………………………………（252）
本会委派调查各灾区调查员一览表 ………………………………（253）
《湖南华洋筹赈会分设办事处简章》 ………………………………（253）
湖南华洋筹赈会评议员一览表 ……………………………………（254）
《湖南华洋筹赈会评议会章程》 ……………………………………（257）
《湖南华洋筹赈会改订路工办法》 …………………………………（259）

附录二 ………………………………………………………………（261）

参考文献 ……………………………………………………………（264）

致　谢 ………………………………………………………………（269）

绪　　言

民国辛酉湖南旱荒灾重，急需赈援。湖南辛酉旱灾地域之广，灾民之多，灾重之深，堪居民国时期灾荒前列。中西南三路[①]75县，就有60县受旱成灾，其中西路占有20余，且整体灾情最重。西路湘西各灾县，在注重内部挖潜自救的同时，积极争取包括湖南华洋筹赈会（以下简称"华洋会"）、全国及各省慈善组织、国外在华慈善组织等，以及旅居省外湘人等在内的团体和个人的大力援助，以图纾解旱荒。

1921年6月组织成立的华洋会，属于义赈机构，在洋干事们把持下主持辛酉赈务，直到1923年初收束[②]，标志着"湖南赈务由传统全面向近代化过渡"[③]。1922年9月，湖南防灾协会成立，开始逐步取代华洋会，履行湖南赈务职能。

[①] "路界"一词源于清末湖南办理新型高等教育时，为便利各县学生就近入学，按地区分设中、西、南三路师范学堂。中路师范设长沙，辖长沙、岳州、宝庆；西路师范设常德，辖常德、澧州、辰州；南路师范设衡阳，辖衡州、永州、郴州。（参见陶菊隐《记者生活三十年》，中华书局2005年版，第28页。）华洋会委定灾情区域调查员时，援以中西南三路划分。南路县份有衡山、衡阳、永兴、耒阳、安仁、酃县、常宁、桂阳、新田、嘉禾、临武、蓝山、宁远、祁阳、零陵、东安、道县、永明、郴县、宜章、资兴、汝城、桂东，中路县份有长沙、湘潭、浏阳、醴陵、攸县、茶陵、宁乡、益阳、湘乡、宝庆、新化、安化、新宁、城步、武冈、湘阴、岳阳、平江、临湘，西路县份主要包括常德、桃源、汉寿、澧县、石门、临澧、华容、安乡、汉寿、慈利、南县、沅江、会同、通道、黔阳、晃县、靖州、大庸、桑植、沅陵、辰溪、溆浦、芷江、麻阳、泸溪、永顺、古丈、保靖、龙山、乾城、凤凰、永绥。

[②] 华洋会赈务职责本应于1922年10月收束，但因泰平械款、米盐公股款等的交涉和领取，一开始就以华洋会的名义进行，外加辛酉赈务扫尾工作未全部完成。因此，一直拖到1923年才最终收束。

[③] 郑自军：《湖南辛酉大旱（1921年）及赈务研究》，《历史教学》2002年第5期。

华洋会倾其全力，义务筹维辛酉旱荒，一定程度上有效缓解了全省尤其是中南两路灾轻县份的灾荒。以熊希龄为首的华洋会，致力服务于辛酉赈务。建章立制，规范辛酉赈务；协调湖南华洋会与全国华洋会及北京赈务处之关系，为湖南争取赈济之公平对待；协调省内政府、军队、议会、地方灾县、各公团等对旱荒赈务的支持与理解，筹划赈务顺利运行；千方百计募集善款，解省（县）赈灾，尤其是作用于赈路之日本泰平公司①械款、米盐公股款和美国华北赈灾余款，费力尤多；会议勘灾定等，力图管住米粮出省，承担维护米禁之司法审判职能。凡此种种，华洋各干事，为湖南灾黎，可说是费心尽力，赈济灾轻县份效果明显好过灾重西路县份。

华洋会施赈反而招致不满，军阀却混战加剧旱荒，颇具讽刺意味，不过倒也是民初社会的常态。在旱荒勘灾定等上，把持赈务的洋干事们偏据注重湘西烟苗情事的洋牧师报告，客观上出现了中南两路灾重与西路烟苗情事的双重标准，致使灾重西路县份反倒降等受赈甚至赈款粮被扣或停发，引起地方极大不满。西路与因罹受兵燹匪祸或旱荒之中南两路一道，质问华洋会施赈不公；加以赈路资金来源于省款和美款，工赈路线图方案与潭宝首修段的择定，使义务筹维赈务的干事会尤其是洋干事们饱受非议，被迫改革赈务相妥协。更甚者，军阀割据时代的赵恒惕政府，其关注重点并非普罗大众的生死前途，以至于辛酉年旱荒灾重时，发动湘鄂战争，以图扩充势力。战争耗资百万，进一步削弱了民众的御灾能力，加剧旱荒整体严重程度，致使华洋会赈济效果大打折扣。民初湖南社会病态可见一斑。

湘西病态，其源头乃在兵匪毒灾及其摧残下濒于破产的教育，加剧了其整体深度贫困的发展。辛酉旱荒，湘西受灾并不比中路的新化安化宝庆桃花坪等为重，其受赈也较中南两路为多，但赈济效果并不明显。究其原因，乃在于社会病源较为特殊，即军阀割据时代的湖南西陲边地，连年兵燹，军队坐食勒派，无日不有；苛捐杂税，尤重于他路；湘西匪

---

① 泰平公司即泰平组合，民初国人常称之为太平公司；为与同时期长沙美商太平公司相区分，除史料原文用"太平"一词之外，其余一律取用泰平。

患，史上留名；鸦片成为请客送礼的上等物，反映出荒废耕种之湘西烟苗种植尤早尤多，毒灾成形久已；民智落后与教育濒于破产背景下，湘西十县教育促进之谋划，实乃绝望中之最后挣扎，然于川军熊克武入湘时戛然而止。社会失范使民国湘西积重难返，辛酉旱荒不过使其整体深度贫困更为外显而已。

湘西的整体深度贫困，在脱贫攻坚决胜的今天，已经顺利摘帽。湘西历史上的整体深度贫困，非一己一地之力所能消除；唯待统一强大的中央政权的建立、完善的制度顶层设计、中央对贫困地区大力扶持的落地，以及湘西地方文教事业的大力发展与民众脱贫内生动力的迸发。今时不同往日，自中华人民共和国成立尤其是自习近平总书记于湘西花垣十八洞村提出"精准扶贫"以来，在党中央坚强有力的领导与各方合力支持下，发动从各维度精准施策的脱贫攻坚战役，整体深度贫困日久的武陵山连片特困区，脱贫摘帽工作已经完成，已取得历史性的决胜。

学界既有湘西辛酉旱荒研究，主要集中在华洋会赈务的整体概述，以及个别著述对湘西荒赈与地方自救的零星介绍；然而，对湘西报荒请赈、华洋会筹募辛酉旱荒善款、施赈路界争议的探讨，为数不多；而从社会病态层面来分析湘西辛酉灾重的根源，尚不多见。见林者难见树，见树者不见林的瑕疵，当是本书予以着力避免的重点。因此，以灾荒史、社会史、外交史等为视角，通过广泛收集诸多有关湘西辛酉旱荒的中外文史料文献，将辛酉旱荒放在当时国际国内复杂的政治、外交、经济、军事等宏观背景下考察，在微观上着力阐析各方对旱荒及其赈济的考量与选择，厘清部分史实，尤其是从施赈之"他者"与受赈之"我者"的互动层面，试图还原华洋会旱赈湘西的历史真实。以蚍蜉之力，吹毛求疵式地在前人既有丰硕研究的基础上，希冀于学术进步有微小补益，诚乃幸事。

第一章

辛酉湘西旱荒灾重

民国早期行政建制层面上的湘西区域，包括今湘西州、怀化、张家界、邵阳、常德所辖之二十四县。民国三年（1914），湖南省废府州厅行政建制，保留道，州厅改名为县；改辰沅永靖兵备道为辰沅道，治署凤凰，辖凤凰、乾城、古丈、永绥、保靖、永顺、龙山、泸溪、桑植、沅陵、辰溪、麻阳、溆浦、芷江、黔阳、靖县、晃县、绥宁、会同、通道二十县。民国四年（1915）辰沅道尹署自凤凰迁驻沅陵，民国五年（1916）辰沅道尹署由沅陵移驻芷江，裁撤武陵道，将其所属大庸、石门、慈利、桃源四县划入，辖二十四县。

辛酉年，陈渠珍任湘西巡防军统领，防区覆盖湘西十一县，主治湘西十县。陈渠珍历任靖国联军第一军军长、湖南第一警备区司令、湘西巡防军统领（1920年）、北伐左翼军副总司令、陆军新编三十四师师长、沅陵行署主任、新六军军长等。民国九年（1920）冬，陈渠珍接任"统领湘西巡防各军兼永保龙桑绥古庸各县剿匪司令、镇乾绥永保古各绿营指挥"，防区覆盖永保龙桑凤乾绥古庸麻泸。1921年陈渠珍将统领部移驻保靖后，所开展的"湘西十县自治运动"中的湘西十县，是指永保龙桑凤乾绥古庸麻，不包括辰沅道治下的泸溪。

本书所涉之西路，主要聚焦于以今湘西怀化所辖为主体的西路之20个县，即会同、通道、黔阳、晃县、靖州、大庸、桑植、沅陵、辰溪、溆浦、芷江、麻阳、泸溪、永顺、古丈、保靖、龙山、乾城、凤凰、永绥。而本书所论湘西，主要依据陈渠珍就辛酉旱荒报灾请赈等，在与湖南华洋筹赈会和湖南省府院电报函文互动过程中所涉及的湘西各灾县，主要包括永保龙桑凤乾绥古麻芷泸庸等。

湖南辛酉旱荒叠接春荒，灾重异常。湘西本就春荒最重，加上比春荒更厉之旱荒打击，灾县地方只得上报呈请，以图无力御灾之边陲灾黎能够苟延生息。而湖南大量谷米出省，于旱荒前后一直持续，省外与省内洋人因此并不认为湖南辛酉旱荒成灾。

第一节　辛酉湘西春荒

一　湘西春荒甚重

连岁灾祲致辛酉湖南严重春荒。民国自然灾害，全国无年不有，湖南也不例外。民国九年湘省水旱虫灾所致辛酉春荒，一为地域甚广，"湘省春荒情形业已迭志，前报连日以来各属之续报春荒者，醴陵安化而外，湘西一带已至十八县之多，并醴陵安化新化沅江汉寿安乡等县计之，已不下三十县"[①]。二为灾民甚众，"全省春荒饥民达六七百万，其中仅保靖、永顺、龙山、桑植、永绥、古丈、安化、醴陵八县即有118万人，龙山、保靖、辰溪、沅陵一带饿死甚众"[②]。辛酉春荒已然相当严重，湘西为最。

湘西春荒不仅地域广，而且米价高昂、灾民凄惨，不堪言状。湖南急赈会（湖南华洋筹赈会的前身）所得湘西各县春荒报告书，"一桑植县：斗米四千；全县三十余万人，壮者转徙流离，老弱多投河自缢而死，尤以该县爱物乡四保地方为最。一永顺县：连遭水旱，民食如洗，斗米三千有奇，贫民食薇采葛。一保靖县：叠遭兵燹，益以荒年，斗米四千，无处得食，饿殍满地。一龙山县：连岁荒歉，迭遭兵匪；斗米三千，人民多掘草根而食，惨苦异常。一永绥县：兵燹荒灾，大概与保靖同。一古丈县：地素号枯瘠，加以连年荒迭，叠遭兵匪，灾情特甚。一乾城县：公私财储，一洗如空，米价三千，饥民遍野。一凤凰县：山多田少，既

[①]《湘省春荒与救济》，《申报》1921 年 5 月 21 日第 7 版。https://www.cnbksy.com/。
[②] 湖南历史考古研究所编：《湖南自然灾害年表》，湖南人民出版社 1961 年版，第 114—115 页。

遭旱灾，加以水患，匪患时闻；米价亦一斗三千；穷苦之户，已久已绝粟。—溆浦县：斗米二千，人民乏食，异常惶恐。—大庸县：边地贫瘠，致遭兵匪，畎亩荒芜，无人耕种；加之去岁荒旱，收成极微，有钱亦无处买米"①。永保龙桑凤乾绥古庸溆湘西十县，无一不荒。

春荒湘西各县，纷纷函电请赈。龙山由湖北来凤来电，"苦于谷米空虚，无款筹借。现蒙拨发赈谷一千石，车薪杯水，实难救济。青黄未接"，"慨捐赈款，俾得采购赈谷源源接济，救四十万生灵于水火之中"②，报荒请赈。辰溪荒情也不轻，"辰溪连年频经兵燹，重罹水火"，"而五八九各区军队，自上年麇集县城，日食加增，供不给求，仓储空虚，荒象显呈。日维方艰，恳请设法借谷三千石，以免饿莩"③。沅陵灾情紧急，一再电请。"沅陵地瘠民贫，势当要冲，频年军队蜂集，土匪纷扰，地方灾情，实与永保龙桑各属相等。现米价每石需铜元二十二串有奇，尚在增涨。此种荒象，实为沅陵六十年所未有。汪县莅任，目睹荒情，昨闻请加省谷六千石，以藉维持现状。"④ 六天之后，二度来电，"谷米一空，价值高涨，荒象已成"，"目前灾状，实与永保龙桑相等。加以地处冲要，邻区灾民流至就食者日渐多，呼号露宿，惨不忍睹"⑤。九天之后，三度电请，"沅陵地广人多，钱谷奇荒，且遍近重灾各区，饥民麇集，现约计达四十余万。至接新时，须仓米十万石以外"⑥。龙辰沅永保龙桑等湘西各属，春荒难以自救，只得呈请赈援。

辰州牧师傅兴华所报湘西春荒，印证了上述报荒非虚。"据报告，谷米甚形缺乏，价值每米一斗自二千六百文至三千文不等，贫民苦极，乞丐日增至不可收拾。附近乡间亦极缺米"，"城内现时尚存五日之粮"；"至江北一带，如保靖、永顺、永绥、乾城、古丈等处，数月来已无谷米

---

① 《急赈会所得之各县灾况》，《大公报》1921年5月25日第6版。本书所引《大公报》，无特殊说明，均为湖南《大公报》。
② 《又有两处请赈》，《大公报》1921年6月11日第6版。
③ 《急赈会又收到报荒电三则：辰溪来电》，《大公报》1921年6月3日第6版。
④ 《沅陵电请加赈》，《大公报》1921年5月20日第6版。
⑤ 《各县请赈来电一束：沅陵来电》，《大公报》1921年5月26日第6版。
⑥ 《急赈会又收到报荒电三则》，《大公报》1921年6月3日第6版。

可买，麦亦无收；泸溪情形紧迫，即辰溪溆浦，亦无可资分润也。"① 春荒情形紧急，湘西无县不是。

至于湘西春荒成因，普遍认为是人祸所致。湖南义赈会张宏铨②在致熊希龄电文中，分析了湘西春荒甚重的原因。"查湘西春荒以永顺所属为最重，因积年陷于匪穴，耕耨无多，盖藏益鲜，一过灾歉，荒象立呈。又永凤绥古山多田少，土地半归公有，平日给养大半仰给邻邑。现环境皆属歉岁，故斗米涨至三千有奇。"③ 上海《申报》也认为，"往岁湘省发生饥荒，每每不过数县"，"何以此次报荒者竟至三十县之多，究其原因大概如下：（一）连岁水旱虫灾，收成歉薄。（二）今年兵祸匪祸并至，一般人民地多失业；未失业者于布种下粪不肯十分用心，恐遭损失。（三）前此各属常有勒捐之事，人民无钱供应，只有将米谷贱价出售"。④ 民国无年不荒，全拜兵灾匪祸与当局勒捐等此类社会病态所赐。

二 春赈湘西

湖南义赈会所募春荒善款实难解困局，湘西受赈更是杯水车薪。"本会摊发第二批春赈县名款额及汇交教会地点表：沅陵、泸溪、辰溪、溆浦、凤凰、乾城、大庸、慈利、新化、黔阳、靖县、通道、会同为二千元，永绥、保靖、龙山、古丈、麻阳、芷江、晃县、桑植、安化、绥宁、宝庆为五千元，统一由辰州复初会何牧师接收。永顺为五千元，先由津市信义会福音堂乌牧师接收，后由乌牧师交永顺、大庸信义会梅牧师；省内其他灾县为六百或八百元（省内灾县共计七十一县）。"⑤ 春荒散赈成效仅是"差可告慰"。"承公（指熊凤凰）及聂云台在沪募集赈款十万元，摊拨灾区四十有四，无复存余；而此款内有二万五千元久未汇到，

---

① 《各县教会续报灾情》，《大公报》1921年6月13日第6版。
② 张宏铨，字伯衡，湘西乾城（今吉首市）人，早年留学日本，中华民国第一届国会第一期众议院湘省议员，与熊希龄共事二十余年。熊希龄在乾城张氏家谱序中，评价其为"为学兼通中外，敦行笃厚"。
③ 《义赈会致熊会长缄》，《大公报》1921年5月18日第6版。
④ 《湘省春荒与救济》，《申报》1921年5月21日第7版。
⑤ 湖南华洋筹赈会编：《湘灾周报第二号》（1921年10月23日）：专件，载国家图书馆古籍影印室编《民国赈灾史料初编》（壹），国家图书馆出版社2008年版，第697—698页。

电沪催询，均未得复。""本会募款有限，仅能补万一；但全活灾黎，已在十数万左右"；"差可告慰"。① 春赈所募到账赈款只有区区七万五千元，将之散放于四十四县，摊薄几于无形。尽管依据辛酉十月华洋会对春赈的统计，相较于其他灾县，湘西受赈力度较大，但湘西各县饥民少则几万，多则十数万，春赈效果难符预期。

除散放赈款之外，义赈会还专门针对湘西八县春荒，实施平粜。平粜作为散赈重要措施之一，义赈会特制定湘西平粜章程。"（一）本会办理湘西平粜，遵京会核准，其区域以永保龙桑绥古凤乾八县为限。（一）粜本规定银一万元，采谷若干。八县按数匀配之。（一）本会特派专员一人赴常德采办谷米，该员应负完全责任；另派司事一人，协同运载及押运各事。（一）采办竣事，即由采办员司押运到辰，以便各县具领，其运用诸费归粜本内垫给。（一）各县领谷到县，随时发粜，纵多以一月为限，仍将原价缴还，以便再采再领。（一）各县领运士绅，除由本会公推担任外，得由知事遴委正绅充理，应随时受采办员查察。"② 湘西春荒，义赈会不可谓不重视。

除义赈会筹办湘西平粜以外，陈渠珍也电请军队保护湘西平粜，外借省谷，多方筹划应对辰沅各县之春荒。为防土匪及军队勒捐情事，陈渠珍电请军队保护平粜。为此，赵恒惕电令平粜谷米采运沿途驻军之澧州李旅长、石门唐司令予以保护。"据陈司令渠珍电称，桑植采米平粜，尊饬据贺龙呈称，约需米二万石。恳饬澧石慈庸各军一体保护等情，事关民食，仰即转饬各部，加意保护为要。"③ 此外，1921 年 4 月陈渠珍电请借省仓谷，以度春荒。"查辰沅所属之沅泸辰乾永保龙桑绥古各县，山多田少，产谷无多"，"去岁下游收成歉薄，尽藏益虚，来源日竭。现时米价异常昂贵，盖自春耕伊始，荒象已成"，"经地方绅董再四磋商，拟

---

① 《筹赈会报告经过情形：致熊凤凰复旅京同乡》，《大公报》1921 年 8 月 6 日第 7 版。聂云台（1880—1953），湖南省衡山人，纺织大王，上海总商会会长；其父聂缉椝（历任上海道台、安徽巡抚、浙江巡抚），其母曾纪芬（曾国藩之女）。
② 《义赈会筹办湘西平粜》，《大公报》1921 年 5 月 19 日第 6 版。
③ 《电令保护桑植平粜谷米》，《大公报》1921 年 5 月 10 日第 6 版。

借省仓谷六万石，以资救济"。① 可惜，因省仓谷已陈腐不可食，并未借成。

义赈会平粜与散放赈款，都未能解春荒灾民之渴。永绥平粜局绅宏祚锦朓、辰溪知事张家勋在致熊希龄请赈电文中称："永绥频年兵灾饥馑，近谷米源绝，城乡饥民已达六万余，设局平粜，实难支持。""溪邑荒象吃紧，灾黎载途，无米为炊，有钱无粜，乡曲贫民，抱腹待毙，时有所闻。"② 湘西灾县所得赈款只有区区 2000—5000 元，平粜总本金也仅 1 万元，散放于地域之广、人口甚众的湘西，实则沧海一粟。张宏铨在致熊会长电文中也称，"惟会款仅能购谷三千余石，恐不足以接济"③。平粜效果实在有限。

散赈也好，平粜也罢，都未能有效缓解春荒。华洋会在宣布春赈结束的 8 月 7 日公告中，也喟叹棉力有限。"华洋筹赈会与义赈会会衔布告云：惟灾区太宽，饥民太多，支领散放，实不免有杯水车薪之憾。"然春赈草草结束，并非告解，而是新谷料将登场。"值此新谷登场，各属灾区，在外流离未归之人，乞籴谷粟，均可自由通融。本会所负之义务目不得不从速结束。"④

然而，登场的并非新谷，而是更为严重的旱荒。

第二节　辛酉湘西旱荒

一　因旱致灾

春荒迭接旱荒，以致全省灾重。春荒之后，酷旱致夏秋两收基本无望，全省旱荒惨重。《申报》七月就已报载："此次湘灾之重，亘古所无。灾区达四十余县，而永顺、保靖、龙山、桑植、永绥、古丈、安化、醴陵情势更迫，饿殍极多，流亡载道。"⑤ 旱荒来势汹汹。华洋会十月统计，

---

① 《辰沅各县之饥荒》，《大公报》1921 年 4 月 8 日第 6 版。
② 《各县之请赈电：辰溪》，《大公报》1921 年 6 月 14 日第 6 版。
③ 《义赈会致熊会长缄》，《大公报》1921 年 5 月 18 日第 6 版。
④ 《筹赈会宣布结》，《大公报》1921 年 8 月 8 日第 7 版。
⑤ 《上海中国济生会代收湖南急赈款项启示》，《申报》1921 年 7 月 12 日第 15 版。

"至目前，灾报来者，计西路二十四县，南路十八县，中路十八县，共六十县；其中有颗粒无收者，如新化、宝庆等县；有只收四五成者，如华容等县；有只收三成者，如岳阳、临湘等县；而沅陵县竟发现饥民几百，泸溪县竟聚有饥民二三千之多，其他宝庆等县亦将有饥民出现，比较春荒更为紧迫"①。旱荒灾情扩大到六十县，成灾县份属西路为最。

湘西所在西路为旱荒最重之区，初秋即已出现饿殍。湘西地瘠山多，春荒本就惨重，复遭夏旱，灾重异常。"华洋筹赈会现据各县报告旱灾，共计有七十二县之多"。沅陵"三月不雨，天焦地燃；山粮田禾，均无收成；哀鸿遍野，饿殍载道；秋后无栽种；现正呈请给款购种荞麦；灾民六十余万"。芷江"秋收绝望；因上年奇荒，种子均已食尽；灾民除死者逃者不计外，约二十余万人"。溆浦"灾民八十万"。会同"全县田畴强半赤地，栽种均无，灾民二十余万"。桑植"旱稻山粮，收得无几；加以虫蝗助虐，损失愈多，灾民估占全县户口之八九"。凤凰"阴历五月起，旱魃为虐，早稻迟禾，多已枯槁；四乡葛根竹实，掘撷已尽，灾民达万数"。桃源"灾民二十五万"。保靖"二月不雨，水源稍远之田，龟坼殆尽；亦因无雨滋润，含胎不过，山龟杂粮亦皆枯槁"。泸溪"灾民二十余万，出外逃荒者约七万余人"。永绥"秋收无望，灾民二十余万"。永顺"自民国九年起，大旱不雨；现在糠秕俱无，秋收无望；灾民十五万余人"。麻阳"捣草作酱，岩粉充饥，腹胀而死者，不可胜数，灾民二十万人"。乾城"灾民三十余万"。古丈"灾民十八万余人"。②泸溪县议长罗英杰致函泸籍省议员，详述旱灾之惨剧。"讵料天未悔祸，重遭干旱。计自阴历五月十三日微雨以后，迄今五十七日，烈日焦灼，曾不少息。""早稻晚稻，颗粒无收；加以秋日燥烈，山庄杂粮，均已无望；民之转乎沟壑者不知凡几。""民间绝食，鸡犬牛羊俱已食尽，始而挖葛掘蕨，采口实，割茅根；今则草食木叶，可食之类，无不告罄；神仙土及神仙豆腐亦均无有。""丁壮流于道途，老弱苟延残喘，其同饿而死者又不知几

---

① 《华洋筹赈会之中外人士大会议》，《大公报》1921年10月8日第6版。
② 《湖南各县旱灾概要》，《大公报》1921年10月10日第6版。

何矣。"① 泸溪八月就已有饿殍，可见旱荒严重程度。沅州有署名伯冠者，致电华洋会："此地快发生饥荒，米每升（11月22日）值一百八十文至二百文之多，价犹飞涨不已。乞食者日见加增。昨日小孩死者颇多，有一人因无法养其子，故掷之江中而死。"②

时为贵州袁祖铭政权驻湘代表的张其煦，家境应属不差，竟也以自家为例向媒体呈报沅陵旱荒。"我家的谷子将完，现在也常用蒿葛之类，每当充一餐中饭吃。依这样看来，我家尚且如是，还不知那临近的贫穷人家，是怎样呢！""我最近的家信，说是我村中二房的人家，无论男男女女，大大小小，尽皆出外逃荒去了，剩只得天全伯一人在家；大房的人，也皆在收拾物件，日内就要出发，将来所剩留的，也不过二老弱者尔；三房的人，就只剩我家和某家两户，今某家犹未去，我家待款甚殷。我接着我的家信，一封封的比前紧急，一封封的比前凄楚。且更有些不能说和不忍说的地方，我且不说了。"③

虽然西路湘西各属所报灾情不免存夸大成分，但仍可见，湘西成灾普遍性和整体灾重程度，甚于中南两路，这为是年底华洋会陆续收到的委员履勘报告所证实。

二 民众无力抗灾

在生产力低下的农业社会，御灾能力本弱，一遇灾荒，民众无非以鸡犬牛羊、葛蕨茅根、神仙土及神仙豆腐之类递次充饥，并无有效御灾谋生之方，常年本就食难果腹的湘西百姓更是如此。

耕牛最为农事之要务，农业社会护牛较为严厉，然湘西辛酉灾荒奇重，农民被迫宰食耕牛，以全活命。泸溪县知事快邮代电称："职县春荒之后，继以夏旱。田禾杂粮，一概无收；草根树皮，采食俱尽；极贫之户流亡转徙，中等之户变为贫民。全县之人，于计穷力尽之余，乃相率

---

① 《泸溪旱灾之惨剧》，《大公报》1921年9月2日第6版。
② 《沅州筹款分会之热心：为乞食童子开了饥荒学校》，《大公报》1921年12月6日第7版。
③ 湖南华洋筹赈会编：《湘灾周报第三号》（1921年10月30日）：杂俎，载国家图书馆古籍影印室编《民国赈灾史料初编》（贰），国家图书馆出版社2008年版，第20—21页。

打杀鸡犬，宰食耕牛；预备杀食尽净，即行逃乞他方。查阴历中秋一日之内，借以宰杀者，即不下数百头。荒情灾象，惨迫已极。凡受灾各县情形，想必相同。""惟服田力穑，全恃耕牛"，但为当下活命，顾不及来年生产。而且，"乃因职县县城及浦市镇皆连他县，出城五里，即属他县境域；四乡人民以本县禁止，将牛牵往他县宰杀，再来属县售卖，即非禁令所及"，保护耕牛，非泸溪一县能为。据此，省长公署于10月29日严令各县知事，"准予通令比邻各县严行禁止"。① 宰食耕牛，非一纸禁令所能为，以致来年春种不得不请赈买牛。芷江包克尔牧师2月3日电华洋会饶伯师称，"目前最关重要者，莫如□农人耕种，□压三月，必须动工，但彼耕牛因饥饿而杀食者，已数千头；其余或被抢去，或遭病毙者，亦数千头"。"牛价每头现在约三十元至五十元之谱"，"倘尊处能至少以五万元之款见惠，则全县均有希望。麻阳县较好，芷江则需牛耕作之田约四十万亩，此间绅士专为筹款购买耕牛之事，请余赴京"。② 宰食耕牛数量与牛价，可侧证旱荒之重。

能果腹之物食尽，不仅人有忍饿等死，更有严寒冬令之人竟相食。泸溪各公团二月报灾函，"现在冬令放晴，男女老幼皆入山求食，苟延残喘。一遇风雪，则饥寒交迫，死者更不知凡几"。果腹之物食尽，因饿致死者不少。"现届冬令，因饿毙命者日有所闻，如城内杨世金、李家世、杨启文、戴文祥、邓文保、石光华、张大祥、石杨氏、符文华，南乡朱子华、朱文好、杨家凤、杨家发、杨启祥、陈良文、陈良桂、杨正华，北乡李仕彰、杨文蔚、梁正声、符明文、邓仕芝，均于本月前后饿死。此外不知姓名者，尚难悉数。"③ 二月十八日泸溪县议长罗英杰电呈华洋会称，冬令冻饿死者达一千六百余名。"饥寒交迫冻饿难堪，四乡饥民，

---

① 《省长严禁宰杀耕牛：发于泸溪县之一电》，《大公报》1921年10月30日第6版。

② 湖南华洋筹赈会编：《湘灾周报第十九号》（1922年2月26日）：调查，载国家图书馆古籍影印室编《民国赈灾史料初编》（贰），国家图书馆出版社2008年版，第542页。饶伯师，美国牧师，湖南基督教青年会干事，湖南华洋会西干事兼总务部西主任。说明：原文模糊指一个字，用一个"□"指代，下同。

③ 湖南华洋筹赈会编：《湘灾周报第十八号》（1922年2月19日）：文电，载国家图书馆古籍影印室编《民国赈灾史料初编》（贰），国家图书馆出版社2008年版，第488页。

因而僵毙者，日有数抬。昨经各区报告，一月十四日夜风雪交加，严寒连日，饥民冻馁僵卧，不能出外乞食坐以待毙者，如北区向光明、向光贵、向光志等共计六百余口。二十七夜天将米雹，大如鸡卵，威风凛冽，饥民因而毙命，如苏觉先、石炳儿等，又计八百余口。二月一号，城中煮粥分给，四乡饥民如蚁附膻，已达三千余名。""半月以来，饿死无算。经各慈善家施棺掩埋者，共有五百余名。此皆有数可稽，有名可考。"①泸溪灾重，当属西路前列。

泸溪冻饿死者甚伙，芷江则人竟相食。在《大公报》刊载的杨蕴川②来稿中，详述了芷江饥民食土惨状。"乡民不幸，日则谋食，夜则避匪，食粥不能，以菜继之，甚至野菜草根，树叶陶土，亦以充饥。"果腹之物见少。"传言便水有某姓夫妇二人，子方三岁，卖柴营生。值此米贵薪贱，生计愈艰。一日夫出卖柴，其子向母啼哭求食。母以黄土并炒饭给之；儿啼虽止，母愤不已，入房自缢；及夫得米归家，妻已死矣。遂将其子溺毙，亦自缢而死。又闻东乡亦有其事，言之殊为凄惨"；食土之法"俗称前为神仙米，后为神仙豆腐云"③。神仙豆腐尚在其次，最惨者莫过人竟相食。陈渠珍等湘西将领电请抽收赈捐文曰："湘西灾情奇重，为百年所未有。自冬□□各属饥民冻死者日以百计，芷江等处甚至有人相食"，"既而实地采访，则不仅树皮草根确供人食，而且以人食人之惨亦复确有其情；又况财谷同荒，不仅无谷可食，即有谷亦复无财可购。以故饿殍纷纷，无所谓少壮，无所谓男女，甚至阖家同尽，全村为墟，湘西各属遍地皆然"。④芷江灾重，灾民无力，唯有一死。

来年春荒，惨剧更甚。1922年3月30日《大公报·芷江要讯》称："近来沅州饥荒较前更甚，约计在城乞食者，每日三四千人不等，饿死者

---

① 《泸溪灾荒之惨状：县议会呈报冻饿死者一千六百余名》，《大公报》1922年3月1日第6版。

② 杨蕴川（1887—1950），字茂增，芷江人，侗族。幼时深得家传，通晓医理，长沙法政学校毕业。曾先后任龙山、凤凰、临澧、泸溪四县县长。详见王晓天《湖南古今人物辞典》，湖南人民出版社2013年版，第723页。

③ 《芷江饥荒记》（续），《大公报》1921年10月23日第7版。

④ 《湘西各将领电请继续抽收赈捐》，《大公报》1922年3月30日第6版。

每日约二十余人；至于卖子女者，不胜枚举，且有不要钱而以子女送人者，更有将子女弃之街市，而自去逃生者，种种惨状，犹可说也。尤有骇人听闻而不肯言于口者。西乡米贝一带，有瘦者数人，饥饿已极，将肥者杀之，剜其肉，炙之火上，而争食之。又有将要死之子女用罐子烹而食。"① 凤凰县署及救荒事务所、县议会等致华洋会函称，凤凰县"自仲春以后，荒象益紧。计自阴历开春迄今七十余日，总计饿殍逾千人，城市棺木一空"。"于阴历三月一日开办施粥共三十五处，每日施粥需米六七十石。"② 湘西灾重，冻饿死、食人等惨剧层出不穷，灾民无力抗灾。

不仅仅是在荒歉面前无能为力，而且依靠自惭形秽于荒年高昂米价的劳动工资，民众抗灾也不现实。

湘西谷米缺乏，米价日涨，非一般饥民所能承负。从1921年9月前后至来年春荒，湘西米价持续暴涨，甚至一天一价。从上文可知，泸溪十月米每升价铜元50枚，沅州11月米价每升180—200文，可见上涨之快，甚至还一度无米可买。来年春荒，米价则高不可攀。1922年《大公报》所载的湘西米价调查，"古丈各市场粮米价格，与平粜局规定之数相差甚远。查各区斗升，以西英区斗升为最大，冲正区本城区每斗米重二十八斤；市场斗米二元八角，平粜局价斗米二元，各区升斗次之，本城区斗又次之。罗依区每斗米重二十斤，市场斗米价一元八角，平粜局斗米值一元四角；西英区每斗米重三十五斤，大小市场斗米价三元六角，平粜局斗米值二元六角；冲正区每斗米重三十二斤，市场斗米重二十斤，市场价斗米一元八角，平粜局价斗米一元四角；外功全区每斗重二十斤，市场斗米一元八角，平粜价一元四角。"③ "沅陵谷价每百斤四元九角，米价每百斤七元四角。""龙山米每斤二百文"，"桑植谷价每百斤六元一角四分，米价每百斤十二元三角"。④ "麻阳上米每百斤洋十三元二角，中米每百斤值洋十二元八角，下米十一元六角。"⑤ 谷米缺乏所致米价飞涨，

---

① 《芷江要讯：灾民惨状，黔军战况，匪祸近情》，《大公报》1922年3月30日第6版。
② 《凤凰报告灾况》，《大公报》1922年4月22日第7版。
③ 《古丈米价之调查》，《大公报》1922年6月6日第7版。
④ 《各县粮价调查记》，《大公报》1922年6月8日第7版。
⑤ 《麻阳耒阳之粮价》，《大公报》1922年6月9日第7版。

反映了外来谷米价高和进入湘西米量之少,更印证了辛酉旱荒的普遍严重和湘西整体灾重程度。

在高昂的米价面前,以低得可怜的劳动工资度荒,实属妄想。"乾县一县只有饷银四百两,古丈更加可怜,尚不到一百两"。大致换算一下,银一两约为1.5元,按下米每百斤11.6元,乾城一县饷银只够买5000多斤,古丈只够买1200多斤,实在少得可怜。比它更少的,还有普通劳动者的工资。1922年6月《大公报》所载泸溪劳动工资调查,"制造服用品之劳动者:织工(日给)男工供食,工资普通九分;不供食,工资普通二角一分;女工普通九分。弹棉(日给)供食,工资最高一角三分,普通一角一分,最低九分;不供食,普通二角三分。染坊(日给)供食,工资普通八分。成衣(日给)供食,工资普通一角;制帽(日给)供食,工资普通八分;制靴鞋(日给)供食,工资普通九分;制皮货(日给)供食,工资最高一角,普通八九分。"① 劳动工资难敷一餐之饱,何谈应付高粮价,民众自救于旱荒,也属奢谈。

三 外界质疑湖南有灾

旱荒灾重,远超民众自救能力,本已是悲剧;更令灾民费解的是,外人对湖南辛酉旱荒存疑。

外人尤其北政府,因湖南仍在输出粮食,对于是否成荒,多持怀疑态度。华洋会任修本牧师,在该会成立后的第三天,即6月6日华洋会省公署会议上直言,"湖南此次灾情,我不大信,因为所有谷米,均被人藏了。若均拿出,何至有此灾荒"②。邓维真牧师也持相同观点。在7月5日华洋干事会议上,韩理生"报告北京对湘灾冷淡情形,本会应自身竭力进行,期以引起外省外界助力"③。北洋政府之所以对湘灾冷淡,源于对历来是粮食出口大省,并仍在大量出口的湖南,不能认定为灾区。聂云台来电警告华洋会,"渠接北京华洋筹赈会外人艾德华电称,闻湘省仍

---

① 《泸溪劳动工资调查记》(续),《大公报》1922年6月21日第7版。
② 《华洋筹赈会之会》,《大公报》1921年6月7日第6版。
③ 《华洋筹赈会议事纪》,《大公报》1921年7月6日第6版。

有米粮出口情事,恐难认为灾区"①,而北洋政府的态度,却又决定旱赈的成败,"华洋筹赈会办理本届旱灾,几专恃北京赈款,别无来源"②。这一偏见的改变,有待于华洋会的解释与争取。

即使外人认为成荒,但也认为是人祸所致。旱荒本为天灾,然而,正如李文海所言,"天灾造成了人祸","人祸加深了天灾"③。上海《申报》认为完全是武人造孽,"湘省去岁春荒灾情即异常之重,其所以成此奇灾,纯由政府之不顾人民生死,极力放米出口所致"。旱荒"灾情既惨重非常,而灾区又达六十余县","乃湘省军人对此不仅绝未尽力,且惟知图谋私利,专一包运米粮出口,每石收费由六角至一元不等;政府亦明知故昧,任其所为"。"不特此也,各军官对于地方匪患绝不关心,有时为图贩运烟土之便利且至与匪联络,由是湘西之匪满谷满坑;其余如资江流域亦遍处皆匪,致筹赈会于调查放赈均极为难,该会中西干事对此均极愤怒。"④ 省内媒体《大公报》也认为,人祸为首,天灾次之。"永顺、保靖、桑植、龙山均是山县,田地不过二三成,自民国以来,完全是土匪的势力范围,人民不能安业。张溶川虽曾招抚,然他们一面为兵,一面为匪,并且恃有兵的护符,匪性更加厉害。""永绥、凤凰、乾城、古丈四县更加山多田少,乾县一县只有饷银四百两,古丈更加可怜,尚不到一百两,实在亏了那几县的人民了。永乾凤又有一个特别原故,三县通号镇筸;前清时候大半是苗地","(傅鼐)把苗地都收归公,作为屯田。永绥差不多全县都是,凤凰却为军七民三,乾城却为军三民七,屯田收的谷米专养军士"。而且认为人祸"却又有几种。一数年来兵祸匪祸相因并至,人民多半失业,未失业的也无心田作,时种下粪,都是随随便便,不敢十分劳苦。一前此各县常有勒捐的事,人民没有银钱供应,只有将谷米贱价出售,一时仓廪尽空,无人计及备荒;那时谷米又尽量出口,故各县存谷都顺着湘资沅澧的水徐徐流出了。又政府提征十年田

---

① 《湘省灾民之生死问题:米禁与匪祸》,《大公报》1922年1月5日第6版。
② 《华洋筹赈会筹赈之周折:与北京方面之种种交涉》,《大公报》1922年1月6日第6版。
③ 李文海、周源:《灾荒与饥馑:1840—1919》,高等教育出版社1991年版,第11页。
④ 《呜呼湘省之灾民,武人造孽》,《申报》1922年1月13日第11版。

赋也有几许关系,有许多人前此拖欠都要一并偿还,一是增加几倍,哪里有钱,只好把谷不作算了。既有以上种种原因,人民盖藏尽虚,一过天灾,安得而不大荒?"① 人祸不假,而既然有灾,总得施救。

对湖南旱荒是否成灾的质疑及其成因,有待华洋会甚至北京赈务处实地调查来予以证实。

结　语

湖南辛酉旱荒叠加春荒,全省灾重异常,尤以湘西所在西路为重。从湘西地方上报春旱两荒灾情来看,本就春荒灾重之湘西,在旱荒的叠加影响下,灾情更重,尤以沅芷麻泸凤乾绥古龙等为甚。

春荒时期湖南急赈会等组织对湘西灾县的赈济,虽有散赈平粜等赈济措施,款少灾广实乃有心无力,效果不尽如人意。春荒未解,更为严重的旱荒比春赈收束时预料的新谷登场来得更为真实与急迫。双重打击下的湘西民众,本就无抗灾能力,旱荒的到来,无异于雪上加霜。

即便如此,旱荒时仍有大量谷米输出的湖南,令外界对因旱是否已经成荒,疑窦丛生。而且,认为湖南即使因旱成灾,也是人祸导致,不值得同情。

如何消除外界质疑,如何勘灾,如何筹募赈济等等问题,都是旱荒湖南急于解决的问题。华洋会就是在这样一种复杂的形势下组织成立的,其面临的任务不可谓不艰巨异常。

在华洋会急于向外界释疑的同时,等待拯救的濒死灾黎,纷纷请赈,祈望甘霖天降,免于水火。

---

① 《各县灾荒原因探志:总因有二,一天灾,一人祸》,《大公报》1921年5月16日第6版。

第二章

湘西请赈

辛酉湖南因旱致灾，尤以湘西所在西路为重。有灾必有荒，"灾之与荒，本相联而不可分，有灾则必荒，荒由灾致，而荒重之结果，重复摧伤社会之生产力而使灾降愈频，于是此两者遂构成循环不已之因果关系"①。因灾致使食物匮乏，生产力损害，致生荒情。湘西本属生产力落后之区，民众食物常年自给维艰，一遇灾年，荒重更甚，唯有仰赖外援。

湖南华洋筹赈会属义赈机构，起初与全国华洋筹赈会并无隶属关系。在"义赈"于晚清兴起之前，灾荒的赈济历属"官赈"范畴。"由朝廷和各级政府主持的'官赈'，在很长时期内，毕竟是灾荒救济主要的和基本的形式。直到光绪初年，随着社会政治生活和经济生活的新的变化，才开始兴起了一种'民捐民办'。即由民间自行组织劝赈、自行筹集经费，并自行向灾民直接散发救灾物资的'义赈'活动。"②

第一节　地方请赈

湘西辛酉旱荒奇重，乾龙凤绥泸等地方各界纷纷请赈华洋会。乾城知事陈述了地方自救措施，"惟以灾情过重，不得不与借拨省谷分配运粜米粮之外，令饬殷实绅商，集款采运，以资接济。城内及镇溪两局，并施饭厂"；"就土质气候而论，现在种麦与豌豆，然麦种价值极昂，每升

---

① 邓云特：《中国救荒史》，河南大学出版社2010年版，第41页。
② 李文海：《晚清义赈的兴起与发展》，《清史研究》1993年第3期。

需钱千文；已示谕乡民广种，藉资补助。县境杂粮，以包谷为大宗，须至开春始行播种。迩来米价平均，合计每升约三百余文"。遗憾的是，仍是无法应对旱荒。龙山县知事成曜钧呈报各区收成，"属县今岁奇荒，甲于全省，秋收歉薄，灾祲频仍，旱虐虫伤，交相为害"。"当经知事亲赴各灾区切实查勘，如辰旗、大喇、洗洛、马罗、白岩、洛塔、董补、五塞、二梭、明溪、坡脚等区，今岁收成仅获十分之一二；其余各区所收，亦不过十分之三四；其中以虫伤者占居三分之二。"并请示具体赈恤办法，"究应如何赈恤善后之处，理合备文呈请钧会，俯赐察核，指令只遵"。凤凰县知事欧阳纪璆呈报，"秋收或二三成或四五成不等，地方公仓早已消耗罄尽，无颗粒余存"；"现在谷一石价约十千"；并提出请赈具体数目，"以来年阴历三四月起，比照本年春赈，需款在二十余万"①。凤凰灾民代表张国威等也恳请华洋会，"本年受灾奇重，已至十分。综计敝县人口，共约四十万；而待赈饥民，已达三十余万。露宿风栖，求食无所；草根树皮，罗掘已穷。虽有地方官绅，设厂施粥，极力赈救；无如灾重款微，车薪杯水"；为此，"本救死之诚，作将伯之请，尚乞贵会设法提前赈济"。永绥商会会长李瑞麟吁请，"以全县人口食料计算，共计收获谷石，不敷二月之粮。现在所食借以养命者，均系买之外县，斗米五串。民生窘迫，城乡居民日食一餐者，十居八九"；"现查四乡壮丁，纷纷往川黔逃荒；而妇女老弱，坐以待毙。哀我绥民，势必九死一生也。伏恳俯念灾黎，优与赈恤"②。泸溪县各公团细数灾重与地方救灾无力之后呈请赈济，"本会春荒未已，夏旱继之；湘西酷于他县，而泸民惨痛，又为湘西之最"，原因在于"泸溪壤地辐小，素号瘠区；本年灾象，各县收入最下者二三成而极，若泸溪则犹不及一成；况前此连年兵祸，早已竭泽而渔，又加以上届春荒，近更术穷罗掘"，"李知事光襄""所以殚竭全力倾筐倒箧而图之者，原冀渡此难关；有秋成以为接济，获桑榆之后效耳。讵意天不悔祸，至于此极也"，地方自救无力。然"现在请票逃荒

---

① 湖南华洋筹赈会编：《湘灾周报第四号》（1921年11月6日）：文电，载国家图书馆古籍影印室编《民国赈灾史料初编》（贰），国家图书馆出版社2008年版，第54页。

② 湖南华洋筹赈会编：《湘灾周报第二号》（1921年10月23日）：文电，载国家图书馆古籍影印室编《民国赈灾史料初编》（壹），国家图书馆出版社2008年版，第668—670页。

者相踵，无法禁止。饿倒于室，饥毙于途，以及悬梁刎颈自尽者，书不胜书"，灾民甚惨；"然商富无可贷之资，地方无可筹之款，公私交困，罗掘俱穷"①。地方实在无力为之。统领部新治所所在保靖县知事胡履新，请赈华洋会，拟请"将本会前届派定""委托辰州复初会何牧师经手代收"的"赈款五千元"，"买谷备荒"。华洋会复函"准函核办"，并"电催问何牧师迅将前项赈款拨交该分会查照办理"②。前颁春荒赈款五千元，因华洋会辰州办事处洋牧师意图附加兴修教堂、发展教会势力等条件，予以暂扣，以致旱荒年底灾县仍未领到，保靖只能拟请用此款购谷应对旱荒。

负责湘西赈务的沅陵柏牧师、芷江包克尔等西人，也急电华洋会，为泸芷麻等请赈。11月15日华洋干事会议事录载，沅陵福音堂柏牧师电请赈济湘西，"泸溪等县灾情紧迫，待赈甚急，请拨赈谷赈款。"③ 1922年1月柏牧师致电西干事饶伯师，"据闻贵会拟于三月以后，再分配谷米，沅陵、泸溪、辰溪、溆浦、凤凰、古丈一带，无食者八万人；二月内再不分配谷米，饿死者必在数千人以上；尊处能筹洋二十万元购办谷米否？"④ 芷江内地会牧师包克尔，2月3日致函饶伯师，为芷江各县请款买牛。"芷江麻阳受灾甚重，饿毙者亦多，晃县比较略好"，"但彼等耕牛因饥饿而杀食者已数千头，其余或被抢去或遭病毙者亦数千头"，"牛价每头现在三十元至五十元之谱，凡贷款购办者须予以保证，俟插田之后，仍将牛卖出，以卖牛所得之款，为阳历六七月赈荒之用。此种贷款不取利息。""倘尊处能至少以五万元之款见惠，则全县均有希望。"⑤ 包克尔3月7日再次致函华洋会，为芷江请款。"芷江有十八区，人口四十万；麻阳仅六区，人口仅二十万；晃县仅六区，人口亦只二十万。芷江因匪

---

① 湖南华洋筹赈会编：《湘灾周报第六号》（1921年11月21日）：文电，载国家图书馆古籍影印室编《民国赈灾史料初编》（贰），国家图书馆出版社2008年版，第111页。
② 《筹赈会复省署之要函》，《大公报》1921年12月19日第6版。
③ 《筹赈会昨日议事录》，《大公报》1921年11月16日第6版。
④ 湖南华洋筹赈会编：《湘灾周报第十五号》（1922年1月22日）：文电，载国家图书馆古籍影印室编《民国赈灾史料初编》（贰），国家图书馆出版社2008年版，第388页。
⑤ 《包牧师又为芷江各县请赈》，《大公报》1922年2月20日第6版。

徒劫掠，受灾甚重。此间麦少，不比麻阳晃县，尚可望五月麦熟也，且芷江人口既有麻阳、晃县二县之多，则赈款分配，芷江得应四分之二，麻阳、晃县各得四分之一。倘灾情非如此之重，则如何分配，可以不论。不过为灾民计，不得不要求加多。"①

除请款华洋会之外，包牧师还多渠道为湘西请赈，致函上海总商会会长聂云台，争取省外灾赈。"（熊秉三）函略云，湘中灾状日重，至为焦念。此间，云台君得芷江包牧师寄来函电及照片后，大为悯恤。"② 为此，上海各界掀起了赈济湖南辛酉旱荒的义卖等活动。在熊希龄3月31日复电华洋会文中，谈到包克尔来电为麻阳请赈，"又尊函转送包牧师报告麻阳惨状，不亚于芷江，应恳速拨赈款，以救孑遗"，并得到了熊凤凰的积极回应，"此外有最重于芷江者，亦乞一律筹济"③。

不仅地方灾县与西牧师为湘西请赈，陈渠珍也多次代为陈请赈济，希冀缓解地方灾情。

第二节　陈渠珍代请

请赈华洋会，尤以湘西巡防军统领陈渠珍代地方呈请居多。首先，陈渠珍作为生于斯长于斯的地道湘西人，眼见桑梓蒙荒，故人受难，外请赈济，义不容辞。其次，旱荒使湘西民众出外逃荒，匪患日增，劫掠无日不有，地方治安与稳定受到严重挑战，威胁到湘西地方治理根基；陈统领肩负御外护边、维护地方稳定等分内职责；外请荒赈，安定地方，于责任相符。再次，从辛酉年开始，陈渠珍将统领部治所由麻阳迁往保靖，除去麻阳常受滇黔军队滋扰威胁、保靖地处湘西腹地等地缘战略安全方面的考虑之外，辛酉旱荒麻阳受灾人口之众、荒歉之重，甲于省内他县；加之在春荒未了、旱荒叠发的辛酉八月，陈渠珍出兵鄂西，援助湘鄂战争中的赵恒惕，粮饷消耗不菲，使贫瘠湘西荒象加重。因

---

① 《包牧师为芷江争赈》，《大公报》1922年3月8日第6版。
② 《熊凤凰与筹赈会关于赈务之商榷》，《大公报》1922年3月18日第6版。
③ 《熊凤凰电告索款近情》，《大公报》1922年4月4日第6版。

此，迁往受灾相对麻阳较轻的保靖，利于军队就食。最后，辛酉旱荒及其迁延到来年的春荒，迁治保靖的陈渠珍，开始实行湘西永保龙桑凤乾绥古庸麻十县自治。因此，外请灾赈，于自治确有必要。陈渠珍为湘西灾县力争更多赈粮赈款，于桑梓、职责、饷糈、自治而言，大有必要。

于华洋会华洋调查员实地查勘湘西灾情、旱荒赈款灾等确定之前，陈统领多次请赈华洋会，旨在为湘西灾县争取华洋会旱荒赈粮定等第一版方案中的优势。旅京湖南急赈会汇款一万四千元，用于春荒灾县购种，由华洋会议定灾县等级予以分配。为此，1921年11月，陈统领两次致电华洋会，为湘西九县请赈。"窃湘西永保龙桑绥古凤乾大庸等县，山多田少，素称瘠苦，加以频年时局纠纷，干戈四起，人民流离，陇亩就荒，致演成今春百年未有之奇灾。"春荒湘西九县灾重，但幸得有华洋会赈济，才免于流离。不料旱荒迭至，"就中除永保龙桑绥古庸七县，尚得收成十分之三四，勉可救济目前外，余如凤凰、乾城两县，竟至颗粒无收；富户已鲜尽藏，贫民即形饥馑"。赤旱成灾，收成歉薄，而且"惟邻县不主遏粜，斗米五串，尚无来源；倘再延月日，邻封阻禁，则凤凰乾城两县之荒象，必在目前，而惨痛尤甚于春季；况永保等县之谷，仅可供给一时，若届新春，危险万状。情势若此，殆可预测"。形势严峻，前途堪忧。无论怎样，"一夫失所，罪有攸归"，职责所在，"渠珍念责任之艰巨，虑来日之大难，唯有本诸天良，勉尽人力，但兹事体重大，陨越堪虞"。因此，"尚望筹拨巨款，惠此灾黎；并希不遗在远，赐以教言，匡其不逮"。

华洋会复电陈渠珍，称已知悉湘西灾情，仅称与湘西其他地方呈请一并办理。"对于湘西一带，受灾情形，亦迭据各该县官绅教会呈报前来，汇案办理。"在华洋会给陈渠珍函请筹拨巨款的另一复函中，肯定了陈渠珍"成立九县（指永顺、保靖、龙山、桑植、永绥、古丈、凤凰、乾城、大庸）善后筹办处"的做法，"台端毅力热忱，举办善后，至为佩慰"；告知了华洋会对湘西灾情的处理办法，"本会此次接办旱灾赈务，正在积极进行。前经议决于沅陵县组设本会办事处，电请沅陵复初会柏牧师为总会计，就近管各灾县转运汇兑及一切筹赈事宜；并划定调查区域，委派第四区彭瀛调查永保龙桑绥古庸七县，第五区杨继勋调查常桃沅泸辰溆乾凤八县，均经同时出发"；并希望陈渠珍予以配合，"仍请通饬贵属官绅，分别与本会彭杨两调查员及驻辰办事处接洽一切"；尤为重要的是，提出了将来"自应按照各该县灾情轻重，以为等差，支配赈款办法"①。华洋会并未因是陈渠珍所请而另眼相看，湘西灾县与其他灾县一视同仁，依照规章按程序处理。

尽管华洋会明面上予以拒绝，然依据华洋会所议定的旱荒赈粮灾等第一版方案，其中湘西占有21个一等灾县中的14个，不能排除陈渠珍呈请所起的作用。

1921年11月，华洋会制定《湖南华洋筹赈会调查员暂行规则》，分区委员实地勘灾，具册上报，作为确定辛酉旱荒赈款灾等第一版的依据。12月，华洋委员出发履勘，湘西在来年2月勘竣，3月华洋会辛酉旱荒赈款灾等第一版公布。在此背景下，为湘西灾县争取定等优势，陈渠珍及湘西地方各界，密集电请华洋会。

时届隆冬，陈渠珍更是单独为麻阳一县请赈华洋会。正值华洋会华洋调查员正在湘西履勘之时，1922年1月18日陈渠珍去电华洋会，痛陈麻阳遭受旱荒匪患的双重打击，"麻阳前岁惨遭水患，去年春荒夏旱，又复继起，哀鸿嗷嗷，遍于全境；加之匪风甚炽，县属五六两区，与芷辰泸壤地毗连，被匪焚毁房屋三千余家，烧杀男女百余人，其他各区亦多被掳劫之祸；灾民流离无食，呼声动天，诚百年未有之浩劫"；形势非常严峻，"惟全县现存粮食，经详切调查，仅有四万余石，并藤芋葛粉蔬菜，统计只可支持一月。目前米价每石约洋二十五元"；恳请华洋会，"准先拨借洋三万元，以资拯救"。

同一天，麻阳各公团也去电华洋会，请款三万元买米。"天祸吾湘，惟麻尤酷。（中段报告以前灾情从略）前八九十数月，谷米价格，尚属平稳者，以芷江之东北乡、辰溪之西乡及凤凰之苗乡，并下游常桃一带谷米可以藉觅倡注。今则芷辰凤各属，皆禁谷米出口；而常桃上运之米，

---

① 湖南华洋筹赈会编：《湘灾周报第九号》（1921年12月11日）：文电，载国家图书馆古籍影印室编《民国赈灾史料初编》（贰），国家图书馆出版社2008年版，第188—189页。

又因沅辰交界迷河地方，股匪麇集，拦河劫抢，船只不敢上驶，来源顿绝；致旬日以来，粮价翔贵，约米一石家洋二十五元左右。"米源断绝，米价高昂，形势将更严峻，"预计阴历明年正月，必至钱谷俱罄，险象环生"。"昨经滕知事凤藻征集各界研究救济方法"，一致认为，"唯有前次奉发赈款省谷，及平粜米豆应缴价资，暂行挪作基金，向下游滨湖各县采办谷米，以资救急；并邀恳钧会先拨借洋三万元，以明年田赋附加一倍作为价款"。先挪用前次赈款、粜本等价资采米，后请借洋三万元济荒。

统领部原治所所在麻阳县，与陈渠珍一起，于同一天去电华洋会，且都提出了"拨借洋三万元"请求，明显可见是双方商妥的结果，为麻阳旱荒赈款定等谋得先发优势。

华洋会当日复电回应，但并未依其所请。"麻邑灾荒，久深悯念。惟本会对于赈灾款项，正在切实筹维；据称各节，自属要图。俟京款颁到，即当着手由常转运谷米分粜湘西各灾区，以资接济，并已先行转电北京赈务当局查照矣。"① 此时，华洋会分区履勘灾情的华洋调查员，正在湘西查勘，并已有调查汇报到会。因此，华洋会回复等待京款，似乎并不着急，一则可见华洋会并不相信地方灾报；二则勘灾定等在即，赈款须按灾等拨发。

麻阳团总刘其智紧跟陈渠珍之后请赈华洋会，明确提出了将麻阳列入甲等赈济的请求。麻阳"收成，其佳者，约得十分之一二，次者二十分之一二，又次者三十分之一二。即以第一区论，约计编户五千余家，人丁三万余口"，"（积谷）无论如何撙节，只能支持两月"，旱荒严重；"前曾蒙钧会颁发赈洋五千八百余元，惠济下民，然以杯水而救车薪，无如泽未能溥，向隅者众何"，赈济力度不够；"乃兹阅湘灾各报，而敝邑尚未列入甲等灾区之内，不胜诧异。想系有司莫告，以致敝邑名落于孙山之外"②，借洋三万元未获应允，退而求其次：旱荒定等在即，恳请将

---

① 《麻阳荒匪两灾之惨痛》，《大公报》1922年1月19日第6版。
② 湖南华洋筹赈会编：《湘灾周报第十六号》（1922年1月29日）：文电，载国家图书馆古籍影印室编《民国赈灾史料初编》（贰），国家图书馆出版社2008年版，第417—418页。

麻阳列为甲等。由此可见，陈渠珍在旱荒灾等定案之前的所有代请，其目的不外乎争取定等优势。

为此，陈统领再次代请，明确要求将麻凤乾泸四县列为一等灾区。早在辛酉11月初，泸溪公民石绍文、县议长文兴焕等个人及团体代表十二人联名去函华洋会和《大公报》报馆，明确提出了"将泸溪列为一等灾区，迅赐大宗赈款，急赈群黎"①的定等请求。1922年2月5日（歌日），陈统领再次去电华洋会，"麻阳去秋逢旱，颗粒无收"，"此种奇灾，为古所无"；"若不设法拯救，难保不易子而食"。而"地方久经匪祸，十室九空，就地筹赈，万难办到"。因此，"务恳贵会大发仁慈，准即速汇巨款数万元，采办粮食，兼程运往散放"；"而凤乾泸各县，荒情亦复相等"②。其目的无非是为麻凤乾泸争取3月即将公布的旱荒定等优势。

华洋会一如既往地坚持原则，所有定等事宜有待综合华洋调查员灾报后再予定夺。华洋会于19日（皓日）复电陈渠珍，"歌电呈示麻阳及凤乾泸等县灾象紧急，合设法次第拯救等因，当应勉竭棉力，赶速筹办"，华洋会对四县灾情表态；"现除麻阳芷江晃县一带，已拨付赈款赈粮，交由芷江包牧师分别支放外，凤乾辰泸各属，亦正筹办转运，以资接济"，通报本会四县赈灾进度；"惟此间赈款，全恃向外发展，远水近火，难应急需"，摆出困难；"仍恳台端就近主持，督率地方各官绅设法相机筹办，藉示维持"③。干事会仍旧坚持依制度公事公办。

评议会副主任郭庆寿，以永顺公民代表的名义，力争永顺能列入甲等赈济。永顺"现荒形已著，斗米值钱三千四五百文，贫民掘葛挖蕨，每食尚属不饱。入春以后，何法接济，来日方长，其荒情必十倍于辛酉春间"，荒情严重；"惟积谷义仓无存，即公私财产早经竭泽，米荒未已，兼之钱荒，请贷之路既断，采购之道亦穷"；而且，"刻下饥民已增至十七万以上，弃家逃荒，蠢蠢欲动"，"耕牛旧经充饥，种子行将食尽，春

---

① 《泸溪县来函报灾》，《大公报》1921年11月8日第6版。
② 湖南华洋筹赈会编：《湘灾周报第十八号》（1922年2月19日）：文电，载国家图书馆古籍影印室编《民国赈灾史料初编》（贰），国家图书馆出版社2008年版，第487页。
③ 湖南华洋筹赈会编：《湘灾周报第二十号》（1922年3月5日）：文电，载国家图书馆古籍影印室编《民国赈灾史料初编》（贰），国家图书馆出版社2008年版，第578页。

来农事何来举行？既无春耕，秋收安望？"永顺前景堪忧，希望华洋会"轸念饥黎，列为甲等灾区，准予速颁巨赈，以苏民困"①。永顺也跟麻凤乾泸的一样，请求列为甲等颁赈。

凤凰县各公团也间接提出了将凤凰列入一等的请求。凤凰"庚申五月被遭水灾"，"至辛酉仲夏延及孟秋大旱"，结果"综计全县佳者，可收获十分之一二，或竟至于毫无收获"，连年灾祲致收成歉薄；"自秋初迄于孟冬，米价一斗恒在二千上下；仲冬以后，荞薯渐尽，而米价一斗遂涨至二千八九百文，近已涨及三千以上"，米价飞涨，灾民众多，"全县户口十五万有奇，而灾民已达十二万三千四百余"。以"前辰州福音堂何牧师查勘于前，贵会阳（应为杨继勋）委员调查于后，皆以灾情重大，人民困苦，备极哀怜"来证实灾重，"经湘西陈统领调查列为一等灾区"，华洋会理应如陈统领一样，将凤凰列入一等灾区赈恤。

华洋会的回应，仅为凤凰带来了情感上的安慰而已。"贵县荒象重大，春耕在即，请预筹接济等情，阅之深为轸念"，华洋会表示关切；"只以此间筹募赈款，呼号数月，始承北京赈务处及财务委员会，议准支配湘赈二十余万元。本会闻信，即派员至下游一带，采办谷米，决议分运至各灾区地方。办理平粜，以资周转"，已着手办理购米平粜事宜；然因"运道艰难，远水难救急需"，希望"贵分会及各公团，就近设法维持，藉全桑梓"。②灾等有待调查，赈济稍后。

华洋会坚持在依据华洋调查员旱荒勘灾报告定等灾区之前，一再婉拒陈渠珍及湘西地方的呈请。3月9日，华洋会旱荒灾区赈款灾等出炉，湘西灾县仅辰泸溆芷晃麻六县升列特等（相当于甲等或一等），而同样灾重的沅凤乾永龙等湘西其他几县，因烟苗情事滑落至次等，甚至多数湘西灾县，竟滑落至三等甚或未入等。之所以如此，并非因陈渠珍和湘西地方夸大湘西灾情严重程度，实因洋干事们偏据注重烟苗情事的洋牧师报告定等所致。

---

① 湖南华洋筹赈会编：《湘灾周报第十八号》（1922年2月19日）：文电，载国家图书馆古籍影印室编《民国赈灾史料初编》（贰），国家图书馆出版社2008年版，第490—491页。

② 湖南华洋筹赈会编：《湘灾周报第十九号》（1922年2月26日）：文电，载国家图书馆古籍影印室编《民国赈灾史料初编》（贰），国家图书馆出版社2008年版，第526—527页。

在此情况下，陈渠珍再次代请，力争升等。前次歌电呈请所代灾县，只有芷麻列入特等，4月8日（庚日）陈渠珍再代因烟苗情事未能列入甲等赈济的凤乾等湘西其他几县代请，"倘使稍可设法，自当就地维持，绝不一再代请"；"芷麻蒙拨赈款，无任感谢"，芷麻列入了甲等，但"凤乾泸等县，同一灾情奇重之区"，却未能与芷麻同等。在为灾情同样严重的其他灾县提出升等请求的同时，也在暗示华洋会应持同一定等标准，不能因烟苗情事而将同样灾重的其他县份降等。

华洋会很快回复庚电所请，但绝口不提升等及其定等标准问题。"承示凤乾泸等县灾情同一紧急，诚如尊言"，认可湘西其他几县灾重同于芷麻，告知"除前已拨运赈粮救济外，现复由奉天采运高粱并筹捐赈谷，并派委陶委员鼎勋、喻委员庆林、陶委员熙龄等押运前往辰沅各属分别散放"，并恳请"分饬所属各军队随时就近保护，并派员协助一切"①。既然华洋会认可灾重，就应列入特等请求；而因其种有烟苗，却又不能列入；华洋会不承认在灾县定等中的灾重与烟苗情事这一双重标准。

尽管屡遭华洋会婉拒，但陈渠珍仍在代请，明确提出将因烟苗情事而降等的凤凰升入特等的要求。"案据凤凰县知事兼善后筹办分处长裴炳耀呈报，窃职县灾情重大"，地方各界"若非急图赈济，广为设法，恐即陷于万劫不复。故于二月下旬，经知事约集地方各界，议决速办急赈"，凤凰地方也在想方设法，但自救乏术，"惟荒经两载，加以年来饷捐，即有富户，力亦棉薄。筹思再四，艰难万状"，万不得已才请赈。"窃以灾情而论，凤凰自应列入特别灾区"，但因"华洋筹赈会以复见烟苗，降列一等灾区"，本应列入特等赈济的凤凰，因复见烟苗，降为一等灾区；作为地方军政首领，认为华洋会"救灾禁烟，兼提并论，权衡至当"，但调查员所见烟苗，系"该县边陲僻处，民苗杂居，风气玩陋，文告不通，致偶有种烟者情事，然究系富户顽民贪利之所为"，且"业经知事派员会同营屯军队，遍查各乡，一律铲除，期绝根除。现职县境内，实无烟苗；如有一处发见烟苗，知事等甘当重咎"。因此，"渠珍务乞贵会俯念该县

---

① 湖南华洋筹赈会编：《湘灾月刊第一期》（1922年4月）：文电，载国家图书馆古籍影印室编《民国赈灾史料初编》（叁），国家图书馆出版社2008年版，第11—12页。

灾情重大，准与芷江麻阳安化新化各县同列为特别灾区"①。兼提并论救灾禁烟，陈渠珍自不敢反对，但烟苗已经铲除，将灾重凤凰降等已无正当理由。即便如此，华洋会仍不为所动。

陈渠珍再次代同样因烟苗情事而降等的永顺，呈请华洋会，仍是指向升等。1922年6月，永顺县知事曹仓呈报统领部称永邑灾重，陈渠珍将之转呈华洋会。"查永邑灾荒情况"甚重，且"近月以来痘疮（天花别称）瘟疫，相逼而来。灾民之流离转徙者，死亡载道。加之米价腾贵，荒象愈形紧迫，所有储谷，业将罄尽"，之前华洋会的"千元赈款，实属杯水车薪，无补万一"；恳请华洋会"筹拨巨款，以拯灾黎"②，灾荒瘟疫齐至，之前因降等所颁千元赈款太少，再不把永顺列入特等赈济，于理不合。

旅京湖南筹赈会从北京赈务处筹借的十万元赈款，要求赈款分配贯彻"非赈不生"原则。为此，华洋会重新对灾县定等，经来回多次修改，1922年8月中旬赈务处最终同意，是为旱荒赈款灾等第二版。

为此，陈渠珍代永绥电请华洋会。1922年7月"勘"日（28日），陈渠珍去电华洋会，既为通报历经冬赈和春赈之后的湘西灾情仍然非常严重，以暗替因烟苗情事未能列入第一版特等赈济的湘西其他灾县鸣不平的同时，也为力争永绥列入即将出台的赈款灾等第二版。"案据永绥华洋筹赈会分会会长张称达等个（21日）代电，称窃永绥本年粮食奇贵，饥民众多，匪害恃重，种种惨状，前岁六月感日（27日）电陈在案"，永绥饥荒一直严重，"先后来会报称县属四境之饥民，暨邻县凤乾芷麻沅泸辰溆永保等处难民，扶老携幼，初来就食者，合计又达五六百人之多。现均露宿于县城西关外教厂坪、演武厅、登高楼、三角岩，东关外之抚告堂、养济院、木厂、河口汛、接背厅，及城内之绿营废镇署东西辕门甚或商家柜台、民户笼坎，俱为该等栖宿之所"，永绥饥民，部分来自邻近的凤乾芷麻沅泸辰溆永保等处，暗示华洋会未能将所有湘西灾重之县

---

① 湖南华洋筹赈会编：《湘灾月刊第二期》（1922年5月）：灾情报告，载国家图书馆古籍影印室编《民国赈灾史料初编》（叁），国家图书馆出版社2008年版，第85—86页。

② 湖南华洋筹赈会编：《湘灾月刊第三期》（1922年6月）：文电，载国家图书馆古籍影印室编《民国赈灾史料初编》（叁），国家图书馆出版社2008年版，第144—145页。

列入甲等赈济,才致今此荒民汇聚异象;希望"迅配急赈,发交该会承领散放,以赈灾黎"①。虽已列入甲等赈济的泸溪,并未纾解荒情,再次请赈,争取在第二版中不降等。泸溪县议长文兴焕于8月3日(江日)去电华洋会,泸溪旱荒紧急。"惟我湘西酷于他县,而湘西之惨,又以泸民为甚","去年灾象,湘西各县收入者二三成,泸溪而则一成,犹不逮焉",在第一版中列入特等名实相符;"况前此连年之兵祸,罗掘乏术,迄今雕瘵",只有"恳予设法赈救"②,力图争取在第二版中不降等。

然而,在旱荒赈款灾等第二版中,尽管甲等七县中湘西占有四县,洋干事们的灾重与烟苗情事双重标准得到某种程度的修正,但是永绥、泸溪并未定等入围。

结　语

湘西灾重,各县陆续函报华洋会,陈述灾况,纷纷请赈。陈渠珍作为湘西地方之主政,代灾县请赈,当属分内之责。从史料来看,湘西灾重之芷麻泸凤乾绥古龙等各县,陈渠珍都有代请;其请赈之主要指向,希望争取湘西灾县定等优势和灾等升级,以图多获赈济。

旱荒赈款灾等公布之前,陈渠珍多次代湘西灾县呈请华洋会,以争取灾县即将定等的优势。而华洋会正在期待所委华洋调查员勘灾报告到会,并据此定等旱荒灾县。因此,对陈渠珍的呈请全都予以婉拒。

灾等公布之后,陈渠珍又多次代因烟苗情事而滑落至次等的沅凤乾永绥等县,呈请华洋会,力图灾等升级。而华洋会又因自己坚持的灾县定等的灾重和烟苗情事双重标准,不得不对陈渠珍的呈请全都予以敷衍搪塞。

尽管陈渠珍代请之初衷实为地方灾民着想,而如要实现,有赖于华洋会勘灾定等坚持同一标准与洋干事们秉持公正。

---

① 《陈渠珍电告湘西灾情》,《大公报》1922年8月8日第7版。
② 《泸溪电告旱荒之紧急》,《大公报》1922年8月7日第7版。

第三章

华洋会勘灾定等

制定实地勘灾并基于灾情实际而定等的制度，据此决定灾县所获赈济，是施赈公平的前提。春荒灾报因调查耗时、治安不靖与地理上的勘灾不便，仰赖地方册报，是华洋会认为春荒灾县定等失真的主因。为避免旱荒定等出现类似情形，华洋会特制定华洋调查员实地勘查制度，即由华洋会委定中西调查员实地履勘，并各自册报，干事会据此综合决定受灾县份等级，依等配发赈款赈粮。华洋会11月16日委定华洋调查员分区履勘，12月湘西开始实地勘灾，次年3月定等。湘西分区、委勘区域及华洋调查员分别为：第四区永保古庸龙绥桑七县，由彭瀛会同永顺信义会吴牧师负责；第五区常桃沅泸辰溆乾凤八县，由杨继勋会同沅陵复初会何牧师负责；第六区芷黔麻晃会靖绥通八县，由张荫湘会同洪江何牧师、芷江包牧师负责。

第一节　实地勘灾制度

一　春荒灾报不实

辛酉春荒主要以地方所报灾情，来确定灾等。1921年6月之前辛酉春荒赈济，基本以灾县地方册报为依据。在6月1日华洋会发起会上，参会中外人士就春荒灾报真实性问题有过争议。美国领事欧敦思首先发问，"省公署报告荒情，系何根据；若据我所得之调查，饥民不过四十万，相差殊甚悬殊"；赵恒惕认为，"省公署报告系据各电报，固未必尽可信，然大致当不差"。袁家普"并举醴陵事实为证，谓醴陵仅报三十万饥民，不仅不为多，恐显类多于此数；以此类推，安化及永保龙桑等县，当亦同然"。彭兆璜也认为，"饥荒有直接间接之别，水旱虫灾为直接之荒，兵匪金融为间接之荒，六项俱全，故灾情益大。"熊希龄则以北方水灾报数不实为例，"如北方初次水灾，初报千余万，实赈不过二三百万。去年旱灾，即据外人调查初亦有三千余万，实赈起来亦不到千万"，认为"报告原不可靠"。

双方意见不同，争执不下，最后赞成改由灾区教会调查灾情。"某牧师起谓，各方调查都不必争执，总以另行设法确实调查为宜。"熊希龄提议，"凡调查散放等事，均请外宾加入办理，以征信实。"据此，赵运文建议，"各灾区多设有教会，如电托各教会调查，将来散放亦可请其监督办理"。"全体赞成。"① 6月4日华洋会议决，"发出各县教会调查灾情英文电报七通，不通电各地，一律快信委托各地教会调查"②。依据熊希龄建议，"要派人往湘西调查，非常困难，赞成电托各教会就近调查报告各该县灾民多少再行核赈"，"众赞成"。③ 因此，6月之后，包括湘西在内的灾情调查及灾县定等，多由地方教会负责上报。

教会勘灾及定等赈款分配，证实了湘西春荒的严重程度。6月21日干事会议决了春赈灾等及赈款等次，"将现存捐款光洋二万六千元分放灾情最重各县；而交通极不便者，使自行购米赈济。除醴陵县已由沪义赈会分设粥厂外，当审定永保龙桑绥古安化七县为一等灾区，各给赈洋二千元；汉寿、慈利、大庸、乾城、晃县、麻阳、黔阳、辰溪、石门、泸溪、沅陵、沅江、凤凰、绥宁、通道十五县为二等灾区，各给洋八百元。由会电知该县派人领款办粮，会同教会散赈"。春荒灾县分两等两级，七个一等春荒灾县，湘西占有其六；十五个二等，湘西占有十席。湘西春荒灾重并非虚报。

春荒赈粮灾等基本依据赈款灾等，灾重湘西获赈占多。7月19日干事会议决，"谢国藻报告汉口福中面粉公司，运拨五号面粉五千石。现分

---

① 《华洋筹赈会发起会纪事》，《大公报》1921年6月2日第6版。
② 《华洋筹赈会续议事项》，《大公报》1921年6月5日第7版。
③ 《华洋筹赈会之会议》，《大公报》1921年6月7日第6版。

配永、保、龙、桑、绥、古、乾、凤、芷、晃十县，各二百五十石；黔阳、溆浦、会同、慈利、大庸、辰溪、泸溪、沅陵、麻阳、石门十县，各二百石；余五百石分拨宝庆、安化作为赈粮。并拨运费四千余元。"①赈粮赈济灾县，全在西路，且集中在除石门外的湘西灾县。几天后，平粜局致电熊秉三，"查前配永保等县半粜蚕豆，已于鱼日（六日）电到。此次再赴芜汉购米，原以五千石为限，旋因此间米价稍松，早谷亦将上市，而灾重各地又非赈不能救济。自电嘱停办，就由汉购到四千石，当经会议分配。计永、保、龙、桑、永绥、古丈、凤凰、乾城、会同、靖县、溆浦、黔阳、沅陵、辰溪、麻阳、芷江、石门、慈利、大庸、泸溪二十县，各配百五十石；衡阳、衡山、宝庆、新化、湘潭五县，各派二百石；安化灾重无钱，不愿其领，议由华洋筹赈会赈济；株洲荒急，故改配湘潭购入，价值每石八元五角，因时势稍异，特别议减二成，定为六元八角发粜，以示体恤"②。同样，此批赈粮也主要散放于湘西。从民国《溆浦县志》所载，能够得到印证。"十年一月省公署令六年以前旧欠概予豁免，八月华洋义赈会分发银八百元、面二百包（每包三十五斤），先后到县，分赈饥民。"③

二　旱荒实地勘灾制度

辛酉春荒，依据地方教会册报来勘灾定等施赈，仍存在争议，如勘报指标不统一，难保牧师不会敷衍应付而影响册报真实性与准确性等；尤其是撇开灾县地方，让其无从置喙而生册报不公非议。

基于以上，华洋会特出台灾情勘查制度，统一调查指标，分区委员，限期查竣。11月13日，华洋干事会通过《湖南华洋筹赈会调查员暂行规则》，制定调查标准与具体办法十一条。现摘主要或事关湘西部分如下："第一条，划报灾各县分为十一区，并规定调查期间如左"，"（卯）永顺、保靖、古丈、大庸、龙山、永绥、桑植限三个月查竣；（辰）桃源、

---

① 《华洋筹赈会议事记》，《大公报》1921年7月20日第6版。
② 《关于赈务之往来电》，《大公报》1921年7月23日第6版。
③ 吴剑佩、陈整等：《民国溆浦县志》卷七《赈卹 二十四》，《中国地方志集成·湖南府县志63》，江苏古籍出版社等2002年版，第104页。

沅陵、泸溪、辰溪、溆浦、乾城、凤凰限两半月查竣；（巳）芷江、黔阳、麻阳、晃县、会同、靖县、通道限三个月查竣。""第二条，每区调查员，华洋各派一员，公丁一名，分赴各区逐县调查；无论天寒路险，均须实地履勘；对于调查事项应负完全责任。第三条，调查员每到一县，即以调查所得，于各该县市镇就近邮便，随时具报；毋得待一县完全调查，始行报告。第四条，调查应以旱灾为主，水蝗等灾次之；推算受灾成数若干，并分别何乡何村为最，何乡何村为次；其他兵匪各灾原非本会宗旨，但得附带调查，借以测知其影响饥民之程度。第五条，依干事会议决案，除调查灾情外，各该县有无种植鸦片烟苗，得附带调查，以免荒废粮种。第六条，调查事实，规定主要与标准两种如下：（甲）以各该县户口概数推算受灾户口若干；（乙）各该县常年谷米产额；（丙）各该县常年杂粮产额并其种类；（丁）各该县本年谷米产额；（戊）各该县富次贫极贫数；（己）各该县积谷情形若何。"①规定了调查区域、责任、内容等，且专条规定得附带调查烟苗情事。

　　灾情调查分区划定灾县后，委定华洋调查员各一，分区负责。11月16日华洋会电致各县，通报各区调查员名单。"业经干事会通过订定调查员暂行规则，划分报灾各县为十一区，每区委定调查员一名，即日分途出发。""第四区委彭瀛，会同永顺信义会吴牧师，调查永顺、保靖、古丈、大庸、龙山、永绥、桑植七县。第五区委杨继勋，会同沅陵复初会何牧师，调查常德、桃源、沅陵、泸溪、辰溪、溆浦、乾城、凤凰八县。第六区委张荫湘，会同洪江何牧师、芷江包牧师，调查芷江、黔阳、麻阳、晃县、会同、靖县、绥宁、通道八县。"②湘西各灾县主要划归在第四、五、六区。

三　华调查员西路勘灾报告

　　第四区华调查员彭瀛上报的大庸、桑植、古丈、永顺灾情，非常严

---

① 湖南华洋筹赈会编：《湘灾周报第五号》（1921年11月13日）：专件，载国家图书馆古籍影印室编《民国赈灾史料初编》（贰），国家图书馆出版社2008年版，第97页。

② 湖南华洋筹赈会编：《湘灾周报第七号》（1921年11月27日）：文电，载国家图书馆古籍影印室编《民国赈灾史料初编》（贰），国家图书馆出版社2008年版，第136页。

重。"已于十年十二月十四日，着手调查。大庸所属各乡，日地段辽阔，至二十九日始克竣事，均以旱灾为重，虫灾次之，总计全县收成约在三分以上。"①"于一月二日抵桑植，三日即驰赴各乡逐一调查，现已竣事。旱灾之区加以虫灾，计本年收成不及二成。荒象早呈，后续堪虞。"②1922年3月14日彭瀛函称，古丈已出现人竟相食惨剧。"窃永顺县一十八保灾情，业于二月二十日邮呈在案。二十一日驰赴古丈各乡逐一调查，旱灾最重；除本城、罗依、西英三区去年秋收尚不得十成之二三，其余内功全、外功全、内冲正、外冲正等区不过十成之一。现在米石已值四十五串，包谷黄豆每石三十二串，山岗葛蕨挖掘俱尽，嫩草谷糠视同珍馐，甚将荞麦苗芽割食充饥，钉锄犁耙贱价出售；更有鬻子卖妻，每人价取六串；宰牛杀狗，只得暂顾终朝；最可惨者，烹食已死小孩，偷割正法匪身；如内外冲正冻饿饥毙命者，不下三百余人，内外功全亦毙三百余口。查古丈县谷米产额丰稔三年，尚仰给泸溪、凤凰、乾城各县输入接济；而今四处毗荒，来源已竭。现距秋收尚远，来日方长，似此奇荒，何堪设想。"③

第五区华调查员杨继勋于1922年1月从沅陵出发，沿沅陵、泸溪、乾城、凤凰、溆浦等县一线调查，分别报告勘灾实情，同样非常严重。"已于一月六日以前，将沅陵调查完竣。均受旱成灾，收成平均不过十分之二"，"恳请将该县列为一等灾区"④。1月22日发回泸溪灾情报告，更加严重。"勋于十三日协同郜牧师到泸溪县城内，近冬以来，两次大火，正街铺屋烧去大半，精华所在，均成灰烬；瓦砾堆满道途，人民多半露宿，甚至街巷通衢。每日因饥而死者，必有数人。一种凄凉之象，与一种旱荒之象，同时并著。幸该县筹赈分会成立，设有平粜发赈两处。灾情重大，无补万一。惟是泸溪县属此次旱灾，实为重大，县境西一二区，

---

① 《各县最近灾情之报告》，《大公报》1922年1月16日第6版。
② 《调查各县之灾情报告：第二四五六七八九十区报告》，《大公报》1922年2月7日第6版。
③ 《古丈灾情之惨恶：烹食已死小孩，偷割正法匪身》，《大公报》1922年3月15日第6版。
④ 《各县最近灾情之报告》，《大公报》1922年1月16日第6版。

尤为奇重，颗粒无收；潭溪场市，又被大火，更为凄惨。调查该县本年因旱成灾，谷米杂粮收入，平均不过十之二成。仓储尽空，来日方长，所需日食，不敷甚多。郗牧师同勋调查数日，所过洗溪、能滩、大流、松柏塘、上且洪、下且洪以及浦市后山一路，哀鸿遍野，待哺嗷嗷。易地以观，人谁勘此？"①

乾城县灾情同样令人惨目。"勋于二十日到乾城县，先二日由泸溪以上实地查勘，经过乾县所属乡区，葛根野蔬，均已采尽。灾民之众，逃荒之多，啼饥号寒，所过皆是。甫到乾城，即见有因饥倒毙者二人。询之路人，据云日必数起不足为奇。各区甚或有因饥而自缢者，惨不忍闻。当晤姚知事及各绅等筹商设法维持。调查该县山多田少，本年四乡收获成数，因久旱不雨，平均收入不过十分之一二，合所收杂粮不足二月之食。今近严寒，雨雪满途，饥寒交迫，死亡道路，不堪指数；尤有最可悯者，该县属河溪，忽遭大火延烧房屋三十余家，尽属穷民之人，实为可惨。据实具报，赍呈察核。"②并附带报有乾城县灾情详细调查数据。

一月二十九日杨继勋发回凤凰灾情调查报告，灾重与乾城县无二致。"勋于一月二十三日由乾城到凤凰。查该县山多田少，苗民杂处，城区以外，分苗民上下四乡。自九年夏，遍受水灾，元气丧失；十年秋旱，颗粒无收者甚多；收获稍好之处，亦不过十之三四，平均收入不及二成。上民乡如廖家桥等，下民乡如得胜营等，上苗乡如毛都塘等，下苗乡如龙角洞等处，葛根野蔬，均已食尽，逃荒络绎于途，卖婢弃子，城乡皆是。廖家桥以上二十余里，尤有以石脂泥粉为馈粥者，苟延旦夕；下咽之后，多有胀腹毙命。该县官绅积极筹备，不遗余力；认定借款，赴常桃一带，采购谷米，以维民食。又陈统领组设因利局，以利贫民。无奈该县米价日渐增涨，每斗铜元三串七百文。因饿而死，每日以十数计。待

---

① 湖南华洋筹赈会编：《湘灾周报第二十号》（1922年3月5日）：调查，载国家图书馆古籍影印室编《民国赈灾史料初编》（贰），国家图书馆出版社2008年版，第585页。
② 湖南华洋筹赈会编：《湘灾周报第十八号》（1922年2月19日）：调查，载国家图书馆古籍影印室编《民国赈灾史料初编》（贰），国家图书馆出版社2008年版，第492—493页。

赈急迫，情实堪怜。"①

溆浦灾情也不乐观。"已于二月二十一日以前将溆浦所属各区履勘完竣。均受旱成灾，其中轻重不一，平均不过十分之二三。"②

现摘杨继勋上报华洋会的凤凰、乾城灾情主要信息点，概见受灾之重。凤凰县主要调查了城区、上民乡、下民乡、上苗乡、下苗乡等区域；常年谷米收数 241344 石，本年谷米收数 48268 石 8 斗，只及常年二成；常年杂粮收数 121000 石，本年杂粮收数 2420 石，也只及常年二成；受灾 30221 户 123419 人，富户 2248 户 40439 人，次贫 11380 户 49068 人，极贫 188841 户 74351 人；（查受灾者栏内户数人数仅为受灾最重之次贫极贫；填列内有粮可度日之次贫，均列入富户；栏内富户虽被灾，亦未列入受灾者栏内。）因秋初种子昂贵，备荒情况不妙。另外，旱荒导致治安不稳：西北边境毗连黔省，土匪抢劫甚多；近因灾荒民贫，迫于饥寒，内地亦时有抢劫案。③ 乾城县因旱成灾，受灾 53291 户 182936 口；本年谷米收数 5 万余石，只及常年二成；本年杂粮收数 13000 余石，未及常年一成；次贫 9473 户 31186 人，极贫 43818 户 151210 口；积谷 12000 余石，系陈统领令由各区殷商富户集资向下游一带采办备荒；县属东乡百户寨，于冬月内延烧三百余家；河溪本月延烧三十余家。④

第六区张荫湘报告麻阳灾情，"已于一月七日以前将麻阳调查完竣，均受旱灾甚重。全县平均计算，收成只有十分之三。现因路途多匪，外来米粮因船只不敢上驶，来源既竭；粮价日涨，上米每石价洋二十五元，下米亦二十三元，大小麦每石价洋十五元，民食前途危险万状。又查县

---

① 湖南华洋筹赈会编：《湘灾周报第十九号》（1922 年 2 月 26 日）：调查，载国家图书馆古籍影印室编《民国赈灾史料初编》（贰），国家图书馆出版社 2008 年版，第 532 页。
② 《各县灾情之调查报告》，《大公报》1922 年 2 月 28 日第 6 版。
③ 湖南华洋筹赈会编：《湘灾周报第二十号》（1922 年 3 月 5 日）：调查，载国家图书馆古籍影印室编《民国赈灾史料初编》（贰），国家图书馆出版社 2008 年版，第 594—595 页。其中原文中"极贫 188841 户 74351 人"，此数据明显不合常理。
④ 湖南华洋筹赈会编：《湘灾周报第二十一号》（1922 年 3 月 12 日）：续调查员报告，载国家图书馆古籍影印室编《民国赈灾史料初编》（贰），国家图书馆出版社 2008 年版，第 643—644 页。

属第六区地方境连芷辰，被匪焚烧三千余家，死者数百人，情形尤为惨痛"①。现摘张荫湘所报麻阳受灾主要数据：麻阳灾户30095家123370人，富户2249家9012人，中户16978家67912人，贫户30095家123370人；本年收成146744石，只及常年30%；本年他种收成9075石，只及常年25%。虽麻阳秋季种麦甚多，但将来如何不得而知。特别报告：各处日有饿殍，情形险恶，房屋之被匪焚烧者，约3000家。②而芷江灾情较麻阳更为严重。

从华调查员勘灾报告来看，湘西灾县平均收成不过十之二三，灾民甚众，粮源枯竭，粮价暴涨，民食维艰，旱荒严重。

四 洋调查员西路勘灾报告

华洋会柏何两洋牧师调查泸溪等县灾情后报称："泸溪、乾城、凤凰、永绥、保靖、古丈等县灾情：泸溪县饿毙多人，需赈甚急；按户调查食料，至行缺乏。乾城粮食，仅能供给十之五六，已于泸溪边境采购米粮；因久无救济，人民死亡相属。凤凰能筹微款，采买米粮；然人民待赈者，仍居半数。永绥地近黔边，保靖接壤四川，米粮均缺，待赈正殷。其余各县，来岁春荒，均不能免。古丈沅陵情形亦极困苦，不急设法赈济，则多数灾民均将饿毙。拟请先行购办谷米万硕，运辰散放，并请先行筹给赈款五千元，为沅陵买粮之用。兹预算目前应赈粮食数目，泸溪约需三万石，凤凰、永绥、保靖、古丈各二万石，乾城一万石；此外，沅陵、龙山、辰溪、溆浦、永顺各县需粮数目，容再查报。"③

1922年芷江柏牧师连续致电饶伯师干事，认为芷江灾重当属西路之最，急需赈济。1月27日，柏牧师电报芷江灾情，"昨日已施赈饥民一万人，并有多人等候终日未得粒米而返者，故吾人宜多筹赈款。请即汇寄光洋数千元，以便放赈。盖先得数千元，即可先赈其最苦者。弟已借米

---

① 《调查各县灾情之报告》（续），《大公报》1922年1月24日第6版。
② 湖南华洋筹赈会编：《湘灾周报第二十号》（1922年3月5日）：调查，载国家图书馆古籍影印室编《民国赈灾史料初编》（贰），国家图书馆出版社2008年版，第596页。
③ 湖南华洋筹赈会编：《湘灾周报第七号》（1921年11月27日）：文电，载国家图书馆古籍影印室编《民国赈灾史料初编》（贰），国家图书馆出版社2008年版，第135页。

五十石，供急赈之用。因弟实不忍目睹多数人因饿而死也"。29日再电，"二十七日，有饥民数百人围绕于教堂前后呼求救济，今日来者复多。城中饿殍，吾人设法掩埋，但乡间情形更惨，饥民数千人。吾人因手中乏款无法救济，倘能由尊处筹寄数千元，则无数生灵或可免填沟壑"①。2月3日，包克尔牧师又电饶伯师，芷江灾情越发严峻。"芷江麻阳受灾甚重，饿毙者亦多。晃县比较略好，然亦有成为饿殍者，街市中死尸无日无之，棺木已用四百余具之多。除乡间不计外，城中居民之急需赈济者，在万人以上。""吾人之力不能普遍救济，将来之坐以待毙者恐为不下数千人也。目前之最关重要者，莫如使农人耕种。阴历三月必须动工，但彼等耕牛因饥饿而杀食者已数千头，其余或被抢去或遭病毙者亦数千头。人民之穷困至此。"②包克尔发给华洋会的芷江灾情调查报告，可见芷江旱荒兵匪所致灾重。摘其报告中重要信息点如下：被灾48600户，被灾213100人，谷米收获18%，本县各种杂粮出产极少；因土匪横行，秋粮多未种植；贫户48600家，贫民213100人；常年平仓谷已空，颗粒之数，均被军人搜刮以去；现在人民多因饥饿发生热症。又城内居民共23287人，私家仓储已经调查完毕，仅存7675石。③

包克尔所报麻阳灾情，较之于芷江，有过之而无不及。2月8日包克尔电饶伯师，报告麻阳调查情形。"麻阳灾情极惨，人民饿毙者到处皆是，急望大宗赈款救援。余调查时携洋一千二百元于行箧中，因有人护送，尚未遇匪。芷江一带匪徒不下数千人，抢风极炽。此间倘不能再获巨款，则各处灾黎不克尽行拯救，如只拯救数处，则未获拯救之灾民必流而为匪。吾人为保全良善计，不能不设法以避之。现此间灾民逃往常德者极多。"④ 15日，包克尔就勘灾麻阳所见惨目灾象，再电饶伯师。"该处人民，数月以来，即啖草树根及白泥以果腹，其因食白泥而致大便

---

① 湖南华洋筹赈会编：《湘灾周报第十七号》（1922年2月12日）：续教会报告，载国家图书馆古籍影印室编《民国赈灾史料初编》（贰），国家图书馆出版社2008年版，第464页。
② 《包牧师又为芷江各县请赈》，《大公报》1922年2月20日第6版。
③ 湖南华洋筹赈会编：《湘灾周报第二十一号》（1922年3月12日）：调查，载国家图书馆古籍影印室编《民国赈灾史料初编》（贰），国家图书馆出版社2008年版，第645—646页。
④ 《包牧师电告麻阳灾情》，《大公报》1922年2月12日第6版。

不通以毙命者，不可胜计。现状日见险恶，死亡之率，日益增加。鄙人现略举事实以告，但街市饿殍横陈，其一种伤心惨目之状，实非笔墨所能形容者。在途中见一妇人及其幼孩三人卧于道旁，其妇人与一孩已垂毙，盖彼等食不入口已数日矣，哀号之声，惨不忍闻；余以钱五千三百文给之，然恐不能救彼垂危之命也。又见一男子与其妻踟蹰于道中，均足疲不能行，其妻时仆于地，后竟跬步不能而进，其男子植立于其旁；余就而询之，彼答曰：无丝毫之物以果腹，几必为饿殍也。又有妇人与其幼儿卧于街中，妇人已死，未几，幼孩毙。麻阳某寺栖女儿甚多，如购为婢妾，不需一钱，只需书一纸声明收养而已，我亲目看见有许多被人买了送往下流一带去了。即购一男孩，不过费钱数百文。今晨余访一女教友，彼昨晚被土匪戕害，因土匪劫掠城门附近，临去放枪，飞弹遂中此正在睡梦中之中国女教友。掳其夫，云二十日来，仅于日昨，其妻始获一饱。均谓与其奄奄待毙，不如一枪速死之为念也。街中妇孺乞丐甚多，大半即僵卧于地。故病者死者，因此而多。"①

洋牧师白吉白格所报调查辰溪灾情，也非常严重。"湘西浩劫，惨于他路。各县灾情，节经分别报告在案，近将调查所得，互相比较，而受灾之重，以辰溪为各县之最。不惟旱魃肆虐，秋收仅及一成；而且土匪横行，异常惨酷。查近日以来，房屋被焚者，一百五十一村；被害之人民，四百七十二口；被掳之男女，九百五十六名；现能生还者，仅三百二十三名；兵士因剿匪而戕身者，约达百人以上；复劫去耕牛二千九百六十头，并猪二千七百七十六只；即谷之被抢与为火焚毁者，亦不下四万八千五百余石。人民之流离失所，苦不堪言。昨有难民数千，逃来县城，立盼巨款救济，刻不容缓。"②

洋牧师麦秀歧汇报辰溪、溆浦灾情，并经辰州办事处复初会洋牧师何道明复核，辰溆两县灾重异常。"辰溪人口计三十余万，本年收成不及

---

① 湖南华洋筹赈会编：《湘灾周报第二十号》（1922年3月5日）：续调查员报告，载国家图书馆古籍影印室编《民国赈灾史料初编》（贰），国家图书馆出版社2008年版，第595页。

② 湖南华洋筹赈会编：《湘灾周报第十一号》（1921年12月25日）：调查之教会报告，载国家图书馆古籍影印室编《民国赈灾史料初编》（贰），国家图书馆出版社2008年版，第264页。

十分之一，饥民遍野，待哺嗷嗷；益以匪风猖獗，烧杀掠掳，村落圮墟。大约各乡被匪焚烧屋宇，计七千八百余栋，被灾难民约二十万之谱。乞食来城，日必数百；扶老携幼，络绎于途；鹄面鸠形之辈，啼饥号寒，惨不忍见。即稍有收成地方，被匪烧抢殆尽。各乡损失仓谷，约在四万八千五百余石。""至溆浦因匪风猖獗，道途梗阻，未获亲诣调查。闻该县收成约十分之三，灾况表俟该县送来，再行转呈。"①

洋牧师何龙蔚致函韩理生干事，报告其所调查的会同通道两县惨痛灾情。

表3—1　　　　　　会同县灾情报告表（区名为译音）

	城区	康平区	南江区	湖浪区	安惠区	熊溪区	图瑞区	桐山区
富户	7	7	3	5	8	1	13	3
富民	76	92	38	57	95	13	134	39
中户	55	31	28	59	55	10	70	21
中户人口	338	299	303	718	740	123	856	209
贫户	1286	1552	1407	1585	2108	708	1817	1963
贫民	7538	8107	6912	9104	4259	4520	9432	4166
本年收获（比常年）	十分之二	十分之五	十分之五	十分之五	十分之五	十分之五	十分之三	十分之三
别种收获	无	无	无	无	无	无	无	无
附记	常年仓谷尽空虚几	此三区被土匪劫掠损失甚巨，房屋被焚者多						

该县七区之内，城区仁聚区、义聚区（均译音）收成均仅常年十分之一，礼聚区、智聚区、信聚区（均译音）约常年十分之二，昌聚区（均译音）约常年十分之二三。全县灾户17491家，灾民124269人，常年平仓谷自李烈钧军队经过时即已告罄。靖县报告尚未收到，并闻。此颂公安。何龙蔚启，二月二十四日。②

---

① 湖南华洋筹赈会编：《湘灾周报第十三号》（1921年1月8日）：续教会报告，载国家图书馆古籍影印室编《民国赈灾史料初编》（贰），国家图书馆出版社2008年版，第330—331页。何道明即辰州复初会美国牧师哈德曼。

② 湖南华洋筹赈会编：《湘灾周报第二十一号》（1922年3月12日）：调查，载国家图书馆古籍影印室编《民国赈灾史料初编》（贰），国家图书馆出版社2008年版，第644—645页。

通道县灾情稍轻，但也好不到哪儿去。摘其关键信息点如下：通道县城区：本年收成为常年的百分之四三；次贫879户5110人，极贫1098户6388人。通道县乡区破羊所（译音）：本年收成为常年的百分之三三；次贫950户2408人，极贫1188户5301人。通道县下江河区（译音）：本年收成为常年的百分之五九；次贫577户3144人，极贫722户3931人。通道大泽铺区（译音）：本年收成为常年的百分之五四；次贫630户3697人；极贫788户4622人。①

从洋牧师的西路勘灾报告来看，与华调查员所得西路灾情非常严重的结论，几无出入。

五　赈务处西路勘灾报告

北京赈务处代表朱德全亲往西路履勘，同样证实湘西灾重，且甚于他路。朱德全在1922年3月24日干事会上，报告了西路灾情，"今岁之灾，无过溆浦、泸溪、辰溪、麻阳一带，而芷江情形尤为特别。论荒情，则人相食；而论事实，则遍地皆匪"。"溆浦县城不过数百户，余顷刻之间散铜元一百串，每人尤只分得四十文；泸溪人相食乃常事，江口不过数十户，聚饥民二千，死者时有所闻；辰溪情形较泸稍佳，然亦人相食。"② 湘西灾重所言非虚。

朱德全在29日评议会特别会议上，再次强调湘西灾重。在会上，朱德全首先陈述了其实地踏勘的理由，"我自北京来湘，关于灾情一项，恐各处文电报告不实，因于正月初六日起程亲往中西南路调查"。随后再次详述了调查所得真实灾情，强调西路灾情最重。"通道靖县稍好，芷江旱灾固有之，然以人祸为最烈，因土匪遍地，如我赴芷，须有一连人保护，故不能前往。溆浦最苦，如江口一带，前因天冻，死者最多；该地因烧煤火，始稍免僵毙，但无食至吞煤灰，仍多死者。惟龙潭地方开有粥厂，稍可充饥。黔阳较芷江为好，其谷米从龙潭运来为多，匪风亦盛，同湾

---

① 湖南华洋筹赈会编：《湘灾周报第十九号》（1922年2月26日）：续教会报告，载国家图书馆古籍影印室编《民国赈灾史料初编》（贰），国家图书馆出版社2008年版，第541—542页。

② 《筹赈会前日之干事会议》，《大公报》1922年3月26日第6版。

驻有军队,人民多迁居于此。辰溪人民多吃生猪草,并不煮食,甚有猪草亦不能得者。泸溪凄凉不堪,街上饥民布满,生意毫无。麻阳以西路为最苦。鄙人调查各处灾情,不问官绅,只向米铺问价,即能得其真相。总之西路灾情较中南两路为甚。"①

3月31日,朱德全去函华洋会称,"查西南两路土匪滋扰,前次调查灾赈委员经过黔阳及永兴等处,屡遭危险。此次该员等前往灾区考查,较前尤应周密;若不切实保护,深恐发生意外"②。湘西匪患严重,无军队保护,难以甚至不能实地调查。天灾加以人祸,只会使湘西灾情更重。

综合华洋调查员、赈务处三方勘查湘西灾情册报来看,都无一例外证实了湘西灾重,且甚于省内中南两路。

经华洋调查员和北京赈务处代表实地勘查,造册上报灾情,才消除了外界对湘省旱荒的疑虑;并经旅京筹赈会熊凤凰等的极力争取,湖南终与苏皖等省同列一等灾区,赢得了北京政府赈款赈粮分配的相对公平对待。

反映各地灾情严重程度之三方勘灾报告,理应成为华洋会定等之同等重要依据。然而,干事会在西路灾县定等上,偏据烟苗情事标准,导致湘西灾县降等或停(扣)发赈款,有关华洋会施赈公平性争议自此更趋激烈。

第二节　旱灾定等制度

一　旱荒辛酉定等

华洋会制定的辛酉春荒定等制度,是制订旱荒定等制度的参照。因讨论熊凤凰在京所募十万关余巨款的分配问题,1921年7月14日华洋会召开临时会议,初议辛酉春荒赈款灾等分三等五级。"审定头等灾区十二县,二等灾区十三县,三等灾区十四县;三等灾区内又分甲乙丙等,甲

---

① 《筹赈会评议会之重要会议》,《大公报》1922年3月30日第6版。
② 《赈务处派来赈务稽查》,《大公报》1922年4月1日第6版。

等十一县，乙等三县。共分配赈款九万六千六百元。"① 此外，还议定了各灾县所得赈款具体分配数目。"计一等灾区永顺等十二县，每县洋五千元，共六万；二等灾区新化十三县，每县二千元，共洋二万六千元；三等灾区分甲乙两级，甲级茶陵十一县，每县八百元，共洋八千八百元；乙级湘潭属株洲三县，每县六百元，共洋一千八百元。合洋支配赈洋九万六千六百元。所余三千四百元，为特别增发各灾区之用。"②

在电报熊凤凰灾等始定的电文中，华洋会对定等依据予以了说明。"尊查湘省各县灾情，可分甲乙丙等。其中灾民人数甲等如芷江。据西人包格非精密之调查，计全县灾民约十二万人，以此为标准，合保靖、永顺、龙山、桑植、永绥、古丈、安化、醴陵八县应得一百零八万人，新化、溆浦、汉寿、慈利、乾城、晃县、麻阳、黔阳、辰溪、大庸、石门、泸溪、宝庆、沅陵、沅江、凤凰、绥宁、通道、靖县、会同、武冈二十一县按甲等三分之一计算，应共得灾民八十四万人，丙等县湘乡、攸县、南县按乙等四分之一计算，应有灾民一百九十五万人。"可见，灾等分为甲乙丙三等，系依据受灾人数而定。

而且，就14日临时会议所拟灾等、摊派数目与汇交地点，请示熊希龄。"议决永顺、保靖、龙山、桑植、安化、古丈、永绥、芷江、麻阳、宝庆、晃县、绥宁十二县为一等灾区，慈利、乾城、黔阳、辰溪、大庸、泸溪、沅陵、凤凰、通道、新化、会同、靖县、溆浦十三县为二等灾区，汝城、茶陵、城步、新宁、石门、武冈、湘潭（注：指株洲与湘乡）、郴县、永兴、安仁、益阳、衡山、零陵十四县为三等灾区。一等县拟摊派五千元，二等二千元，三等千八百至六百元。凡一等县前经受赈及灾情保全县中局部者，均列入乙类。总共须款九万六千六百元。"③ 一等十二县，湘西占有九席；二等十三县，湘西占有十一县。附带公示摊发第二批春赈县名款额及汇交教会地点："沅陵、泸溪、辰溪、溆浦、凤凰、乾城、大庸、慈利、新化、黔阳、靖县、通道、会同为二千元，永绥、保

---

① 《华洋会之临时会议：支配赈款十万元》，《大公报》1921年7月15日第6版。
② 《十万元赈款支配之数目》，《大公报》1921年7月16日第6版。
③ 《湖南华洋筹赈会来电两则》，《申报》1921年7月24日第15版。

靖、龙山、古丈、麻阳、芷江、晃县、桑植、安化、绥宁、宝庆为五千元，统一由辰州复初会何牧师接收。永顺为五千元，先由津市信义会福音堂乌牧师接收，后由乌牧师交永顺大庸信义会梅牧师。省内其他灾县为六百或八百元（省内灾县共计七十一县）。"①查阅1922年3月第二十一号《湘灾周报》华洋会灾区最终支配数目表附件可见，一等灾县有安化、古丈、保靖、桑植、龙山、永顺、永绥、晃县、麻阳、绥宁、芷江、宝庆，各得赈款5000元；二等灾县有慈利、乾城、黔阳、辰溪、大庸、泸溪、沅陵、凤凰、通道、新化、溆浦、会同、靖县，各得赈款2000元；三等甲级有汝城、酃县、茶陵、城步、新宁、永兴、安仁、郴县、衡山、衡阳、零陵十一县，各得赈款800元；三等乙级湘潭、株洲湘乡等三县，后增加石门、武冈、临湘、桃源、桃江（十里河与马迹塘）、宝庆、桃花坪，各得赈款600元。②华洋会春荒定等制度夯实了旱荒定实赈定等制度的基础，并成为其主要参照。

华洋会就旅京湖南急赈会所汇购种赈款一万四千元，经双方会商制定了旱荒赈粮灾等第一版。"案查旅京湖南急赈会汇交本会赈款一万四千元支配办法一案，前函准台端会商见复，以应按照灾情轻重，核实摊分各县，暂定作为购种子之用"，"现据曾（约农）饶（伯师）两君于十二月六（鱼）日干事会议报告，此次审查结果，应列为一等灾区者，为安化、新化、临湘、浏阳、平江、桑植、凤凰、泸溪、沅陵、芷江、溆浦、麻阳、乾城、晃县、辰溪、通道、古丈、靖县、龙山、新宁、永兴共二十一县"，"自二至四等，虽同系被灾区域，而荒象尚未发生者，姑从后议"③，"经元日（十三日）干事会议，审定二十一县，平均给赈"，"其

---

① 湖南华洋筹赈会编：《湘灾周报第二号》（1921年10月23日）：专件，载国家图书馆古籍影印室编《民国赈灾史料初编》（壹），国家图书馆出版社2008年版，第697—698页。[永顺赈款数目和转交人员，后在《湘灾周报》第五号由湘西北信义会来函，改正为"永顺为五千元，先由津市湘西北信义会高牧师接收，后由其转交永顺吴牧师"。《民国赈灾史料初编》（贰），第82页。]

② 湖南华洋筹赈会编：《湘灾周报第二十一号》（1922年3月12日）：附件，载国家图书馆古籍影印室编《民国赈灾史料初编》（贰），国家图书馆出版社2008年版，第653—656页。

③ 湖南华洋筹赈会编：《湘灾周报第十号》（1921年12月18日）：文电，载国家图书馆古籍影印室编《民国赈灾史料初编》（贰），国家图书馆出版社2008年版，第219页。

中新宁、浏阳旱灾原列二四两等,以最近兵匪两灾颇重,故于提升","各该县应各得赈款六百六十六元"①。相较于春荒赈款灾等的三等五级,一等十二县,旱荒赈粮分列四等,一等二十一县,除永绥、永顺、大庸外,湘西十七县入列一等,一等总数与湘西灾县席位均有了大幅增加。

经华洋调查员具册上报、干事会议定之后,旱荒赈款灾等第一版出炉,相较于7月的春荒赈款灾等,旱赈湘西灾县等级与席位都有了较大幅度的下降。1922年3月9日干事会审议并通过旱荒赈款灾等第一版方案,"(一)辰溪、泸溪、溆浦、芷江、晃县、麻阳、安化、新化、宁远、临湘等县为特别灾区。(一)沅陵、凤凰、乾城(有种烟苗情事未列特等)、黔阳、绥宁、靖县、武冈、宝庆、平江、岳州、嘉禾、永兴、耒阳等县列为一等灾区,古丈、会同、永顺、保靖、龙山、大庸、永绥、桑植、新宁、浏阳、湘乡、新田、祁阳等为二等灾区"。② 灾县等级仍分三等,特等十县,一二两等各有十三县。尽管辰麻芷泸溆晃湘西六县位列特等,但已有较大变化。如沅陵、凤凰、乾城,非因灾轻,只为烟苗情事而降列次等;更多的湘西灾县,位列末等甚或未入等。这也是之后陈渠珍多次代沅凤乾绥永五县陈请的原因。

旱荒赈款灾等第一版是在华洋调查员实地查勘具册上报之后才审定的。干事会本应综合华洋调查册报所示灾情轻重,综合决定灾等,然而干事会未能统一定等标准;中南两路依据灾重,西路则偏据重点关注烟苗情事的洋牧师报告确定。在1922年3月24日干事会议上,饶伯师坦言,"此次灾区分等,其同在一等急灾之列者,仍有轻重之分;其最重者列为特别急灾之区,除列一等灾外,格外恤助。至于此次分等,亦不全恃调查员之表册为赈据,多据各区西牧师报告以分等级。"③ 湘西种烟早已有名,自会成为严厉主张禁烟的洋牧师关注的重点,且严格把施赈与烟苗,甚至与传教联系起来,灾重湘西多县跌出特等就不难理解了。

华洋会勘灾定等制度的设计初衷无疑是好的,但执行时却走样。相

---

① 《筹赈会分配灾区赈款电:一等灾区二十一县》,《大公报》1921年12月6日第7版。
② 《各县灾区之审定》,《大公报》1922年3月9日第6版。
③ 《筹赈会前日之干事会议》,《大公报》1922年3月26日第6版。

对春荒，华洋会的旱荒勘灾定等，通过委定地方教会洋牧师，增设华调查员，既能避免春荒单凭地方教会、完全撇开地方灾县等勘灾定等的不足，还能使华洋调查员之间互相监督，各自册报也更能反映灾情的准确性，增加华洋会定等决策的科学性。然而，干事会在执行时，多据洋牧师调查报告定等，与制度设计初衷不符，致生勘灾定等争议。第一，偏离制度设计初衷，损害了制度的公平性和华洋会的公信力。第二，灾县地方耗时耗力，支持华调查员册报灾情，却并未能与洋牧师调查报告一样，成为干事会勘灾定等的决策依据，颇有受轻视甚至被玩弄之感。第三，即使干事会在形式上用洋牧师册报这一把尺子定等所有灾县，但事实上华洋会是用两把尺子衡量：以灾重标准衡量中南两路，以烟苗情事标准衡量种烟早已出名的西路。第四，华洋会将赈务与烟苗情事挂钩，使其赈务职能错位，既违背赈务宗旨定位，更让自身陷于因禁烟而不顾灾黎死活的道德困境。第五，干事会对湘西灾县"另眼相待"，实有借赈务而在地方发展教会势力之嫌。以上，后来都成为干事会受质疑之处。

二 旱荒壬戌定等

相对旱荒赈粮灾等第一版，华洋会制定了同为四等四级的灾等赈粮第二版，不同的是湘西多数灾县升为特等。辛酉旱荒衍致壬戌春荒，尽管湘西灾县因烟苗情事而遭受赈款定等不利，但湘西灾重这一客观事实不会因干事会的主观定等而消失。为此，6月12号华洋干事会通过新版赈粮灾等，以示弥补。"袁坐办报告复查灾区等级案，计原列灾区升等者二十五县，电询分会后，再加入灾区者十七县。议决一等六十五石，计零陵、武冈两县；二等五十石，计凤凰、桂阳、郴县、宜章、永兴、古丈、祁阳、东安、新田九县；三等三十石，计平江、江华、新宁、桑植、衡山、永顺、岳阳、临湘、汝城、嘉禾、宁远、黔阳、乾城、永明十四县；评议会来案，麻阳辰溪已列特等，不加。"[①] 新增灾区十七县，原有灾区二十五县升等，龙山、泸溪、芷江、沅陵、溆浦、麻阳、辰溪、永绥、保靖、会同、通道、靖县等原列一等的湘西多数灾县已升为特等，

---

① 《筹赈会干事会议记》，《大公报》1922年6月13日第6版。

占十七个特等灾县的绝大多数，干事会似从赈粮定等方面弥补湘西灾县赈款定等的不利。

为补配各县赈粮，干事会在第二版赈粮灾等基础上再次追加。从6月18日评议会去干事会函文中可知，"应提应补各灾区一案，经干事会议决，查照原表所列，应升级者二十七县，应补入者一十六县；暂提赈粮二千石，计应升级各县支配一千石，应补入各县支配一千石。但应升级者，应当按照灾情以别等级。除辰溪、麻阳已列特等无庸议加外，其余列为一二三等计算。一等各加六十石，零陵、武冈两县；二等各加五十石，凤凰、古丈、桂阳、郴县、宜章、永兴、祁阳、东安、新田九县；三等各加三十石，平江、江华、新宁、桑植、衡山、永顺、岳阳、临湘、汝城、嘉禾、宁远、黔阳、乾城、永明十四县。至应补入之县，道县已配二百石，宁乡已配一百石，均已派员分别起运；惟长沙、浏阳等十四县，灾情轻重尚待考查，俟电各该县复查确实，再行酌议。"① 在第二版赈粮方案的基础上，干事会还对定等升级与补入各县追加赈粮，湘西灾县受益不少。

按照前两次灾等赈粮散放与追加标准，蔡钜猷与陈渠珍8月2日（冬日）去电华洋会，报告湘西灾县赈粮合计支配实情。"据湘西救灾处呈称，第三次应发各县赈粮现已陆续运到，批照第二次规定数目配发各县。计沅陵应谷三百石，泸溪应谷百石，辰溪应谷二百二十石，溆浦应谷一百石，芷江应谷五百石，黔阳应谷二百石，麻阳应谷三百石，晃县、凤凰应谷各一百五十石，乾城应谷一百石，会同应谷二百七十石，绥宁应谷二百三十五石。以上配给数目，均照第二次原案办理。"② 赈粮弥补到位。

为分配旅京湖南筹赈会从北京赈务处筹借的十万元赈款，干事会拟定了旱荒赈款灾等第二版，但因华洋会评干两部分歧加大、旅京湖南筹赈会的要求和北京赈务处的命令，讨论修改多次，最终获得赈务处定准。北京传来好音，湖南尚有赈款不下三十万元之多③，但用来赈济灾民尚需

---

① 《筹赈会补配各县赈粮》，《大公报》1922年6月19日第6版。
② 《湘西散放赈款情形》，《大公报》1922年8月4日第7版。
③ 《湘省灾黎之好音：尚有赈款不下三十万》，《大公报》1922年8月6日第6版。

时日。灾情急迫，先由旅京湖南筹赈会向北京赈务处筹借十万元，并得到应允。不过，因评议会、华干事、三路地方灾县、旅京湖南筹赈会等，认为干事会散赈不公，工赈路线图设计和潭宝首修段的择定偏离赈路宗旨，早已争议四起。所以，各方对新的赈款灾等方案，为力求自身利益的最大化，互不相让。然而，因此款由旅京湖南筹赈会垫借于赈务处，必须满足赈务处所提的"非赈不生"这一赈款定等分配宗旨，所以此版定等方案是在旅京湖南筹赈会的干预下，最终由赈务处强行敲定。

赈款灾等第二版方案，先由华洋会于8月5日委办会上草拟。"华洋筹赈会于昨开审查各县最近灾情之委办会。商磋多时，分别灾情轻重，列等于下：（一）一等十三县，芷江、麻阳、辰溪、泸溪、溆浦、沅陵、零陵、东安、永兴、新化、安化、宝庆、武冈。（一）二等十一县，晃县、凤凰、祁阳、衡阳、宜章、资兴、临武、新田、郴州、道县、黔阳。（一）三等十三县，永顺、永绥、靖县、保靖、会同、江华、耒阳、常宁、衡山、嘉禾、汝城、桂阳、桑植。（一）四等七县，临澧、石门、通道、澧县、古丈、茶陵、龙山。此次分配，在北京筹借十万元，即以此为标准云。"① 初稿四等44灾县，颇有普惠倾向；其中西路19县入等，湘西灾县除乾城县外，其余全都入等，并在一等13县中占有6席。

第二天，初稿交由评议会讨论。评议会议决，"干事会函请审查各县灾情，以便分配赈款案。议决照昨委办会议决案，惟闻绥宁、乾城、慈利、汉寿、蓝山、鄘县、永明、宁远八县为五等灾区，其配款标准，五等二百元，四等四百元，三等六百元，二等八百元，一等千元"②。评议会版本分五等，新增八县为第五等，乾城入等，并提出了具体的灾等赈款标准，评议会普惠倾向更为明显。

普惠皆大欢喜，但于灾重之区不利，赈务处并不认同。朱德全代表北京赈务处，对此版方案草稿有不同看法。"以赈务处借垫十万元，汇交湘会查放；受该处委托，对于散放，必择定灾荒极重地方查口给赈"，直言不讳地指出其代表赈务处，赈济对象为灾荒极重之区，办法是查口给

---

① 《筹赈会之委办会》，《大公报》1922年8月6日第6版。
② 《筹赈评议会议事纪》，《大公报》1922年8月7日第6版。

赈；继而拟定散放办法："（一）列举灾荒最甚区域如下：新化、安化、宝庆、武冈、零陵、东安、祁阳、永兴、芷江、麻阳、黔阳、辰溪、溆浦、泸溪、沅陵。以上十余县，受灾甚重，荒象日紧，或为本处稽查所视见，或根据中西人士之报告，确实非赈不生之区域；其余各县或报兵匪，或报水雹，或报瘟疫，或报虫伤偏灾曾重，斟酌情形略为补救亦已足矣；若必如前数次之分款为主议，则绝失救济灾民之本意，殊非言慈善者之所宜谈。"具体列出灾重之县，提出"非赈不生"原则，明确赈济旱荒，并批评普惠做法。"（二）议定散放时期。此次赈务处所拨赈款，原由拨借而来；盖因湘省现在青黄不接，务必以灾歉期内为限。此种时期最多以一两月为限；如有各县在一个月内将此次赈款故意扣留不发者，一经查出，定行咨请惩办。（三）规定查放手续。此次各县发给赈款，必将受赈人数男女老幼残废，详细区别，绘成表册，张贴省衢。一面将散放详情报送筹赈会查核，并由筹赈会委托稽查，以示慎重；各县散放机关，遇有此项稽查人员前来检查，应宜切实报告，不得推诿。"①散放限于灾歉期内，意即保证散赈须及时，同时要求惩办类似之前地方教会牧师为发展教会势力而延不发赈的做法；详细查放手续，严塞漏卮。以上各点，实际上是赈务处对之前干事会散赈的批评。

除代表赈务处的朱德全之外，旅京湖南筹赈会也要求慎重对待此次赈款定等。8号旅京湖南筹赈会来电，"近据湘省各处电，均称散放赈款、分配各情形，均多争执"，也对干事会之前散赈定等提出批评。"拟请贵会妥筹方法，务须实惠及民，以昭公允"，要求彰显公允，原因在于"此款既系赈务处负责，代为借垫"；如不慎重，赈务处会停发赈款，且会使旅京湖南筹赈会为难。"当即商同委员朱王毕三君为代表，就近与贵会协商，将此项现款尽数支配各灾情查明极确之地方，迅速赈放，以资全活。务恳先行报告赈务处及本会，此后请悉将办理情形，随时详报公布。"唯有做到以上，赈款才不会落空。

为此，干事会于8号议决，推举委办，组织委办会，慎重赈款定等。"推朱德全、邓维真、谢国藻、吴静、胡德昌五人为委办，审查支配，并

---

① 《朱德全对于放赈之提议》，《大公报》1922年8月8日第7版。

函请旅京筹赈会推派代表王在湘出席委办会"①，由委办会先行草拟赈款定等方案。

然而，五委办审查通过的方案并未获得赈务处的肯定。赈务处于八月寒日（14日）来电，认为五委办方案"分配县份，虽经减少，而甲等各县，以受多数牵扯，每县仍只得五千元，与本处之本意，究有未合"，普惠做法仍未完全剔除，必须再减甲等县份数量，提高甲等赈款数额。"惟令再加核减，恐有为难，姑准照办，应会同该代表动拨；如荷贵会同意候复，即当发款"，话说不改也行，款照样拨，可华洋会并无选择不改的权利。"至其他各灾县，有此次未能分得赈款者，难免不生绝望。须知本处顷所借垫赈款，原以救死不救穷为宗旨。在灾轻各县，少施一喘息稍苏之人，即可多救一灾重、非赈不生之人。"② 不要担心其他县份不满，赈务处的宗旨是"救死不救穷"，还必须改。

在旅京筹赈会尤其是北京赈务处的施压下，干事会只得再次修改。17日干事会就变更灾区等第致函评议会，"此次承北京赈务处电准筹借现洋十万元汇湘救济急赈，当即由本会推派审查委办，酌议分为一二三四四等，共灾区四十四县。恳请贵会核议。旋准函复除原案维持外，并议加入八县列为五等灾区在案，本会即时照办。"干事会本意上是尊重评议会意见的。"惟迭据赈务处电嘱，此项垫款务须守定非赈不生之人标准，倘稍有含糊，即将赈款停汇；又准旅京湖南筹赈会推派王君在湘、毕君厚、朱君德全会同本会审查，力主严格限制"，之所以未能完全按照评议会意见定等，实因赈务处要求。因此，只能"将原案四等改为甲乙两等。甲等灾区七县，每县支配洋五千元；乙等十七县，每县支配洋三千八百元；共支配洋九万九千六百元。其余各灾区虽因此次赈款有限，不能一同分配，然如有非赈不生之事发生，后再图救济"；并"附审查灾区等第表：甲等七县，新化、零陵、芷江、麻阳、沅陵、辰溪、永兴，以上每县支配洋五千元。乙等十七县，安化、武冈、祁阳、泸溪、黔阳、临武、

---

① 《筹赈会之议决事项》《慎重支配赈款之来电》，《大公报》1922年8月9日第6版。朱即朱德全；王即王在湘，熊希龄助手，时为旅京湖南筹赈会代表；毕即毕厚，时为北京赈务处湖南赈务稽查委员。

② 《赈务处对于支配赈款之不满意》，《大公报》1922年8月16日第3版。

汝城、汉寿、宝庆、东安、溆浦、宜章、新田、郴县、永顺、晃县、靖县，以上每县洋三千八百元"①。入等灾县减少，各等赈洋增加。此版方案得到赈务处认可，尽管评议会仍持异议。

第三节 湘西所受旱赈

湘西辛酉旱荒所得华洋会赈济，除平粜以外，主要以大宗赈款赈粮为主，约占华洋会辛酉旱荒赈济总量的五分之三。

从1922年1月14日何道明牧师向华洋会所报旱荒春赈支配函可知，此时湘西旱荒所得赈济，占华洋会赈款总量的大部分。"十年九月领来分配十县之赈款洋三万二千元，兹将分配之详情报告如下：交湘西筹赈会，十月十五日洋1800元，十月十五日洋5000元，十一月十五日洋5000元，十一月廿四日洋11200元，共23000元。上列之数系由柏牧师交与下列各县之代表者：古丈5000元、保靖5000元、乾城2000元、辰溪2000元、凤凰2000元、永绥5000元、溆浦2000元。柏牧师从各县领款代表手取有收据，且此款分配时系在余调查完竣之后。十年十月十三日交泸溪2000元，十一月十一日交龙山5000元，十一月十三日交沅陵2000元。所有上列各款，除沅陵外，均付至常德办谷。上列各款存在银行时得利息洋九十六元八角七分，用数如下：发电五次，十一元六角七分；十月间调查旅费，二十四元七角二分；其余交湘西筹赈会，三十七元九角三分。"② 此时，湘西所得旱荒赈款23037元，7000元赈粮；在华洋会1921年旱赈总额中，占比不低。

1922年3月3日干事会议决："（一）在北京所买之高粱运赴湘西赈济。（一）暂借五千元与包牧师，为芷江购买耕牛之用。（一）二次分配关余款十万元，以四万赈济湘西，余款发中南两路。（一）聂云台所捐谷二千石运赴湘西。"③ 3月11日干事会议决，"报告支配现款数十万元内

---

① 《关于灾区等第之商榷：放赈十万元急难处置》，《大公报》1922年8月18日第6版。
② 湖南华洋筹赈会编：《湘灾周报十七号》（1922年2月12日）：文电，载国家图书馆古籍影印室编《民国赈灾史料初编》（贰），国家图书馆出版社2008年版，第445页。
③ 《筹赈会议决之要案》，《大公报》1922年3月4日第6版。

之第二部分，即一万五千元案，议决特别灾区加重，除照一等分款外，芷江加三千元，其余加二千元，共一万九千元"①。3月13日华洋会公布支配各灾区散赈高粱数目如下："西路：辰州以上，泸溪、溆浦、辰溪、沅陵、凤凰、乾城，每县发高粱四百石，谷一百石；古丈高粱三百石，谷八十石。洪江以上，芷江、晃县、麻阳、黔阳、绥宁、靖县，每县给高粱四百石，谷一百石；会同通道各给高粱三百石，谷八十石。澧水流域，永顺、保靖、龙山、大庸、永绥、桑植，每县给高粱三百石，谷八十石。"②3月华洋会公布支配各灾区赈洋数目如下："西路：（一）辰州以上，泸溪、溆浦、辰溪，每县赈洋三千八百七十五元，沅陵、凤凰、乾城每县赈洋一千八百七十五元，古丈赈洋一千一百二十五元。（二）洪江以上，芷江赈洋四千八百七十五元，晃县、麻阳每县给赈二千八百七十五元，黔阳、绥宁、靖县各县给赈一千八百七十五元，会同、通道各给一千一百二十五元。（三）澧水流域，永顺、保靖、龙山、大庸、永绥、桑植，每县赈洋一千一百二十五元。"③灾重西路所受旱赈同样不少。

《湘灾周报》第二十一号公布赈款支配数目表④，印证了旱荒湘西各县所得赈款总数确实不少。

表3—2　　　　　旱荒赈款支配数目表（1922年4月前）

受赈地名	第一批赈款	第二批赈款	一二批外赈款	合计	受赈地名	第一批赈款	第二批赈款	一二批外赈款	合计
古丈	二千元	五千元		七千元	麻阳	八百元	五千元		五千八百元
保靖	二千元	五千元		七千元	黔阳	八百元	二千元		二千八百元
桑植	二千元	五千元		七千元	辰溪	八百元	二千元		二千八百元

---

① 《筹赈会议决之要案》，《大公报》1922年3月12日第6版。
② 《各县支配高粱数目》，《大公报》1922年3月14日第6版。
③ 《筹赈会支配各县赈款》，《大公报》1922年3月16日第6版。
④ 湖南华洋筹赈会编：《湘灾周报第二十一号》（1922年3月12日）：附件，载国家图书馆古籍影印室编《民国赈灾史料初编》（贰），国家图书馆出版社2008年版，第653—656页。

续表

受赈地名	第一批赈款	第二批赈款	一二批外赈款	合计	受赈地名	第一批赈款	第二批赈款	一二批外赈款	合计
龙山	二千元	五千元		七千元	大庸	八百元	二千元		二千八百元
永顺	二千元	五千元		七千元	泸溪	八百元	二千元		二千八百元
永绥	二千元	五千元		七千元	沅陵	八百元	二千元		二千八百元
乾城	八百元	二千元		二千八百元	凤凰	八百元	二千元		二千八百元
晃县	八百元	五千元		五千八百元	芷江	八百元	五千元	八百元	五千八百元

4月华洋会通电受赈各县文，"所有此次支配赈粮赈款各县份，计安化、新化各高粱五百石，谷五百石，洋五千元；临湘高粱五百石，洋五千元；宝庆、武冈、岳阳、平江、嘉禾、永兴、耒阳各高粱五百石，洋三千元；芷江高粱四百石，洋四千八百七十五元；晃县、麻阳、泸溪、溆浦、辰溪各高粱四百石，谷一百石，洋三千八百七十五元；新宁、浏阳、新田、常宁、祁阳、湘乡、永明各高粱四百石，洋二千二百五十元；沅陵、黔阳、凤凰、乾城、绥宁、靖县各高粱四百石，谷一百石，洋一千八百七十五元；会同、通道、永顺、保靖、龙山、大庸、永绥、桑植、古丈各高粱三百石，谷八十石，洋一千一百二十五元。以上各属，均经本会派员审查，分别酌定"[①]。

6月15日，华洋会公布赈款收支总账目。"将该会自民国十年十月起，至十一年五月止，所收赈款及支出数目，详细列表，函送各界查阅。用录如下：（甲）收入：（一）辛酉春赈结束送光洋二万九千五百元二角六分。（一）北京赈务处及关税附加赈款洋三十六万六千四百九十八元。（一）中国华洋义赈会救灾总会办公费洋五千元。（一）各省各埠捐助赈洋二万九千一百九十八元一角五分。（一）提充谷米及罚款银洋三万五千五百三十四元一角五分。（一）美国救灾会路工赈款二十万元。合并收入银洋六十六万五千七百三十元四角六分。（乙）支出：（一）各县赈款洋

[①] 湖南华洋筹赈会编：《湘灾月刊第一期》（1922年4月）：文电，载国家图书馆古籍影印室编《民国赈灾史料初编》（叁），国家图书馆出版社2008年版，第10—11页。

六万三千二百三十五元四角七分。（一）辰州办事处转放赈款三万八千八百七十五元。（一）辰州办事处转放赈款三万零四百二十三元。（一）各县分会采买赈粮洋五万一千元。（一）中国华洋救灾总会购买高粱洋一十二万八千元。（一）委员赴各县采买粮食洋十万零一千一百一十八元一角二分。（一）赈粮运费洋一万五千二百一十九元三角二分。（一）旅费洋二万一千五百六十四元九角五分。（一）薪资洋一万零三千四百八十五元九角五分。（一）印刷费洋三千□百三十七元八角一分。总共支出四十五万八千五百一十一元二角六分。又支出路工款项二万九千九百零三元五角四分，计路工款项内。存洋一十七万零九十六元四角六分。收支两抵，实存洋一十七万七千三百一十五元六角六分。"①

第二天，公布散放各县赈款支配具体数目。"现将该会自十年十月至十一年五月止，散放各县赈款列表公布。用录如下：（一）沅州办事处，款 30423 元，请该处分发所属各县。（一）辰州办事处款 38875 元，由该处分发所属各县。（一）绥宁款 500 元，又 1875 元；（一）新宁 2916 元；（一）岳阳 666 元；（一）临湘 1666 元；（一）平江 666 元；（一）新化 6666 元；（一）安化 5771.47 元；（一）永兴 1666 元；（一）浏阳 666 元；（一）宝庆 3000 元，又宝属桃花坪 2000 元；（一）常德办事处 4000 元；（一）长沙 600 元；（一）武冈 3000 元；（一）靖县 1875 元；（一）通道 1125 元；（一）嘉禾 3000 元；（一）湘乡 250 元；（一）耒阳 300 元；（一）大庸 527 元；（一）益阳 500 元；（一）永明 2250 元；（一）永顺、永绥、龙山及荒民救护队各 1000 元；又大庸、桑植各 1125 元；又临湘 1500 元；沅州办事处 800 元。总共支洋 131533.47 元。"②

6月干事会复函湘西省议员吴伦徽等卅人，对其质疑华洋会支配赈款不匀予以说明，表达了对湘西旱荒及其赈济的重视。"原以湘西灾情最重，且又发生最早，本会特以全力注重；每有紧报到会，但得稍有腾挪，即随时设法救济"，"本会收入之赈款，不过四十余万元；而对于湘西一方面，先后支配粮款及采买接济之数，约占全额五分之三。此不得不为

---

① 《筹赈会公布赈款数目》，《大公报》1922 年 6 月 16 日第 6 版。
② 《各县支配之赈款一览》，《大公报》1922 年 6 月 17 日第 6 版。

诸公解释者也。"① 辛酉旱荒西路二十余灾县所得赈济，占湖南六十余灾县赈济总量的五分之三，可见华洋会对湘西旱荒的高度重视。

结　语

　　湘西灾重，经华洋调查员与赈务处履勘确证无误，华洋会理应尊重这一现实；湘西地方的陈请，也理当得到华洋会重点注意。尽管湘西所在西路所获华洋会赈济较多，但旱荒并未能够较好地缓解；更让湘西地方所不能接受的，除陈渠珍指向灾等升级的陈请大多为干事会婉拒之外，还有干事会因偏据洋调查员重点关注的湘西烟苗情事，降低了凤乾等县灾等并扣发赈款，以及停发龙永绥三县赈款。

　　禁烟事关外交与国际声誉，理所应当，但应严格区分其与赈务的关系，不能混为一谈。湘西种植鸦片早已有之，突然将禁烟与灾赈甚至与传教挂钩，减少或暂停（扣）赈款发放，使湘西辛酉旱赈陷于被动，是为不义；灾赈本应以灾情轻重为赈济唯一条件，在湘西却以烟苗情事为另一标准，是为不公；兵灾匪祸鸦片同为人祸，省内多地有之，单选鸦片作为灾赈的另一要件，明显针对长期种植鸦片的湘西，是为歧视。显然，湘西地方及灾黎无法接受，华洋会也难以摆脱置湘西旱荒及灾黎于不顾的嫌疑，也与华洋会的赈务职能定位不符；致生施赈不公之非议，当在情理之中。

　　早在春赈时期，就已有华洋会赈务不公的抱怨之声。1921年6月17日，湘西籍省议员王上仁、杨全、何起、傅庆余、杨甘霖、赵世宽、杨柱乡、王正鹏、龙植三、傅进德等，去函沅陵人欧本麟，抱怨"以湘西二十余县之灾区，不及醴陵一县受赈之多"②。辛酉春荒灾重甲于全省的湘西，所获春赈不及醴陵一县，确属施赈不公。

　　湘西灾县与同样认为受到不公对待的中南两路部分灾县，需要干事会给个说法。

---

① 《筹赈会函释西路议员之质问》，《大公报》1922年6月18日第7版。
② 《湘西公推急赈会主任》，《大公报》1921年6月29日第6版。

第四章

散赈路界争议

灾荒只是表象，其基调则是人与社会关系的失调。如邓云特所言，灾荒史研究，更应超越叙述其导致食物匮乏的"一般事实之历史，且应为一社会病态史及社会病源学史。其任务即在于揭发历史上各阶段灾荒之一般性及特殊性，分析其具体原因，借以探求社会学之治疗原则与途径"[①]。

辛酉旱荒的研究也不例外。因此，从本章开始直至文末，主要从散赈路界争议、辛酉工赈路界争议两个方面，来阐述辛酉旱荒时期湖南及湘西的社会病态，进而从兵匪毒灾及苛税与教育破产等方面，探求湘西辛酉旱荒形成的社会病源，在此基础上得出民国时期湘西无法摆脱整体深度贫困的结论。

第一节 灾县定等双重标准之争

尽管西路灾县获得了华洋会辛酉旱荒赈款粮的近五分之三，但西路军政及地方各界，如湘西巡防军统领陈渠珍、湖南善后协会会长田应诏、湘西镇守使蔡钜猷，甚至华洋会募集善款所恃的熊希龄，以及华干事欧本麟等，都多次代西路函电请赈，却几无得到干事会尤其是洋干事们的应允。

形成鲜明对比的是，洋牧师的请赈，几乎有求必应。辰州复初会包

[①] 邓云特：《中国救荒史》，河南大学出版社2010年版，第3页。

牧师为辰州请赈，干事会马上议决拨付一万元，并允以十五万元为该处买米；为芷江请款买耕牛，立即拨借五千元。洋牧师代宝庆、安化、醴陵等中南两路灾县的请赈，干事会基本都予以积极回应。

同一灾重之区或不同路界的灾县，请赈人不同，干事会议决结果也不同。由此引发西路各界，并与其影响下的中南两路一起，质疑干事会赈务的公平性。

从辛酉年底①开始，西路灾县与各该县省议员，以及华洋评议会西路灾县评议员，纷纷函电干事会，就灾县分等标准、赈款粮分等标准问题质问干事会。

一　湘西烟苗情事标准

干事会委定华洋勘灾员分区勘查各灾县灾情，要求各自提交灾情调查报告，以此作为分等赈济依据。辛酉春荒时期，义赈会、急赈会及在此基础上成立的华洋会曾派出过勘灾员，以勘灾报告作为分等施赈依据。春荒西路勘灾，因熊凤凰认为灾情急重，不容耗时调查，以及湘西勘灾颇有不便，其春赈灾县等级的确定，主要依据灾县地方教会册报，湘西得以占有春赈七席一等灾县中的六席，十五席二等中的十席。相较春荒勘灾，干事会特订更为完善的旱荒实地勘灾制度——《湖南华洋筹赈会调查员暂行规则》，除重点调查旱荒灾情之外，附带调查烟苗情事事项，并由每一区域所委定的华调查员和地方教会洋牧师各一名，分别勘灾册报，干事会据此综合确定三路灾县等级。

尽管旱荒勘灾定等制度较为完善，但因西路种烟早已有名，造成了干事会偏信重点关注烟苗情事的洋牧师报告来定等的客观现实。首先，干事会于 1921 年 12 月 27 日议决通过了西干事韩理生的提议，"由本会致函各县教会牧师，请其将调查所得各项灾情，直接分别函电北京上海各赈务机关。"② 由此赋予灾县教会西牧师以话语特权，使其勘灾报告成为

---

① 1921 年 8 月 7 日辛酉春赈收束，10 月 7 日辛酉旱赈开始，收束于 1923 年初。见《赈务处电告停办》，《大公报》1923 年 1 月 3 日第 7 版。

② 湖南华洋筹赈会编：《湘灾周报第十三号》（1922 年 1 月 8 日）：本会纪事，载国家图书馆古籍影印室编《民国赈灾史料初编》（贰），国家图书馆出版社 2008 年版，第 332 页。

干事会分灾定等和降等湘西灾县的主要依据。其次，干事会于1922年1月24日议决，"凡种有鸦片之县份，请总司令省长两署通电，一律拔苗，否则本会不予给赈"[①]。意味着在拔除烟苗之前，无论旱荒多重，都不会施赈，这成为干事会扣发或停发湘西灾县赈款的依据。以上依据，客观上形成了西路偏据烟苗情事与中南两路依据灾重这一干事会勘灾定等的双重标准。正如西干事饶伯师在3月24日干事会上所坦言，"至于此次分等，亦不全恃调查员之表册为根据，多据各区西牧师报告以分等级[②]。"这成为华洋会散赈争议的缘起与焦点。

二　湘西灾县降等及赈款扣（停）发

辛酉旱荒如以灾重标准定等，荒情甲于全省的湘西灾县，大多都能进入旱荒赈款第一版方案的特等之列，中南两路将会更少。遗憾的是，干事会将赈务与禁烟挂钩，注重烟苗情事这一附带调查事项的洋调查员报告，成为干事会定等的依据，造成了湘西灾县在旱荒赈款第一版方案中的定等，明显与灾重现实不符的结果。

依据注重烟苗情事的洋牧师报告，干事会降等湘西灾县。1922年3月8日干事会议决辛酉旱赈灾县等级，"辰溪、泸溪、溆浦、芷江、晃县、麻阳、安化、新化、宁远、临湘等县为特别灾区；沅陵、凤凰、乾城（有种烟苗情事未列特等）黔阳、绥宁、靖县、武冈、宝庆、平江、岳州、嘉禾、永兴、耒阳等县列为一等灾区，古丈、会同、永顺、保靖、龙山、大庸、永绥、桑植、新宁、浏阳、湘乡、新田、祁阳等为二等灾区"[③]。西路灾县列入特别灾区数量大幅减少，大多降为一等或二等，甚或个别西路灾县竟未能入等；而且明确指出，本应列为特等的沅凤乾三县，因烟苗情事被降为一等。可见，干事会西路灾县定等，单凭洋牧师报告。

西路灾县定等不利尚在其次，更难容忍的是，湘西灾县所获赈款被

---

① 湖南华洋筹赈会编：《湘灾周报第十七号》（1922年2月12日）：本会纪事，载国家图书馆古籍影印室编《民国赈灾史料初编》（贰），国家图书馆出版社2008年版，第465页。
② 《筹赈会前日之干事会议》，《大公报》1922年3月26日第6版。
③ 《各县灾区之审定》，《大公报》1922年3月9日第6版。

停发或扣发。洋干事们把持的干事会于3月7日议决,"凡查有种植烟苗之县,即将该县赈款扣留,需候分会报告证明烟苗铲绝后方能补发",沅陵、凤凰、乾城与永顺、龙山、永绥因此停发赈款。干事会此种做法,有将华洋会赈务宗旨弃之不顾、完全以烟苗情事定等的嫌疑,中干事和湘西地方无法容忍。

华干事中,沅陵人欧本麟在4月7日干事会上,代表湘西地方发声,表示不满。"上次会议第十条内容龙山、永绥、永顺三县暂缓发赈款,似欠妥协,应请慎重。"欧本麟长期辅佐熊希龄的慈善事业,既是湖南急赈会理事,也与熊希龄主持的旅京湖南筹赈会关系密切;欧氏为湘西灾县鸣不平,既有自身主观上的意愿,客观上也不排除湘西灾县和熊希龄的背后推动。因此,干事会只能做出一定的让步,"辰州办事处声明,该三县在辰州范围以内虽为较轻,然就全省比较,不为最轻,故不能全行缓发。应请辰州办事处酌量拨发,并有由本会加拨数千元弥补,以求平允"①。貌似定等湘西灾县,是依据灾重标准,实际上干事会是为自己找台阶,将因烟苗情事而扣发或停发湘西灾县全部赈款的责任,推给辰州办事处。而且,干事会仍心有不甘,只是要求不能全部缓发,可以酌量拨发,似有要把烟苗情事作为唯一定等标准坚持到底的趋势。

洋干事们的偏激做法,不单华干事不认同,评议会也开始质问。4月24日评议会开第九次临时会,讨论龙山、永顺、永绥三县公民代表黄裳元等旅省同乡"将支配之赈款一千二百五十元从速照发"的联名请愿案。干事会缓发原因系"此次支配该三县赈款,系由何牧师代领。何牧师谓三县烟苗甚多,并无灾情,议不发给。如要照发,须在该县设立教堂"。可见,洋干事们将赈务与烟苗情事挂钩,实怀有发展教会势力一己之利的考量。然而,"评议会并无实力,只有转知干事会办理"②。终在各方力争与施压下,干事会只得再次让步。5月2日干事会议决,"龙山、永顺、永绥各拨给赈洋一千元"。本应赈有1250元,最后只得1000元,三灾县

---

① 湖南华洋筹赈会编:《湘灾月刊第一期》(1922年4月):本会纪事,载国家图书馆古籍影印室编《民国赈灾史料初编》(叁),国家图书馆出版社2008年版,第29、37页。
② 《筹赈会之评议会》,《大公报》1922年4月26日第6版。

赈款仍被扣发。

干事会颁发部分赈款，仍附带烟苗必须铲尽，且须委员复核属实的前提条件。5月2日干事会就"乾城分会长电报烟苗已经拔除，请将该县赈款照发"议案，"议决由本会派员调查后核办"。委派西牧师复查，干事会仍在坚持双重标准。7日，沅陵东门复初会何牧师复查后函告干事会，"乾城前一星期，鄙人已至调查，田地满种烟苗，并未有划烟苗之举。照赈会规章，凡种烟花之地点，均不在受赈之列。彼县应将烟苗划除后，委人调查是实，方有受赈之可言。又永龙绥三县灾情较他县尤轻，但各县逃荒于此地者甚众。"① 何牧师虽承认湘西灾重，但仍不愿放弃定等赈济与烟苗情事挂钩这一歧视性标准。之后，"凤凰报告烟苗已拔除，请发赈"，12日干事会"议决派员查验再办，推邹骥君就近调查"②。对凤凰陈请的处理，与之前并无二致，干事会并未放宽，更未放弃其烟苗情事标准。

三 双重标准质疑

干事会对西路灾县赈款的偏颇定等，激起了西路评议员的不满。5月24日评议会第十二次临时会，重点讨论了乾城赈款粮被扣问题。第六区勘灾调查员、乾城籍评议员张荫湘提出并请评议会讨论补发乾城赈款粮的要求。张荫湘先应评议会主席郭庆寿（永顺人）的要求，报告详细情形，"略谓乾城灾情奇重，饿死者日以数十计"，乾城灾重事实客观；"前由地方及上海北京各处，募款八千元，专办粥厂。不过二十余日，即已用完。灾民待哺嗷嗷，需款甚急。承本会干事部支配高粱四百石、谷一百石、款一千八百七十五元，旋以粮款不敷，议决只发三成之一，由何牧师承领照发。不意何牧师以敝县有烟苗，不肯发给。嗣经地方官绅，将烟苗铲尽，而何牧师终不照给"。本已不多的赈粱，还因烟苗情事被扣发；即使烟苗铲尽，洋牧师何道明仍不续颁，以致"目下饥民死者日多。

---

① 《何牧师函报乾城满种烟苗》，《大公报》1922年5月8日第7版。
② 湖南华洋筹赈会编：《湘灾月刊第一期》（1922年4月）：本会纪事，载国家图书馆古籍影印室编《民国赈灾史料初编》（叁），国家图书馆出版社2008年版，第112页。

故要求转函干事会,先将三成赈款速发,并恳将七成粮款,设法补发"。赈粱扣发在其次,短绌的赈款也被停发,既甚不合情理,且实与华洋会救灾恤民宗旨相背。西路评议员王正鹏(桑植人)与中路评议员刘善泽(浏阳人)认为,"干事会既将乾城列为特等灾区,何以又停赈不发;即云有烟苗,亦只可令其铲除;不能因有烟苗,遂置灾民之饿死于不顾。种烟者,岂尽饥民;何能以奸民之烟,而停饥民之赈。况据来函所称,早已拔除,是此事已无问题。应即转函干事会,从速补发,以资拯济"。明确反对把定等赈济与烟苗情事挂钩。南路评议员伍坤(零陵人)也认为,"张君所请,本席极为赞成。惟各县有灾重而全未配赈者,不知干事会支配赈款粮,究以何者为标准"①。明确质疑干事会灾县分等标准。干事会于湘西灾县的烟苗情事标准,激起了中西南三路的强烈反对,评议会全体赞成张荫湘的主张,要求干事会补(续)发乾城赈款粮。

烟禁事关民生与国际信用不假,但不能因此而置灾黎生死于不顾。顾维钧大使在国际联盟行政会议上,确实也承受着较大的禁烟压力。然而,正如顾使所言,"现在中国之鸦片,多数由高丽经满洲而流入北方各省,由台湾而流入南方各省"②,禁烟并非大陆一方单独所能成,何况灾重之湘西一区?禁烟确有必要,但不应不顾龙永绥乾凤沅等众多西路灾民之生死。洋牧师何道明及西干事们此种做法,无法洗脱借赈务公权谋教会私利的嫌疑。

不仅灾县地方各界及评议会,甚至赈务处与旅京湖南筹赈会,都对干事会灾重与烟苗情事分等双重标准,明确表示不满。北京赈务处驻湘代表朱德全(宝庆人)在干事会上指出,"若必如前数次之分款为主议,则绝失救济灾民之本意,殊非言慈善者之所宜谈"③,定等救灾应以灾重为唯一依据,而非其他。非独赈务处,旅京筹赈会去电批评华洋会,"近据湘省各处电,均称散放赈款、分配各情形,均多争执"④。陈述源于灾

---

① 湖南华洋筹赈会编:《湘灾月刊第二期》(1922年5月):评议会纪事,载国家图书馆古籍影印室编《民国赈灾史料初编》(叁),国家图书馆出版社2008年版,第119—120页。
② 《顾代表在行政会议上关于鸦片案之雄辩》,《大公报》1921年3月26日第2版。
③ 《朱德全对于放赈之提议》,《大公报》1922年8月8日第7版。
④ 《慎重支配赈款之来电》,《大公报》1922年8月9日第6版。

县定等双重标准所致争执与不满的大量出现，是对干事会的批评。干事会迫于压力，被迫开始听取各方对赈款粮分等标准的意见。

第二节　赈粮分等标准之争

一　评议会坚持普惠标准

就所购北方高粱分配到县问题，评议会要求干事会制定赈粮标准，而干事会则要求评议会起草。针对辛酉旱荒前次赈粮分等成案存分配不公问题，评议会要求干事会补充升等灾县。1922年5月17日评议部召开第十一次临时会，讨论了支配各县赈粮标准案。南路宜章评议员吴静主张"以谷米之贵贱盈绌为标准"。南路谷价虽高，但并非因灾重所致谷价上涨，实因大量谷米偷运出境、商人抬高谷米价格所致。因此，中路方维夏从平江因兵灾而致米贵的实情出发，并不认同吴静提议，"谷价因金融之消长与人口之增加，颇有关系，断不能以米价贵贱定灾区轻重；如必以贵贱定灾情，则各地方乘机抬价者，比比皆是"。中路长沙评议员方永元[①]提出异议，认为"标准亟宜拟定，不必过于吹求，因恐高粱久存省仓一发霉烂，将来不能作用；现在湖南遍地皆灾，鄙意凡有谷米运往他处者，不得认为灾区"；方永元并提出了具体分配原则，"此刻只能以灾情最重及有灾者，分别支配；如前次未支配之各县，此次可支配之；已支配者，此次则少支配"。此说得到了西路慈利评议员吴树勋与中路胡曜等的赞成。西路常德评议员汪宗尧则主张以华洋会所定灾等为标准，兼顾普惠，"此次应以周刊所载灾区等级为标准，以普及为宜；惟前定之特等灾区，应暂取销"。评议员立足各自灾县现实，立场鲜明，争议相持。在吴静的请求下，主席蒋育寰（南路耒阳人）"以支配赈粮先由本评议会定一支配标准"提交表决，得到大多数评议员赞成。最后，评议会推选十五名代表，审查具体标准，"主席又以审查员十五人付表决"，得到通过。西中南三路遂各公推五名代表，"中路公推方维夏、胡曜、刘善泽、欧阳刚中、夏秀峰，西路推王正鹏、罗维镛、吴舜卿、覃遵典、萧登，南路推李鸣九、吴静、陈应

---

① 方永元，长沙人，初为华洋会干事会总务部文牍主任，时为干事会中干事。

森、伍坤、唐虞"①，拟定评议会审查支配赈粮标准。

18日，评议会召开审查员会议，初步拟出赈粮标准草案。评议会推出三份标准草案："审查员会议标准草案，复由王正鹏、欧阳刚中二君各拟一起。"在评议会第十二次临时会议上，对评议会、西路、中路三份草案进行讨论。胡曜、侯文化（临澧人）、吴静、李仙培（永兴人）以"文字简单、手续迅便"为标准，选择西路王正鹏版草案；夏秀峰则认为"王君所拟草案似嫌含混"；郭庆寿则坚执认为，"欧阳刚中君所拟为合宜。若说手续繁难，则根本三草案，皆不能成立"。最后在代表西路利益的"王君所拟标准草案"基础上，对个别地方作出修改后获得通过，形成了评议会赈粮分等标准。内容如下："特别：（甲）灾民饿死之最多者；（乙）谷米之奇绌奇贵及兵匪盘踞之多而且久，饿死人之次多者。普通：（甲）按照本会前定灾区之等级，另酌现在灾情之成数，分子丑寅三项；（子）粮食距出新期间缺少五成以上者，米价比较民国九年涨至四倍以上者，田赋政府免除五成以上者，灾民满十万以上者；（丑）粮食距出新期间缺少三成未满五成者，米价比较民国九年涨至三倍以上者，田赋政府免除三成以上未满五成者，灾民满五万以上者；（寅）粮食距出新期间缺少未满三成者，米价比民国九年涨至二倍以上者，田赋政府免除三成未满者，灾民满三万以上者。说明：凡具有子条所列二项以上者，为甲等；具有丑条所列二项以上者，为乙等；具有寅条所列二项以上者，为丙等。"②此标准以灾民人数和谷价为核心指标，是平衡三路利益、坚持普惠的结果。虽争议颇大，但仍在24日评议会第十二次临时会议通过。这一标准，终在27日干事会"上次委办会审查各县灾情支配赈粮数目案"③上获得通过。

---

① 三路评议会审查员分别来自：中路平江方维夏、宁乡胡曜、浏阳刘善泽、武冈欧阳刚中、新宁夏秀峰，西路桑植王正鹏、桃源罗维铺、晃县吴舜卿、石门覃遵典、溆浦萧登，南路衡山李鸣九、宜章吴静、陈应森、零陵伍坤、唐虞。见《筹赈评议部开会记》，《大公报》1922年5月19日第6版。

② 湖南华洋筹赈会编：《湘灾月刊第一期》（1922年4月）：评议会纪事，载国家图书馆古籍影印室编《民国赈灾史料初编》（叁），国家图书馆出版社2008年版，第117页。

③ 湖南华洋筹赈会编：《湘灾月刊第三期》（1922年6月）：本会纪事，载国家图书馆古籍影印室编《民国赈灾史料初编》（叁），国家图书馆出版社2008年版，第119、187页。

评议会赈粮定等在争议声中得到了干事会的认可,而有关定级与新增灾县标准的争议更大。6月2日评议会开审查会,评议员纷纷要求补入各自地方灾县。中路刘善泽主张"维持本评议会前拟定之支配赈粮标准案,并请将遗漏之浏阳加入支配"。"溆浦灾情奇重,每天饿死者在三十人以上",西路萧登也要求加入溆浦;西路罗大凡认为,"此次支配失平,只须审查等级平均,自然无话说,并报告汉寿灾民极多",汉寿也想加入升级。南路雷铸寰质疑"此次等级不知干事会如何定的,何以将东安死人最多之区,列为一等",东安也想升等。主席方维夏赶紧制止,提醒众评议员,应"先审查标准"。西路张声树(沅陵人)则认为,"只须以干事会原有支配表讨论,分别补入增加两层",原有在列灾县担心新增太多,会摊薄赈款。中路方永元主张在雨露均沾的前提下减少等级,"三等九级不合,只以三级为好,至多不过四级;并须普及,方免失平"。三路争议不下,审查会"仍以评议会原案获得通过",以赞成实惠普及。至于具体等级与支配赈粮数目,刘善泽认为前定标准存有"以赈粮支配等级,并非照灾区支配等级"的弊病。方永元提议,"一级得十分,二级得八分,三级得六分,四级得四分",各级按相应比例获得赈粮。蒋育寰则明确提议四等及各等数量,既然赞成普及,那就"分甲乙丙丁四等,甲支配四百石,乙三百石,丙二百石,丁一百石"[①]。此提议表决获得通过。

评议会有关灾县升级与补入的更大争议,只有沿袭之前定等之平均主义,才能妥协成案。3日,华洋会开特务审查会,以个人名义参加的中干事袁家普(醴陵人),"我意赈灾本旨,毫无偏见,只以灾论",强调以灾定等;并提醒评议会,"干事会函请研究,非大家求平允起见;其组织评议会,亦此意也",暗示干事会不大可能批准此方案;希望"列位详细研究,总要本良心上之主张,徒以均分主义,我实不赞成",明确反对评议会之平均主义;主张"应提级则提级,应加入则加入,总要说明实在理由",以灾定增与升等,并要求主席方维夏予以说明。方解释道,"此次支配,存种种关系,以成此作用者有之,有因支配而未收到者有之,有灾而曾未报者有之",各有理由。"此次并未推翻干事会之支配,因等

---

① 《筹赈评议会昨日之审查会》,《大公报》1922年6月3日第5版。

级太多，所以方永元主张四级"，并非不尊重干事会意见，"我们定个最公平之等级，方可得干事会之同意"；主席还在为平江鸣不平，"以平江为论，由一等降为二等乙级，不免相隔太远；大家摸摸良心来支配则好"。评议会最后议决，"以浏阳等十四县原支配表漏列应行补入，以东安等十县原支配表已列，应行提级"①。大幅新增十四灾县，升级十县，平均主义表露无遗。并于5日"将3号特务审查会所厘定各县灾情加级案通过。函请干事部照此标准，分配赈粱，勿得更改"②。

二　干事会遵从

尽管评议会定等定级之平均主义明显有悖于赈灾救死之原则，中干事袁家普也曾明确反对，但干事会仍对平衡三路利益的评议会之升级补入案照收无误。因6月6日干事会讨论"评议会请将灾区升级及补充案，议决推饶伯师、袁雪安、邓维真、李诲四干事审查，并请评议会推代表四人出席"③。依据评议会原案，经四干事审查，干事会于6月12日确定了升级补充方案。首先由袁雪安坐办报告"复查灾区等级案。计原列灾区升等者二十五县；电询分会后，再加入灾区者十七县"。议决："一等六十五石，计零陵武冈两县；二等五十石，计凤凰、桂阳、郴县、宜章、永兴、古丈、祁阳、东安、新田九县；三等三十石，计平江、江华、新宁、桑植、衡山、永顺、岳阳、临湘、汝城、嘉禾、宁远、黔阳、乾城、永明十四县；评议会来案，麻阳辰溪已列特等，不加。议决提议补列各县赈粮。至应补入之县，道县已配二百石，宁乡已配一百石，均已派员分别起运；惟长沙、浏阳等十四县，灾情轻重，尚待考查；俟电各该县复查确实，再行酌议。"④ 干事会不仅全盘照收评议会灾县升级补入案，还有所增加，只是需对长沙、浏阳等十四县灾情轻重进行程序上的复查。

干事会迟拨赈粮给新补入十四县的做法，评议会仍不满意。评议会

---

① 《筹赈会之特务审查会》，《大公报》1922年6月4日第6版。
② 《昨日筹赈会之评议会》，《大公报》1922年6月6日第6版。
③ 《筹赈干事会之议决案》，《大公报》1922年6月8日第6版。
④ 湖南华洋筹赈会编：《湘灾月刊第三期》（1922年6月）：本会纪事，载国家图书馆古籍影印室编《民国赈灾史料初编》（叁），国家图书馆出版社2008年版，第190—191页。

17日召开第四次常会讨论此事,18日去函干事部。"佥谓长沙、浏阳等应行补入之十四县,灾情叠经各该县知事、各法团、省议员及本会评议员先后报告,复经本会派员调查具复,有案可稽。值此荒象紧迫之秋,饥雁哀鸿大有朝不保夕之势,若尚待复查,未免稽延时日,不惟赈粮酵败,且将索饥民枯鱼之木,似于救灾如救焚之本旨,亦欠圆满。应请函达干事会,不必再候查复,尽可根据前报各案提前配给赈粮,以取敏捷,而救垂死。"① 缓不济急,不必走复查程序,照评议会议决案拨发就行。

干事会迫于压力,最终依评议会意见,全数补发灾县赈粮。"华洋筹赈会将以支配各县高粱,未得平均,以致外间啧有烦言。"干事会面临不小的舆论压力,只得"各县如有漏列之处,自应补发,以昭平允"。20日干事会议决,对"评议会请将漏列各县从速支配高粱案,议决推戈邓袁三干事审查支配,交采放部执行"②。补发各灾县之赈粮数目如下,"常德六百石(专为遣散各处来常饥民之补助),临澧二百石,临武三百石,浏阳二百石,城步二百石,茶陵一百五十石,益阳一百五十石,石门一百五十石,汉寿一百五十石,资兴一百五十石,长沙一百五十石,慈利一百一十石,蓝山一百一十石,澧县一百一十石,华容一百一十石。"③ 对平衡三路利益的评议会升等补入各意见照单全收,意味着在赈粮升等补入问题上,承压之下的干事会被动认可了评议会的普惠标准。

第三节　赈款分等标准之争

赈粮为华洋会所购,其定等升级补入的平均主义做法当可自行决定;而将之沿用至旅京湖南筹赈会所垫借的十万赈款定等,自会遭到赈务处反对。

一　普惠与灾重:标准冲突

为分配旅京湖南筹赈会借垫赈务处的十万元湖南赈灾款,华洋会依

---

① 《筹赈会补配各县赈粮》,《大公报》1922年6月19日第6版。
② 《筹赈会之议决案》,《大公报》1922年6月21日第7版。戈邓袁三干事,即戈德白、邓维真、袁家普三干事。
③ 《筹赈会补发各县高粱》,《大公报》1922年6月22日第7版。

据之前赈款定等成案，草拟了新的灾县赈款分等版本。1922年8月5日华洋会召开审查各县最近灾情之委办会，"分别灾情轻重，商磋赈款列等于下：一等十三县，芷江、麻阳、辰溪、泸溪、溆浦、沅陵、零陵、东安、永兴、新化、安化、宝庆、武冈；二等十一县，晃县、凤凰、祁阳、衡阳、宜章、资兴、临武、新田、郴州、道县、黔阳；三等十三县，永顺、永绥、靖县、保靖、会同、江华、耒阳、常宁、衡山、嘉禾、汝城、桂阳、桑植；四等七县，临澧、石门、通道、澧县、古丈、茶陵、龙山。此次分配，在北京筹借十万元，即以此为标准云"①。四等四十四灾县，西路与中南两路各等几乎各占一半，干事会定等普惠做法非常明显。

相比于干事会，评议会则更进一步，彻底普惠。6号干事会将此交由评议会讨论。"干事会函请审查各县灾情，以便分配赈款案。议决照昨委办会议决案，惟闻绥宁、乾城、慈利、汉寿、蓝山、鄜县、永明、宁远八县为五等灾区，其配款标准，五等二百元，四等四百元，三等六百元，二等八百元，一等千元。"② 评议会版本将包括西路乾桑在内的未入等八灾县，新列为五等，入等灾县总数达到五十二，普惠更为彻底。

赈务处驻湘代表朱德全并不认可此种做法，并提出了赈务处的定等标准。7号朱德全提出了赈务处的分等标准，"以赈务处借垫十万元，汇交湘会查放。受该处委托，对于散放，必择定灾荒极重地方"与"确实非赈不生区域"，提出赈务处分等原则；其余偏灾县份，可以不在此款等级之内③，意即赈务处并不赞同普惠。

针对之前华洋会的施赈定等不公，旅京湖南筹赈会也要求妥善定等。8号旅京湖南筹赈会电华洋会，要求干事会妥筹分等，明确分等目的。"拟请贵会妥筹方法，务须实惠及民，以昭公允。"提出具体办法，"此款既系赈务处负责，代为借垫；当即商同委员朱王毕三君为代表，就近与贵会协商，将此项现款尽数支配各灾情查明准确之地方，迅速赈放"，要求干事会充分听取赈务处与旅京湖南筹赈会意见，尽量避免之前定等不

---

① 《筹赈会之委办会》，《大公报》1922年8月6日第6版。
② 《筹赈评议会议事纪》，《大公报》1922年8月7日第6版。
③ 《朱德全对于放赈之提议》，《大公报》1922年8月8日第7版。

公的再现。"须知本处所借垫赈款，原以救死不救穷为宗旨"，提醒干事会，此款是旅京湖南筹赈会垫借于赈务处，必须听取该会意见，而且提出与赈务处分等标准相一致的"救死不救穷"的定等原则。

干事会依据赈务处定等原则，妥筹办法，但干事会赈款定等方案还是被赈务处否决。8日，干事会依据朱德全建议，完善程序，慎重定等。"推朱德全、邓维真、谢国藻、吴静、胡德昌五人为委办，审查支配，并函请旅京筹赈会推派代表王在湘出席委办会"①，充分听取赈务处与旅京湖南筹赈会意见。尽管如此，五委办审查通过的方案还是遭到赈务处否决。赈务处寒电（14日）华洋会，认为"分配县份，虽经减少；而甲等各县，以受多数牵扯，每县仍只得五千元，与本处之本意，究有未合"②。赈务处认为干事会定等方案，因灾县过多，摊薄了甲等赈款，未彻底贯彻"非赈不生"之赈务处标准，干事会只得再次修改。

二 重订"非赈不生"标准

干事会依照赈务处要求，修改方案并通报评议会，解释灾区等第变更缘由。17日干事会致函评议会，"此次承北京赈务处电准筹借现洋十万元汇湘救济急赈，当即由本会推派审查委办，酌议分为一二三四四等，共灾区四十四县。恳请贵会核议。旋准函复除原案维持外，并议加入八县列为五等灾区在案，本会即时照办"，干事会表明尊重评议会意见。"惟迭据赈务处电嘱，此项垫款务须守定非赈不生之标准；倘稍有含糊，即将赈款停汇。又准旅京湖南筹赈会推派王君在湘、毕君厚、朱君德全会同本会审查，力主严格限制"，不贯彻"非赈不生"标准，赈务处就会停汇赈款，所以只得按照赈务处意见变更灾等。"将原案四等改为甲乙两等。甲等灾区七县，每县支配洋五千元；乙等十七县，每县支配洋三千八百元；共支配洋九万九千六百元。"入等灾县与等第大幅减少，灾县所获赈洋大幅增加。"计附审查灾区等第表。甲等七县：新化、零陵、芷江、麻阳、沅陵、辰溪、永兴，以上每县支配洋五千元。乙等十七县：

---

① 《筹赈会之议决事项》，《大公报》1922年8月9日第6版。
② 《赈务处对于支配赈款之不满意》，《大公报》1922年8月16日第3版。

安化、武冈、祁阳、泸溪、黔阳、临武、汝城、汉寿、宝庆、东安、溆浦、宜章、新田、郴县、永顺、晃县、靖县，以上每县洋三千八百元。"①入等灾县与等第大幅减少的新方案，虽得到了赈务处的肯定，但并不能平息未入等灾县尤其是入等灾县大量减少的西中两路的争议。

三 评议会查赈账

西路对干事会辛酉旱赈降低湘西灾县灾等、扣发停发赈款等赈济不公早有怨言，中路醴陵与平江也是如此。1922 年 6 月中干事袁家普反对平均主义赈粮标准方案，要求醴陵让步。"希望列位详细研究，总要本良心上之主张，徒以均分主义，我实不赞成。即以醴陵而论，我不能说无灾，不过现在饥饿至□，尽可让与他县。"醴陵灾重，本应多得赈济。方维夏直言不讳地抱怨不公，"以平江为论，由一等降为二等乙级，不免相隔太远。"② 中路赈济不公现象确实存在。

三路对干事会施赈不公的质疑，遂致评议会要求查干事会赈务账目。5 月 6 日评议会讨论"公民代表刘寿庚、荆嗣佑、黄裳元③等函，请将收入各处赈款散放若干尚存若干明白答复，以释群疑案"。方永元代表干事会解释，"本会自去岁春赈及现在旱赈所有收入各处赈款以及各项用途，同人等均主张一一宣布。惟饶伯师已赴上海，会计又是外国人，所有一切赈目须俟饶回，方得详晰"。华洋会会计事务由总务部领导，总务部坐办为袁家普与饶伯师，会计为宾白朗与颜福庆④，都为中外干事各一人设置，为何查账"须俟饶回"？"至北京旱灾赈款一项，本会已收入者，现在只有三十四万元，以外零星收入之数，综合上款，约共不过三十五六万元之谱；其赈票三十万元，即为赈务处后分之十万元，实因来电错误，

---

① 《关于灾区等第之商榷》，《大公报》1922 年 8 月 18 日第 6 版。
② 《筹赈点之特务审查会》，《大公报》1922 年 6 月 4 日第 6 版。
③ 荆嗣佑（1891—1972），字植新，又名荆问陶，湖南省溆浦县卢峰镇地坪村人，早年参加同盟会，为宋教仁领导的小组成员之一。后东渡日本，入明治大学深造。辛亥革命后，曾先后担任湖南第一师范学校董事和毛泽东创办的湖南自修大学英文教员。后成为李宗仁的顾问。中华人民共和国成立后，在毛泽东的亲自关怀下，被安排到湖南省原黔阳地委统战部工作，并兼任湖南省文史馆馆员，1972 年病逝于安江。黄裳元时为古丈县知事。
④ 宾白朗为友华银行大班，颜福庆为湘雅医学院的前身——湘雅医学专门学校的创办者。

并无义赈会另捐十万元之事；至会内额支，以职员津贴，及公丁工资伙食计算，每月只有一千三百余元；其余活支，原无定数。"方永元概述了华洋会的收支事项。南路吴静认为，"去年赈款及今年赈款，各县收支数目，现经公民质问，本评议会亦不能答复。应请干事会将详细情形报告，以便转告公民，俾众周知；且以后预算决算，须月报告一次"。言泽鹏甚至要求，"本会收支数目，以十天报告一次为宜"。10 日，评议会将决议函交干事会，"本评议会经于六日第三次常会，提交讨论。金以本会赈款之收入支出，本评议会未曾舆闻，无从答复；应请贵干事部，将详细数目，报告过会，以便转复该公民，藉释群疑。并请干事会，以后关于本会预算决算，每月报告一次，俾众周知"①。既要查旧账，也得审新账。

旧账查不到，审新账从可视见的人员经费开始。9 日评议会函干事会，指出干事会糜费赈款之处。湘乡籍评议员吴家龙函称，"近日外间舆论多谓本会干事会，用人浮滥开支过多，以致耗费赈款，无益灾民；指摘会情，言之凿凿"。议论干事会人员开支过多，虚耗赈款。"举其要者则有四端，兹分述于次：（一）除纯粹义务之干事，及派出省城之米禁委员、密查员、押运员外，会内办事人数达四十余人。名为不发薪水，只给津贴；而竟有一人津贴，每月多至二百五十元，每月津贴总数在千元以上；合省城以外各员津贴，及其他办公费用，每月开支至三四千元。（二）会中事务性质不同，分部经理，厚属正当办法；然每部只需由干事部推定主任坐办一二人已足。此外如文牍书记收发等职，不妨由会中若干人兼任各部事务。现因各部画分界限，单独雇用，以致文牍多至四人，书记收发多至十余人。（三）前者，本会招待各县来省灾民，采放部设钱粮员二人预备钱米，设编给员五人，支配住地，发给钱米。会中既有庶务何以设钱粮员。现在招待来省灾民，业已改归总商会负责，何以钱粮各员犹未裁撤？又前由奉天运来高粱，寄存省仓，采放部设管粮处管粮员多至五人。（四）本会前发行湘灾周刊，现已由干事部议决，改为月刊，其目的有公布往来文电调查报告，及赈款支配数目。既无需著作论

---

① 湖南华洋筹赈会编：《湘灾月刊第一期》（1922 年 4 月）：本会纪事，载国家图书馆古籍影印室编《民国赈灾史料初编》（叁），国家图书馆出版社 2008 年版，第 117 页。

文，不过月终汇集稿件付印。此项职务一人任之，事有余裕，而编辑股竟设编辑翻译发行等三四人。"① 详细列出开支过大之处，抨击干事会冗员糜费，要求裁人减费。

干事会对上述质疑置之不理，评议会由不满变为愤怒。6月1日评议会开会对付干事会，"有说干事会怎么不公，闻所收赈款，请主席要干事出席说明；有说干事会分配赈款高粱，太不平均，也要请干事说明。"三路对干事会不满久已。"主席当请饶伯师、邓维真出席，都谓外国干事，怕说不清，应请中国干事来。等了好久才用电话把欧本麟等在省署找来，出席说明。"好不容易请来欧本麟出席说明，结果"有的拍桌打椅，说太不公道；有的气得连话都讲不出，退席回家"②，评议员情绪激动，中干事也觉无辜。熊凤凰徽日（5日）致电华洋会，"顷据湘西各属函电称，赈款支配太少，灾民饿毙太多，请加拨赈款救济"③。熊凤凰为湘西请赈，似乎坐实了干事会赈济不公，进一步助力评议会查账。

干事会最终顶不住压力，公布辛酉旱荒赈务总账目。15日干事会公布旱赈账目，共计收入银洋六十六万五千七百三十元四角六分，刨去支出，实存洋一十七万七千三百一十五元六角六分；并公布支配各县赈款数目：沅州办事处，款30423元，请该处分发所属各县；辰州办事处款38875元，由该处分发所属各县；靖县1875元，通道1125元，大庸527元，永顺、永绥、龙山及荒民救护队各1000元，又大庸、桑植各1125元，沅州办事处800元，总共支洋131533.47元。④ 其中，获一等5000元赈款的西路灾县有永保龙桑古绥麻芷晃九县。民国《永顺县志》可证，"十年夏，大饥，知事曹仓请得华洋筹赈会洋五千元"⑤；民国《溆浦县志》也载，"十年一月省公署令六年以前旧欠概予豁免，八月华洋义赈会

---

① 《筹赈会两部之意见》，《大公报》1922年5月10日第6版。
② 《昨日筹赈会之评议会》，《大公报》1922年6月2日第6版。
③ 《熊凤凰为西路灾黎说项》，《大公报》1922年6月10日第7版。
④ 账目详情，见湖南华洋筹赈会编：《湘灾周报第二十一号》（1922年3月12日）：附件，载国家图书馆古籍影印室编《民国赈灾史料初编》（贰），国家图书馆出版社2008年版，第653—656页。
⑤ 胡履新、鲁陆盎、张孔修等：《民国永顺县志》卷12《食货志·赈蠲八》，吟张纸局代印民国29年版。

分发银八百元面二百包（每包三十五斤），先后到县，分赈饥民。"① 西路共获得75750元赈款，占比近58%，实属非少。

总账目公布，并未平息西路质疑，评议会对干事会赈济不公的质疑变为不匀。16日湘西省议员吴伦徽等卅人就散赈重大失平致函华洋会，"连日接到各县各团体机关，及公民父老先后来函，佥称湘西灾情奇重，久为诸公目击心伤，今闻华洋筹赈会分列等级，散发赈款，多有同灾区，而所赈银元高粱谷石数目，竟致高下悬殊，未昭平允"②。账目公布后，质疑赈款支配由不公变为不匀，争议更大。17日评议会"议决由干事会答复"。同日，干事会函释西路议员之质问，"承询本会前次分配赈粮赈款，对于湘西特别灾情各县分所得之高粱及赈洋，较之中路特别灾情各县分，所得比较不相符合一节。查本会当日分配此项赈粮款时，因另募捐赈谷二千石，系以之专分西路各灾区；又同时拨有巨款交由辰州沅州各办事处，令其就近施赈；又由常德、南县采办谷米前往接济。此就该案一次支配之数计算，在诸公诚不免怀有疑虑；然就全部统筹总计，本会收入之赈款，不过四十余万元；而对于湘西一方面先后支配粮款及采买接济之数，约占全额五分之三。原以湘西灾情最重，且又发生最早，本会特以全力注重；每有紧报到会，但得稍有腾挪，即随时设法救济。此不得不为诸公解释者也"③。巧妇难为无米之炊，干事会有心无力。

总账公布后，评议会进而要求查细账，甚至讨论了多种对付干事会延不交账的办法。7月12日评议会第十六次临时会，讨论"湘西公民周树棠等二次质问支配粮款不公案"，议决"请干事会即日明白答复，以便转复该公民"。而且，商讨了怎样对付干事会延不交账。办法之一，对账。评议会"审查员审查干事会支付总账，因各县领得之数，多未报来，故分函各县及各评议员，速将领得赈款数目报告到会，再与干事会支赈对照无错误"。将各灾县上报账册与干事会总账对照，即可明了。办法之二，直接查干事会细账。刘家正（沅州省议员）建议，"不必俟各县报

---

① 吴剑佩、陈整等：《民国溆浦县志》卷7《赈卹二十四》，载《中国地方志集成·湖南府县志63》，江苏古籍出版社2002年版，第104页。
② 《湘西议员质问筹赈会》，《大公报》1922年6月17日第6版。
③ 《筹赈会函释西路议员之质问》，《大公报》1922年6月18日第6—7版。

告，只要干事会送来细账即可。审查如嫌麻烦，可由评议会代列一表，请其照填。"主席蒋育寰提醒，"干事会原不想送细账，故以未收束为词。我们须想一能做得到的方法方好"。干事会实不想交账。李仙培（永兴人）、黎小旸（澧县人）主张，干脆"派人赴干事会抄出细账"。刘家正认为，"我们去查，断查不出。一则人难接洽，二则物据不齐，三则无人去查"，并提议"于今可函请干事会定一时间，指定经手人名，由我们派人去抄，方有头绪"。评议会最终也没讨论出一个可行方案，只得去函干事会，申请抄账。

干事会回复，要查也只能查经手人临时草簿，实则仍不愿交账。29日评议会第十七次临时会再次讨论查账，蒋育寰先通报了干事会的回复，"现未结束，只能向经手人查阅临时草簿"。干事会仍不交账，评议会还得另筹善策。郭庆寿认为，"干事会陆续收到赈粮赈款不少，究竟某处筹到若干、某县分配若干，均应随时考查，以便各界询问时据以答复。前次本评议会去函亦只要干事会将收入支出收据及细账汇齐，以便审员随时查阅。兹伊复函，请向经手人随时查阅细账，则查账员可从速着手，以免事过境迁；如欲候干事会造具详细表册以供审查，再候数年，恐难办到。因伊云，春赈至今尚未结束，收支各款不曾公布；此次只可将经过账目随时调查，即能了了。须再候详报，以坐误时机"。议决"仍应由前推定之查账员九人负责"[①]。评议会查账，干事会深感压力巨大，但直到辛酉旱赈收束，除个别灾县或赈款粮外，大部分细账并未公布。

结　语

施赈路界争议既有三路地方争赈之议与干事会中西干事之争，也有在三路影响下的华洋会评干两部之争，以及华洋会与赈务处、旅京湖南筹赈会之争，三者交织纠缠在一起，非常激烈。争议主体虽多，但其核心仍为三路灾民。诸多争议的产生，虽源于对灾情的不同理解，但更多

[①] 湖南华洋筹赈会编：《湘灾月刊第四期》（1922年7月）：本会纪事，载国家图书馆古籍影印室编《民国赈灾史料初编》（叁），国家图书馆出版社2008年版，第260页。

的是来自包括洋干事集权独裁在内的华洋会自身的体制性问题,即如长沙《大公报》特别调查所言,"具体在于华洋会组织与手续调查不完备,用人不妥当,中干事不如西干事热心赈务,各县与政府不接头等",以致"华洋筹赈会三数外人极力为湖南筹赈,热心甚为可感。乃近来各方面因种种意见,群起攻击,致外人心灰意懒,正在进行之工赈亦将中途停顿"①。当然,款少灾重面广,干事会有心无力;不患寡而患不均的传统心理,都是干事会被质疑的缘由。

迫于各方压力,干事会只能改革。应评议会杜绝虚耗要求,《湘灾月刊》第一期发布启事,"因灾情紧迫,赈款浩繁,经本会干事会议决,改周刊为月刊,以节糜费"②。此外,华洋会"据各方面谓用人太滥,款项虚糜,暗中督促实行减政。昨该会评议部,提交评议决定,由总务部执行"③。干事会"日前议决将会内人员裁减缩小范围","取消各部名称,但工赈部不在此限,一设坐办二人,仍以原总务部坐办饶袁二君充任。留设人员于左:中文文牍员一人,中文书记三人,收发员一人,庶务员一人,会计员一人,洋文翻译员一人,洋文文牍簿记员一人,采访员一人,劝募员一人。评议会设书记一人。公判委员会书记事宜由干事书记兼办,洋文文牍簿记员原定薪水,干事会干事部与工赈部平均分担。议裁人员,如工赈用人时,尽先录用。被裁人员,函请省政府酌量录用,以示酬庸。留用人员,由坐办斟酌留用。公丁酌留十二人"。④ 精兵简政,节省糜费,干事会被迫以改革相妥协。

---

① 《特别调查:华洋筹赈会之经过及其内容》,《大公报》1922年6月30日第5版。
② 湖南华洋筹赈会编:《湘灾月刊第一期》(1922年4月):本刊启事,载国家图书馆古籍影印室编《民国赈灾史料初编》(叁),国家图书馆出版社2008年版,前言。
③ 《筹赈会将实行裁员》,《大公报》1922年6月12日第7版。
④ 《筹赈会实行裁员》,《大公报》1922年7月22日第7版。

第五章

辛酉工赈预期路款之泰平械款

华洋会所募辛酉旱荒赈款仅四十余万，散发于全省六十余灾县，本就杯水车薪，意味着工赈所需的大宗巨款，只得另寻他途。以工代赈筑路项目源自美国华北救灾协会赈灾余款（以下简称美款）的要求，日本泰平公司购械定款和米盐公股款等省款作为配套资金，同样用于筑路购地。因此，争取美款、索要定款和请领米盐公股款，就成为湖南辛酉工赈资金的计划目标；基于赈路资金来源于美款和省款这一事实，湖南向代表美款说话的洋干事们要求与资金相应的赈路话语权，双方争执不已。

第一节 泰平公司在华军售

清末民初政治混乱，中国军工生产落后，所需军火多由国外采购。自明代末期，中国便开始从西洋购入佛郎机火炮，装备军队。由于外侵和国内动乱频发，清政府为巩固政权，开始大批购入外国军火。日本对华武器输出，多由泰平公司经办，为列强对华军售贸易的重要主体之一。

一 日本陆军省组建泰平公司

日本陆军省基于多重目的考虑，组建泰平公司，出口武器至中国。

第一，明治维新之"殖产兴业"和"富国强兵"，日本武器生产出现过剩，出口成为其不二选择。甲午战争和日俄战争后，日本逐步形成了一套较为完备的军工生产体系，综合国力大增，国际地位显著提高，从此其主要任务由抵御西方列强入侵、保证民族独立，变为积极对外拓殖。

在日俄战争结束时，日本武器生产已经过剩。为此，东京兵工厂方面提出了武器出口的建议，其最佳出口对象当属正在大规模组建新式陆军的清政府。然而，日本陆军方面认为，不能由政府直接出口武器，而应委派民间机构担负。同时，军方派遣南部少佐赴"南清"地区进行调查，并撰写《南清视察报告书》，以供日本国内参考。① 正是在这种历史条件下，泰平公司应运而生。

第二，通过中日军事交流和军售，提升对华军事影响，意图控制中国。日本在占领琉球、控制朝鲜后，积贫积弱的清朝便成为其下一个目标。然而，中国广袤的国土与列强干涉的现实，使其难于以武力控制中国，施加军事影响便成了日本对华侵略的重要手段。近代日本表面上"美其名为亲善提携，保全东洋，实则包藏祸心；甲午战役，日本从中国得到不少权益，两国之间难免发生隔阂，日本为示好于中国，最佳的途径之一便是从（军事）教育方面入手"②。日本鼓励中国派遣留学生赴日学习军事，意在扶植亲日势力，以便日后控制中国。除中日军事交流外，军火贸易也是影响中国的重要途径。日本陆军大将山县有朋在其《战后经营意见书》中曾写道，"战后之急务在于扩张军备，并维持和强化同清国的合作"③；陆军省寺内正毅也指出，要加强与中国关于军火方面的合作，相对于耗费数年的军事人才培养，输送过剩的旧式军火才是对华军事影响的最快途径。然而，对于军工基础薄弱的近代中国，大量进口日本军火，势必会加大对日依赖程度，使日本获得中国的"握械权"。

第三，增加日本军火在中国军贸市场的竞争力。自洋务运动起，英德便与中国开展了大量的军事合作，而中日军事合作则到甲午战后了。以陈存恭所整理的《清末民初外洋军火供应国别及其供应值一览表》中所列宣统元年（1909）列强对华军火输出数据为例，德国对华军火贸易

---

① ［日］名古屋貢：《泰平組合の武器輸出》，新潟大学：東アジア：歴史と文化，第16册，2007年3月，第1页。
② 黄福庆：《清末留日学生》，台湾"中研院"近代史研究所2010年版，第6页。
③ ［日］大山梓编：《山县有朋意见书》，原书房1966年版，第289页；转引自郭循春《泰平组合、军火贸易与日本陆军的对华政策》，《抗日战争研究》2018年第2期。

额为 527243 两，英国（仅香港一处）为 751471 两，其他列强如俄国为 206191 两，比利时为 274522 两；而地利之日本，则不过 96674 两；① 20 世纪前 10 年的英德输华军火贸易额，促使日本加大对华军售。

第四，日本国内对华军贸主体之间相互竞争，未能形成合力，不利于提升中国市场日本武器的国际竞争力。日本军火刚刚进入中国市场时，主要由合资会社高田商会、合名会社大仓组与三井物产三家公司负责，但各自为政，互相竞争，未能形成合力，阻碍日本军火提升在华军售市场上的国际竞争力。1904 年，日本外务大臣林董就曾在给政务局主管的电报中提到："三井洋行报价太高，会引起其他国家的竞争，价格不要报得太高。"② 意图通过低价抢占中国军火市场。

为此，日本陆军省整合资源，组建"泰平公司"。1908 年（明治四十一年）6 月 4 日，日本陆军大臣寺内正毅开始将东京及大阪炮兵工厂所制造的兵器及其部件的贩卖许可，授予高田商会、大仓组与三井物产。6 月 10 日，授意高田商会、大仓组、三井物产三家会社联名签署协议，组建泰平公司，得到陆军省的批准，并授予其武器出口许可申请，泰平公司正式成立。而且，陆军省制定相关准则，以便监管泰平公司军火贸易。日本陆军省和泰平公司首次签约限期为 10 年，1917 年期满后又延长 5 年，1923 年再延 3 年，后经多次延期，直到 1939 年合约才失效。在此过程中，"三菱商事代替 1926 年退出组合的高田商会，与三井物产会社、大仓组同陆军签订新契约，并将泰平公司更名为'昭和通商'"③。

日本陆军省将三家公司整合成泰平公司后，可以统一口径，增加日

---

① 陈存恭：《列强对中国军火的禁运（民国八年——十八年）》，台湾"中研院"近代史研究所 1983 年版，第 360 页。文中相关数据均为历年海关报告原始资料（China, Maritime Customs, Decennial Reports, 1909 – 1930）；单位为海关银两，即"关平银"。后文相同。

② ［日］外务省外交史料馆，《三井洋行ヨリ軍器売込》，戦前期外務省記録，5 門軍事，1 類国防，5 項兵器、弾薬、需品，本邦二於ケル各国兵器需品其他調達関係雑件/支那ノ部，第一巻，1904 年，国立公文書館アジア歴史資料センター，Ref. B07090283300，0192，https：// www.jacar.archives.go.jp/aj/meta/MetSearch.cgi 2017 – 12 – 15。

③ ［日］名古屋貢：《泰平組合の武器輸出》，新潟大学：東アジア：歴史と文化，第 16 册，2007 年 3 月，第 3—8 頁。

本军火在华竞争力。根据海关资料记载,从 1909 年至 1912 年的四年里,日本对华军火贸易额分别为 96674 两、143109 两、1103828 两、1959827 两。可见,在泰平公司成立后,日本对华军火贸易额增长迅速且增长幅度明显。① 从此,泰平公司成为日本对华军火输出的重要中间商。

二 泰平公司清末对华军售

清末新军改革,开始以日本军队为学习榜样,成为泰平公司输华武器数量增长的重要背景。20 世纪初,为应对西方列强的入侵,维护自身统治,清政府开始实行新政,编练新式陆军更是其重要一环。在对外军事交往方面,清政府起初以德国为学习榜样,原因在于德国武器精良、训练有方,且在"巨野教案"前,德国没有侵占中国领土;但在德国强占胶州湾后,中国对其好感度降低。先后两次获得对外战争胜利的日本,因为距华路程较短、文化相近、便于学习等特点,成为继德国之后中国军事学习的新榜样。军事史家鲍世修在《日本对晚清军队改革的影响》一文中,列举了清政府实行新政期间,日本对华军事改革的六大影响:"一、日本的军事编制和操练方法成为清末中国军队改革的蓝本;二、中国雇佣日籍顾问和教官在军事学校中任职;三、中国派遣留学生赴日学习军事与高级军官团赴日考察;四、中国组织相关人员翻译日译本的西方军事经典;五、在日籍教官的指导下,军事理论成为重要学科;六、中国直接采用了大量的日本军事术语。"②

除上述六点外,日式武器吸引了清政府的眼球,也在一定程度上影响了清末军事改革。1904 年,日本驻上海总领事小田切在发给外交大臣小村寿太郎的电报中曾提到:"张之洞曾向三井公司询问日本三〇式步枪肩带是否为皮革材质,包括弹壳夹在内所有零部件都齐全情况下的价格,每一挺枪都配实弹 500 发情况下的价格如何,在下单量大(如几千件)

---

① 陈存恭:《列强对中国军火的禁运(民国八年——十八年)》,台湾"中研院"近代史研究所 1983 年版,第 360 页。
② 鲍世修:《日本对晚清军队改革的影响》,《军事历史》1989 年第 3 期。

的情况下，何时能够交货等问题。"①

起初，由于清政府要求各地督抚自行编练新军，所以并无武器装备全国统一标准。根据南部少佐的日记记载，清末各地军队武器装备情况，大致有如下两种：

一为中德武器混用。南部在浙江会见受聘于当地的日本教官时，得知了一些有关杭州军事力量以及武器装备的情报。据当时的说法，之前这里存在一个新式步兵联队和一个旧式步兵联队。调查结果表明，新式步兵联队使用的武器为中国湖北省制造的8毫米口径的毛瑟步枪，旧式步兵联队使用的则是单发射击的德国老式毛瑟步枪。南部在和浙江官员会面之际，曾委婉地说："就连袁世凯、张之洞、端方等地方督抚，都全部开始采购和使用日式武器了。"听到了这一消息的浙江官员便计划于第二年组建混成旅团，并将这支部队计划装备日式武器的信息告知了南部。

一为中日德武器混用。南部离开浙江后，对邻省的江苏也做了同样的调查，结果显示：江苏兵力情况为，一个新式步兵联队和一个新旧混合步兵联队；其装备情况为，新式联队装备的武器为三井公司销售的日本三〇式步枪，而新旧混合步兵联队装备的则是中国造8毫米口径的毛瑟步枪以及单发射击的德式毛瑟步枪。南部在得知了日式兵器和德式武器被混在一起使用而非统一使用日式武器的情况后，便与当地司令官会见，请求其全面统一采购和使用日式武器；但是，当地司令官以江苏省内各地长官大多数在德国受过教育或是所聘请军官在德国接受过教育为理由，表示装备日式武器一事还不能立即做到，拒绝了南部的请求。②

南部对中国各地方兵器筹措状况的调查和与地方官员商讨的行为，虽然没有达到让清政府完全使用日本制式武器的目的，却为日式武器进

---

① ［日］外務省外交史料館，《湖広総督張之洞本邦ヨリ兵器購入》（明治卅七年五月二日），戦前期外務省記録，5門軍事，1類国防，5項兵器、弾薬、需品，本邦ニ於ケル各国兵器需品其他調達関係雑件/支那ノ部，第一巻，1904年，国立公文書館アジア歴史資料センター，Ref. B07090282500，第63—64页。

② ［日］名古屋貢:《泰平組合の武器輸出》，新潟大学：東アジア：歴史と文化，第16册，2007年3月，第1—2页。日本军制中的"联队"相当于中国军制中的"团"级单位，清末称之为"标"。

入中国市场提供了更多的参考。

泰平公司成立后，日本便以中国政治动荡为契机，大肆兜售武器。光绪三十四年（1908）清政府颁发了《军械弹药进口修正规则》，大致规定如下："购买军火前，各地将军、督抚等要向陆军部说明所购军火数量、品种、进口码头等相关信息；在未获得许可的电报之前，陆军部不给予军火进口护照。陆军部在给予进口护照时，地方需将进口军火详细情况告知税务部门，税务部门再通报海关和总税务司，如此军火方可进口；进关时，军火数量和品种要与许可上所规定的保持一致，由税务部门将相关信息告知陆军部。"① 因上述规定之武器进口手续烦琐，直到武昌起义爆发前，泰平公司对华军火输出对象仅限于清中央政府，且规模也仅限于"仓场总督为咨呈事，前因仓场消防队演习，操枪由天津日商三井、大仓两洋行购定，日本明治十八年式村田枪一百五杆，随带刺刀一百五把，皮带一百五条，子弹盒一百五个，并枪子二百二十箱，计十一万粒"② 的规模。

泰平公司为售华武器一事，曾派人赴中国各地调查军械装备情况，并劝说地方官采购日式武器，为泰平公司输运日式武器进入中国市场做了准备。然因清政府颁布《军械弹药进口修正规则》，限制了地方官员购买国外武器，泰平公司的输华军火销量并未立刻暴涨。武昌起义爆发，泰平公司迎来了改变这一局面的机会。

三　辛亥革命期间泰平公司对华军售

各列强对待辛亥革命的态度，表面中立，实乃武装干涉。武昌起义爆发时，各国驻武汉领事虽然议定了中立政策，但"辛亥年的中立政策也不是严格中立，没有发现有任何国家宣布对陷入内战的中国禁运军火，相反的是对于清廷和革命军双方所宣布封锁的法令之怀疑和不尊重，因

---

① ［日］《銃器弾藥輸入修正規則》陸軍省大日記，壱大日記，壹大日記明治四十一年八月，《清国銃器弾藥規則入の件》，国立公文書館アジア歴史資料センター。Ref. C04014390100，第1084页。

② 《咨呈民政部为购买日本枪枝等物定于五月十三日到京请饬巡警照料事》，1910年，中国第一历史档案馆藏，资料号：21-0543-0190。

此各国商人可以没有限制地输入军火与双方"①。武昌起义爆发,泰平公司获得了大量军火订单。仅在革命爆发三天后,日本驻清公使伊集院在致林外务大臣电文中就提到,清陆军部尚书荫昌,"欲由日本火急购买炮弹约三十万发、枪弹六千四百万粒、步枪一万六千支"②;而清日双方仅在十天后,便签订了这项价值二百七十三万二千六百四十元的军火合同。③ 而且,清政府为保住政权,放宽了地方对外购买军火的限制,地方势力(如张作霖等)也开始向日方购买军火,镇压革命。④

辛亥革命期间,日本同其他国家一样,除将武器卖给清政府外,还允许本国商人与南方革命军进行交易。日本军火商对革命军的武器输出形式,大致可分为走私与公开出售两种。早期因革命军实力较弱,日方对革命军武器输出主要形式为民间私运,日本驻上海总领事有吉和外务大臣内田对此均表示默许,不加干涉。⑤ 清贝勒载涛曾就日本商人对革命军走私军火一事,询问日本驻华武官青木少将;而青木只是保证日本官方没有此类行为,但私人行为无法控制;并反问载涛,清政府方面是否考虑完全采用日式装备。青木希望以日本商人对革命军走私军火一事为筹码,换取清政府的"握械权",但并未得到清政府的肯定答复。⑥ 在革命军夺取半壁江山后,日本对南方革命政权的军火输出转向公开。如南京临时政府向泰平公司旗下大仓洋行购买"步枪一万二千支、子弹二千

---

① 陈存恭:《民初陆军军火之输入(民国元年—十七年)》,载台湾"中研院"近代史研究所《近代史研究所集刊》第六期,1977年,第246页。

② 《伊集院驻清公使致林外务大臣电》,载邹念之编译《日本外交文书选译——关于辛亥革命》,中国社会科学出版社1980年版,第41页。

③ 《泰平公司代理店北京大仓洋行与清国陆军部间关于订购武器之合同》,载邹念之编译《日本外交文书选译——关于辛亥革命》,中国社会科学出版社1980年版,第44—47页。

④ 《落合驻奉天总领事致内田外务大臣电》,载邹念之编译《日本外交文书选译——关于辛亥革命》,中国社会科学出版社1980年版,第79—80页。

⑤ 《有吉驻上海总领事致内田外务大臣电》《内田外务大臣复有吉驻上海总领事电》,载邹念之编译《日本外交文书选译——关于辛亥革命》,中国社会科学出版社1980年版,第117、118页。

⑥ 《伊集院驻清公使内田外务大臣电》,载邹念之编译《日本外交文书选译——关于辛亥革命》,中国社会科学出版社1980年版,第182—183页。

万粒、机关炮六门、山炮六门、炮弹五千发"①，广东军政府亦向三井公司订购"步枪七千支、子弹四百万粒"②等。

日本不守中立，与辛亥交战双方大肆输出军火，对日作用不小。

其一，促进了日本军工产业发展。从海关资料来看，中国内战为日本军火商提供了大量订单，1910年日本对华军火贸易额仅为143109两，而辛亥革命爆发的第一、二年，则飙升到1103828两和1959827两，增长幅度近10倍。③ 同时，日本也可借此机会解决"废械"。日本早在明治三十八年（1905）就已发明三八式步枪，之后便迅速列装本国部队；而其在武昌起义期间，对华输出的武器大多为性能较为落后的明治三十年（1897）所设计的三〇式步枪及其配件，其中仅清政府与日方在1911年10月23日所达成的合同中就含三〇式步枪子弹一千五百万粒④；信夫清三郎也在《日本外交史》中记载，"泰平组合的代理店北京大仓洋行与清政府陆军部签订了购入二百七十三万二千六百四十日元武器的合同，这些武器不消说都是日本陆军省的处理品"⑤。

其二，日本同情南方革命。孙中山早期领导革命时，就曾受到梅屋庄吉、宫崎滔天等日本有识之士的支持，日本民间普通百姓亦对中国革命表示同情；就在驻清公使伊集院致林外务大臣电文中也曾提道："按此地民间情况，一般都对革命军抱有同情……我国商人进行此项（对清政府）贸易，一旦泄露出去，为外界所知悉，很可能刺伤清国民感情，从而酿成于我国不利之后果。"⑥ 出售武器但又要顾及后果。

---

① 《铃木驻南京领事致内田外务大臣函》，载邹念之编译《日本外交文书选译——关于辛亥革命》，中国社会科学出版社1980年版，第197—199页。

② 《船津驻香港代总领事致内田外务大臣电》，载邹念之编译《日本外交文书选译——关于辛亥革命》，中国社会科学出版社1980年版，第199—200页。

③ 陈存恭：《列强对中国军火的禁运（民国八年——十八年）》，台湾"中研院"近代史研究所1983年版，第360页。

④ 《泰平公司代理店北京大仓洋行与清国陆军部间关于订购武器之合同》，载邹念之编译《日本外交文书选译——关于辛亥革命》，中国社会科学出版社1980年版，第44—47页。

⑤ [日]信夫清三郎：《日本外交史》，天津社会科学院日本问题研究所译，商务印书馆1980年版，第364—365页。

⑥ 《伊集院驻清公使致林外务大臣电》，载邹念之编译《日本外交文书选译——关于辛亥革命》，中国社会科学出版社1980年版，第41页。

其三，促进日本在华利益。在日本驻上海总领事有吉电转日本驻芜湖领事奥田致内田外务大臣的电函中曾提道："长江沿岸一带人民俱对革命军深表同情，故无论将来时局如何解决，此时暗中对革命党施与（包括提供军火在内的）若干恩惠，将对今后我国在长江沿岸的通商、航运事业十分有利。"①

其四，意图分裂中国，以便独占。日本部分政要在武昌起义期间，就已显示出分裂中国的强烈意图。在中国南北和议之时，川岛浪速曾提出在南方支持革命军，在东北支持满蒙势力，在中国土地上分别成立华北、华南、满洲三个国家。② 即使在南北和议后，泰平公司代理店大仓洋行仍向蒙古独立势力提供资金以作叛乱之用。③

中日泰平械款交涉始于清末，此后常有。武昌起义爆发，清政府为维护其统治，向泰平公司订购了大批日式武器；南方革命势力为尽早推翻帝制，实现共和，亦向日本购买军火。日本则采用骑墙策略，售卖军火于交战双方。然而，泰平公司售与清政府军械之款项，因清政府经济捉襟见肘，泰平公司苦等货款不到，只能在1912年2月5日同意延期支付。④ 直到清政府垮台，泰平公司除收到第一批械款外，其余两批总计1821760日元货款，一直杳无音讯⑤，民国成立数年后，此事才得到解决。

泰平公司作为日本政府和陆军打开中国军火市场的工具，在清末中日交往中扮演着重要角色。日本自明治维新始，便将侵略的目光瞄向了中国。由于当时日本无力武装占领整个中国，军事影响遂成为其侵略中

---

① 《有吉驻上海总领事电转奥田驻芜湖领事致内田外务大臣函》，载邹念之编译《日本外交文书选译——关于辛亥革命》，中国社会科学出版社1980年版，第184页。

② 张玉法：《外人与辛亥革命》，载台湾"中研院"近代史研究所《近代史研究所集刊》第三期（上），1972年，第100页。

③ 《水野驻华临时代理公使致内田外务大臣函（附件乙号：喀喇沁王借契乙）》，载邹念之编译《日本外交文书选译——关于辛亥革命》，中国社会科学出版社1980年版，第184页。

④ 《兵器代金支付延期附属契约》，载财政科学研究所、中国第二历史档案馆编《民国外债档案史料》（第三卷），档案出版社1989年版，第744—746页。

⑤ 财政科学研究所、中国第二历史档案馆编：《民国外债档案史料》（第三卷），档案出版社1989年版，第744页。

国的重要手段。自1908年陆军大臣寺内正毅将高田商会、大仓组、三井物产合并为泰平公司起，日本便开始谋夺清军的"握械权"；日方派遣南部少佐赴华进行调查、游说等活动，便是为日后日式武器进入中国做准备。后因清政府为统一武器制式，颁发《军械弹药进口修正规则》，使泰平公司对华军火输出在晚清最后几年并不顺畅，日本掌握中国"握械权"计划受阻；辛亥革命爆发后，泰平公司对华军售迎来了转机。

武昌起义期间，泰平公司抓住机会，大肆向中国输运军火。辛亥革命前期，日本一方面将泰平公司作为向清政府示好的工具，公开出售军火；另一方面日本商人又在官方的默许下对南方革命势力走私军火。日本方面如此骑墙，不外是为获得更多利益，利用革命势力牵制清政府，以要求清政府"尊重日本在满洲的地位"，趁机取得清政府的"握械权"，以及利用双方对峙达到分裂中国等目的，同时又不至于得罪南方的革命势力。辛亥革命后期，日本向南方革命势力公开出售军火，则是因为看到清政府覆灭之结果不可改变，便主动示好新政府，以期获得更大利益。泰平公司"提供用于镇压革命的武器，表明早已反对亚洲民族解放运动的日本，对辛亥革命也公然采取反革命的态度，而作为提供武器的交换条件，则把日本帝国主义有缝就钻的奸狡面目暴露无遗"[①]。

第二节　张敬尧签约购买泰平公司械弹

签订湘日军火合同的双方，为张敬尧治下的湖南与日本军火商泰平公司，合同正式签订时间为1918年（日本大正七年）11月30日，合同内容包含日本三八式步枪及通用子弹等武器配件。起初，张敬尧派代表赴天津与泰平公司之代理店大仓洋行，商定军火合同条件；后泰平公司告知湘省代表，此次交易由泰平公司另一代理店武汉三井洋行承办。双方正式签订合同后，湖南督军张敬尧先后分两笔汇寄给泰平公司共计日金五十三万余元的械款，作为此次军火交易的定金。

[①] ［日］信夫清三郎：《日本外交史》，天津社会科学院日本问题研究所译，商务印书馆1980年版，第365页。

一 购械时的国际国内形势

（一）日本意图独占中国伤及英美利益

自鸦片战争以来，列强粗暴干涉我国内政，民国早期更是如此。早在"民国初年，外国势力就在中国扎下根来，表现在许多方面，如领土、人员，条约规定外国单方面所取得的权利，以及武装力量、外交、宗教、商务、新闻机构，海盗般的冒险活动与种族歧视的态度"①。武昌起义期间，四国银行团利用贷款等，逼迫清政府给予袁世凯实权，而后又压制革命势力，扶植袁世凯坐上总统宝座。袁世凯死后，列强又选择各地方军阀作为其在华代表，英美等国先后支持黎元洪和冯国璋的直系，日本则拉拢段祺瑞的皖系、张作霖的奉系等；其中，1917年发生的"府院之争"就是英美与日本在华利益冲突的表现。

"一战"后日本兴起为东亚强国，加强对中国的干涉，意图独占。忙于第一次世界大战的欧洲列强无暇东顾，日本看到了独霸中国的机会。辛亥革命中华民国建立后，日本先以支持称帝为诱饵，逼迫袁世凯签订"二十一条"，其中第五号第一款、第四款分别规定，"在中国中央政府，须聘用日本人，充为政治财政军事等各顾问""中国向日本采办一定数量之军械（譬如在中国政府所需军械之半数以上），或在中国设立中日合办之军械厂聘用日本技师，并采买日本材料"②，此举意在将中国军队交由日本管理，并以军火订单和派遣军工技师的形式，控制中国军队的"握械权"。此举激起西方各国不满，并向日本指称，"二十一条"中的第五号要求，"歧视第三国并威胁中国的独立和主权，对此极为关注；国际上对日本的大战外交所抱的疑惧与日俱增"③。鉴于西方各国的压力，在袁世凯称帝后，日本转而支持蔡锷等革命势力，推翻袁世凯。袁死后，黎

---

① [美]费正清、费维恺编：《剑桥中华民国史（1912—1949）》（上卷），刘敬坤、杨品泉等译，中国社会科学出版社1994年版，第126页。

② 王芸生编：《六十年来中国与日本》（第六卷），生活·读书·新知三联书店1980年版，第76页。

③ [日]信夫清三郎：《日本外交史》，天津社会科学院日本问题研究所译，商务印书馆1980年版，第404页。

元洪接任大总统,并答应了南方革命势力的要求,"形势一变而成为南北和解。因此,大隈内阁利用南北对立的反袁政策失掉了基础,于是大隈内阁的对华政策便从反袁一变而为援黎"①。1916年10月,原朝鲜总督寺内主阁,一改大隈时期所推行的"威压""排挤"政策,极力鼓吹中日两国互相"亲善""提携"。②事实上,无论何者,其本质并无区别,均是为了侵华。寺内上台后,扶植以段祺瑞为首的皖系军阀;随后,又以"府院之争"和"丁巳复辟"为契机,支持段祺瑞赶走了欧美扶植的黎元洪,意图独占中国。

(二) 军阀割据与政权更替

国内方面,袁、黎、段等先后主政北京,军阀混战不断,二次革命、护国战争、护法战争等相继发生。民初北京政府更换频繁,北京方面与革命势力因政权问题数次南北对峙。辛亥革命后,北洋政府取代南京临时政府,袁世凯在北京就职中华民国大总统。袁为独揽大权,先取消国民党的合法地位,引发二次革命;后为获得日本的支持,同意签订"二十一条";袁氏称帝后,蔡锷等人在西南发起护国战争。袁死后,段祺瑞利用张勋复辟的机会挤走黎元洪,二度掌权,"为建立以他为首的皖系军阀的军事独裁统治,除对内积极致力于推行'武力统一'政策外,对外又极力奉行亲日的外交政策,与日本签订了一系列丧权辱国的条约和协定,沦为完全适应日本帝国主义侵华需要的工具"③。为反对段祺瑞独裁统治,孙中山发起"护法运动",并在广东成立军政府,西南各省纷纷响应,中国再次陷入南北混战。段祺瑞派遣张敬尧、吴佩孚等率北洋军进驻湖南,与南方革命势力形成对峙。

湖南居中南北,为各路军阀所觊觎,战乱多有波及,政局因此动荡不定。湖南地处华中,东界江西,北邻鄂省,西交黔蜀,南接两广,战略位置极其重要,历为兵家必争之地。民初国内时局不稳,湘省主政者也如走马灯一样,更换频繁。辛亥革命时期,革命党人焦达峰、陈作新

---

① [日]信夫清三郎:《日本外交史》,天津社会科学院日本问题研究所译,商务印书馆1980年版,第409页。
② 来夏新等:《北洋军阀史》(上),东方出版中心2016年版,第505页。
③ 来夏新等:《北洋军阀史》(上),东方出版中心2016年版,第500页。

建立革命政权,随后由立宪派人士谭延闿主政;二次革命期间,湖南宣布独立,后因"李烈钧所发布的通电有柏文蔚和谭氏的署名","(谭)自此失去袁世凯的信任"①。谭氏下野,袁命汤芗铭率军入湘主政;护国战争爆发后,汤芗铭因拥护袁氏称帝,被湖南地方势力驱逐出湘,谭延闿二次主政;民国六年,段祺瑞讨伐张勋后,即派傅良佐领兵入湘,谭因南援不至,宣布辞职。而后桂军再入湘南,形成南北对峙的局面。民国七年,吴佩孚、张敬尧先后领兵入湘,张任湘督。覆巢之下,岂有完卵?湖南因南北各派系军阀交战而政局动荡不定。

(三)民初泰平公司输华武器规模

民初中国军火需求量激增,国内生产能力有限,只能依赖进口。民国建立后,革命党、北洋军阀、保皇派、西南军阀等相互角逐。武昌首义后虽无较大战事,但二次革命、护国战争、张勋复辟等局部战争时有发生,"民初动乱与兵工厂生产、军火输入发生复杂的关系"②。清末民初,兵工厂多设于交通要冲或区域中心,这些地区及其兵工厂成为兵家必争之地。近代中国工业基础薄弱,机器设备多为进口,生产能力有限,常于战后无法在短时间内恢复;且国内设备老旧,大都已被西方列强所淘汰,无法购买或维修。因此,中国军火需求大多仰仗国外解决。值得注意的是,此时民国政府所购武器多来自美、英、法、德、比等西方国家,其交易机构多为瑞记洋行、礼和洋行、戴大利臣洋行等;日本及其泰平公司尚属少见。③

随着日本势力在华深入,泰平公司对华军火贸易也迎来了转机。清政府在武昌起义期间,拖欠泰平公司军火货款,"这造成泰平组合对陆军的大笔欠债,使得泰平组合在很长一段时间内没有能力从陆军订购"④。

---

① 张朋园:《中国现代化的区域研究——湖南省,1860—1916》,台湾"中研院"近代史研究所1983年版,第137—138页。
② 陈存恭:《民初陆军军火之输入(民国元年—十七年)》,台湾"中研院"近代史研究所《近代史研究所集刊》第六期,1977年,第240页。
③ 张侠等编:《北洋陆军史料(1912—1916)》,天津人民出版社1987年版,第404—427页。
④ 郭循春:《泰平组合、军火贸易与日本陆军的对华政策》,《抗日战争研究》2018年第2期。

民初前几年，泰平公司对华武器输出次数屈指可数，日本对华军火贸易额也从1911年的1959827两降为1912年的589044两，1913年的266377两。① 民国宣布承认前清所签订之不平等条约及所欠债务后，泰平公司得以继续向北京方面索要欠款。为了更好地与北京交涉，泰平公司取消大仓洋行代理人的身份，直接参与欠款谈判。② 协商期间，泰平公司曾提出，中国政府可以仿照礼和洋行之故事，"另予以购入日本兵器优先权，中国如三年或五年内需要购入兵器时，得尽先向该大仓洋行（为泰平公司北京代理店）购入，以购满日金一百八十万元或二百万元为限"③。但北京财政部和陆军部一致认为，此举会让日本获得中国军队的"握械权"，故而没有答应。最后，双方协定以发行债券的形式，筹集资金，分十三年付清；直到1925年，此事才算告一段落。④ "一战"爆发后，泰平公司转向欧洲市场并接到协约国（主要为沙俄）大量订单；直到1917年十月革命爆发，俄国开始退出"一战"，失去欧洲主要买家的泰平公司重将主要市场转向中国。1917年，皖系军阀段祺瑞执掌北京政权后，实行对日亲善外交，日本方面也开始扶持段祺瑞，支持"武力统一"，并提供军火，泰平公司在华军火贸易总量才有了较大幅度的增长。1917年，日本（含中国台湾省）对华军火输出额为171009两（为1916年的3倍有余）；1918年，日本仅从日属朝鲜一处对华输出军火，就达到13987743两之多。⑤

---

① 陈存恭：《列强对中国军火的禁运（民国八年——十八年）》，台湾"中研院"近代史研究所1983年版，第360—361页。

② 《泰平公司为已在北京设立账房取消大仓洋行代理事致财政部函》，载财政科学研究所、中国第二历史档案馆编：《民国外债档案史料》（第三卷），档案出版社1989年版，第752—753页。

③ 《陆军部为兵器展限磋商大仓要求预约购入兵器优先权问题复财政部公函》，载财政科学研究所、中国第二历史档案馆编：《民国外债档案史料》（第三卷），档案出版社1989年版，第747—748页。

④ 财政科学研究所、中国第二历史档案馆编：《民国外债档案史料》（第三卷），档案出版社1989年版，第750—762页。

⑤ 陈存恭：《列强对中国军火的禁运（民国八年——十八年）》，台湾"中研院"近代史研究所1983年版，第360页。

二 购械动机

主张武力统一中国的段皖执政后，派部下张敬尧入主湖南，但省内局势复杂。作为皖系的重要干将，与段祺瑞又有同乡之谊的张敬尧，1917年被任命为苏鲁豫皖边境剿匪督办，随后调任察哈尔都统，接着又带兵南下，1918年3月出任湖南督军兼省长，然其所辖范围不过是以省城长沙为核心的一隅之地，而非湘省全境。以谭延闿为代表的湘省传统势力，虽为北京政府所派之直皖军队所击溃，但在其退守湘南后，受到两广军阀及革命势力的支持。主政湘西的田应诏在护法运动开始时，便站队南方，追随孙中山讨段，不服张敬尧号令。同年8月21日，作为同时入湘的北洋盟友吴佩孚发电，"对于师长（张敬尧）等马电（21日），不表同情。长此以往，是穷兵，实非国家之福。"① 吴佩孚要求曹锟将湘南的军事防务交由张敬尧自行负责，所辖军队一律撤走，罢战和谈。

省外方面，诸强环伺湖南。湘省东部和北部为江西督军陈光远、湖北督军王占元等直系势力范围，直皖两系虽同出北洋且暂未公开决裂，但在之前的入湘作战期间，"段祺瑞一面高喊着'武力统一'政策，一面把直系的主力放在对南作战的第一线"②，这种利用直系军队为皖系打天下并借机削弱直系的"借刀杀人"，让直系将领非常反感，甚至在与南方革命势力作战期间，出现了冯国璋示意下的直系将领罢战、讲和的情况；③ 南方，以孙中山为代表的革命势力，联合两广军阀组成护法政府，准备北伐，湖南于地理位置上首当其冲。滇、黔等西南军阀窥伺湘西已久，并不时扰边。

张敬尧为巩固在湖南的统治，威慑省内外，遂决定段皖幕后支持者所生产的日械，以充实军力。

---

① 湖南善后协会编纂：《湘灾纪略》，中华书局2007年版，第25页。
② 郭剑林编：《北洋政府简史》（上），天津古籍出版社2000年版，第529页。
③ 郭剑林编：《北洋政府简史》（上），天津古籍出版社2000年版，第535页。

三　购械条件合同

"一战"爆发后，段祺瑞以参战为名，编练了一支"参战军"作为其统一全国的工具，并于1917年12月，向日本泰平公司订购了含三八式步枪、各种火炮、载具等在内的价值二千三百多万元的军火。[①] 张敬尧作为皖系大将、段祺瑞之亲信，在对外购买军火上，必然会步北京政府后尘，购买泰平公司日式武器。

（一）购械条件合同的签订

张敬尧主政湖南不久，便派出朱鲍两委员，与泰平公司天津代理商大仓洋行签订购械合作；但因购械唯有得到陆军部批准，方可获得护照与免税权等；遂委陆军部张尧卿为全权代表。张尧卿以湖南督军张将军代表、陆军部咨议局荷敌总司令部抚慰处长、陆军少将身份，赴天津与大仓洋行商谈军火购买事宜，先行签订购械条件合同两份，并将之前朱鲍两委员所签合同合并在内。内容如下：

立合同

天津大仓洋行今承湖南省督军张将军订购货件、数目、价值条款开列于后。

计开：

一、三十八年式步枪（每挺带铳剑一，负革一，每十挺携带预备品一组）一万挺，每仝挺日金六十六圆六角六分，共金六十六万六千六百元。

一、仝上用子弹五百万粒，每一万粒日金一千三百四十六圆四角，共金六十七万三千二百元。

以上共价日金一百三十三万九千八百元整。

一、以上价值按九五折收银，此外再无折扣。

一、以上货价按日金规定，所有金银汇水危（险），大仓行概不

[①]《陆军部与日商泰平公司签订购买军械合同（附价目单及草合同）》，1917年北洋政府档案，中国第二历史档案馆藏，资料号：11—116。

第五章 辛酉工赈预期路款之泰平械款 / 91

担任。

一、以上价金在天津交付，必须照正金银行汇水行市，折合银两或通用银币。

一、交货期限：议定自立合同日起，以两个月半，先交步枪三千挺，仝上用子弹一百万粒，其余货件均于四个月内在日本装船。

一、以上购件在天津塘沽或秦皇岛点验交收。

一、所有由外洋运到天津保险装运共一切费用，俱包括价值以内。

一、议定立合同之日，购主按照全价先交三分之一；货到天津时再交三分之二，但必须取大仓行收据留凭。

一、咨请陆军部护照，须在立合同三日，由购主发交大仓行。

一、进口关税、捐税等项，由购主发给免税护照，与大仓行无涉。

一、以上军械系日本陆军兵工厂制造，大仓行一面承管。

一、货到天津塘沽或秦皇岛拆箱点验，如有残坏短数等，由大仓行担任赔补。

一、缮写华文合同二纸，各执一纸。

湖南督军张将军代表、陆军部咨议局荷敌总司令部抚慰处要长张尧卿大人

天津大仓洋行兵器主任塚崎敬吉

中华民国七年十一月三十日

大正七年十一月三十日　　　订①

除此之外，张尧卿还与大仓洋行签订了关于日本三八式步枪相关配件的购械条件合同。合同内容如下：

---

① 《兵器供給中止に関する件（2）》，[日]防衛省防衛研究所，陸軍省大日記，陸軍省雑文書，兵部省陸軍省雑陸軍省雑，支那国へ供給兵器に関する綴，密受第461号，其他，大正七年，国立公文書館アジア歴史資料センター，Ref. C10073208100，第1457—1460页。https：//www.jacar.archives.go.jp/aj/meta/MetSearch.cgi 2017－12－15

立合同

天津大仓洋行今承湖南督军张将军订购货件数目价值条款开列于后。

计开：

一、三十八年式步铳用皮件（弹药盒前后三个，皮腰带一个，铳剑插一个，油壶一个）全副一万套，每套日金二十六圆五角三分，共金二十六万五千三百元。

一、以上价值按九五扣收银，此外再无折扣。

一、以上货价按日金规定，所有金银汇水危险，大仓行概不担任。

一、以上价金在天津交付，必须按照正金银行汇水行市，合银两或通用银币。

一、交货期限：议定自立合同日起，以两个半月，先交步铳用皮件三千套，其余货件均以四个月内在日本装船。

一、以上购件在天津塘沽或秦皇岛点验交收。

一、所有由外洋运到天津，保险装运等一切费用，俱包括价值以内。

一、议定立合同之日，购主按照金先交三分之一；货到天津时，再交三分之二；但必须大仓行收据为凭。

一、咨请陆军部护照，须在立合同之日，由购主发交大仓行。

一、进口关税捐税等项，由购主发给免税护照，与大仓行无涉。

一、以上皮件系日本陆军兵工厂制造，正式制定货件，大仓行一面承管。

一、货到天津塘沽或秦皇岛，拆箱点验，如有残坏短数等，由大仓行担任赔补。

一、缮写华文合同二纸，各执一纸。

湖南督军张将军代表、陆军部咨议局荷敌总司令处长张尧卿大人

天津大仓洋行兵器主任塚崎敬吉

中华民国七年十一月三十日
大正七年十一月三十日 订①

此两份购械条件合同内容包括枪弹单价及总数、保险费用、付款方式及押金、交验货地点、入关文件及手续,以及步枪配套皮件单价与总价,为签订购械正式合同做准备。

购械条件合同签订后,双方又商谈了军火承办及转运问题。大仓、三井、高田三家洋行,为泰平公司下属代理商;中国地方各省如需购买军火,由所在地区泰平公司代理商负责。日本政府所制定的《泰平公司公司管理章程》之第二十一条、第二十二条明确规定,如果中国地方政府不在其所属辖区内订购兵器,收到订单的代理店仍应通融办理;但签订合约后,仍须划归所辖区域的代理店承办。"日本政府向例售卖兵器,由泰平组合之大仓、三井、高田三家公司为日政府之总代表。其驻在中国区域,北泰平公司只设北京一处,专与中国政府接洽一切;大仓、三井、高田三家分公司是经日本政府特许的中国各省兵器代理商,划区承办。如湖南购买日本兵器,与泰平公司签约后,归所辖区域代理商汉口三井洋行承办,但其他分公司仍应通融办理。"② 即天津大仓洋行负责湖南所购日械的进口与点验等事宜,汉口三井洋行负责承办从天津至汉口的国内转运事宜,签约方泰平公司北京总部负责协调。据此规定,天津大仓洋行兵器主任塚崎敬吉,代表天津大仓洋行签订购械条件及配件合同,承办湖南购入日械一事,并负全责;但因湖南不属其应辖区域,所以泰平公司与湖南督军代表所订合约,则仍由汉口代理店三井

---

① [日] 防衛省防衛研究所,《兵器供給中止に関する件 (2)》,陸軍省大日記,陸軍省雜文書,兵部省陸軍省雜陸軍省雜,支那国へ供給兵器に関する綴,密受第461号,其他,大正七年,国立公文書館アジア歴史資料センター,Ref. C10073208100,第1449—1451页。

② [日] 防衛省防衛研究所,《兵器供給中止に関する件 (2)》,陸軍省大日記,陸軍省雜文書,兵部省陸軍省雜陸軍省雜,《湖南督军张将军与泰平公司代理大仓洋行购械条件别约》,支那国へ供給兵器に関する綴,密受第461号,其他,大正七年十一月三十日,国立公文書館アジア歴史資料センター,Ref. C10073208100,第1453页。

洋行承运。① 湖南督军之所以舍近求远，不在邻省的汉口三井洋行订购武器，远赴千里之外的天津大仓洋行，盖因此时包括湖北督军王占元在内的直系军阀，因段祺瑞的"武力统一"政策已与皖系水火不容②，这在1918年徐树铮唆使奉系截械秦皇岛等事件中均有所反映；而美国史学家詹姆斯·E. 谢里登也认为，"自1917年起，越来越显出，（冯国璋）是段祺瑞政治上的对手"③。汉口已非皖系友好势力范围，张敬尧舍近求远，实乃迫不得已。

四 购械定款

关于购械定金交付问题，湖南督军代表张尧卿与天津大仓洋行兵器主任塚崎敬吉在讨论后，达成一致。

> 湖南督军如能一个月内补交价银三分之一（含已交三分之一，共为三分之二），则本行自应担任按照原约，两个半月先交步兵铳三千挺，子弹一百五十万粒，皮件三千组；其余所订之货，照约交清。倘湖南督军不能于一个月内补交价银三分之一，本行只能按照所收定银数目（作为已收价银三分之二）扣货；实交步兵铳五千挺，子弹二百五十万粒，皮件五千组（照此扣算，货到尚需交价银三分之一）。其余已定未交之货，所受损失，应归湖南督军赔偿日金一万元；若湖南督军能于一个月内补交价银三分之一，本行不能收所订之货，提前先交一批，不应认赔偿损失日金一万元两无异议。

而关于第二笔定金到账的期限，双方达成协议，"合同内所订第二批交款之期，以十二月二十六日起算，限于一个月以内交到，取回大仓收

---

① ［日］防衛省防衛研究所，《兵器供給中止に関する件（2）》，陸軍省大日記，陸軍省雑文書，兵器部陸軍省雑陸軍省雑，支那国へ供給兵器に関する綴，密受第461号，其他，大正七年，国立公文書館アジア歴史資料センター，Ref. C10073208100，第1456页。

② 郭剑林编：《北洋政府简史》（上），天津古籍出版社2000年版，第534页。

③ ［美］费正清、费维恺编：《剑桥中华民国史：1912—1949》（上卷），刘敬坤、杨品泉等译，中国社会科学出版社1994年版，第278页。

条为凭"①。

购械条件合同签署之后的三四两日,湖南方面先后向泰平公司代理店天津大仓洋行,分两次打款,共计日金五十三万余元,作为第一笔定金(即两份购械条件合同中规定总价的三分之一),并分别取得大仓洋行的收款凭证。

> 今收到
> 湖南督军张将军发给价日金十三万五千零三十三元三角三分整,此据。
> 查此项系购兵器之价内,合并声明。
> 泰平公司代理 天津大仓洋行兵器主任塚崎敬吉
> 湖南督军代表张尧卿大人台鉴
> 中华民国七年十二月二日
> 代表人:张尧卿
> 见证人:顾四端
> 经理交款人:李傚玉②

> 今收到
> 湖南督军张将军发给价日金四十万元整。
> 此据。
> 查此项日金系汇日元汇票,归付购兵器价之内,合并声明。
> 泰平公司代理
> 天津大仓洋行兵器主任塚崎敬吉
> 湖南督军代表张尧卿大人台鉴

---

① [日]防衛省防衛研究所,《兵器供給中止に関する件(2)》,陸軍省大日記,陸軍省雑文書,兵部省陸軍省雑陸軍省雑,支那国へ供給兵器に関する綴,密受第461号,其他,大正七年,国立公文書館アジア歴史資料センター,Ref. C10073208100,第1453—1455頁。

② [日]防衛省防衛研究所,《兵器供給中止に関する件(2)》,陸軍省大日記,陸軍省雑文書,兵部省陸軍省雑陸軍省雑,支那国へ供給兵器に関する綴,密受第461号,其他,大正七年,国立公文書館アジア歴史資料センター,Ref. C10073208100,第1465頁。

中华民国七年十二月三日
全权代表人：张尧卿
见证人：顾四端
经理交款人：李俶玉①

五　购械正式合同

以上诸项购械事宜议定并交付定金之后，张尧卿代表湘督张敬尧，与泰平公司代表高木洁签订了此次购械正式合同。内容如下：

立合同

泰平公司今蒙中华民国湖南督军代表张尧卿订购三十八年式步枪及子弹等件，交款之法开列于后：

一、三十八年式新步枪（每杆带刺刀一，背带一，从属品一套，每十杆附携带预备品一套）五千杆，每杆日金六十六元六角六分正，共日金三十三万三千三百元正。

一、同用子弹二百五十万粒，每一千粒日金一百三十四元六角四分正，共日金三十三万六千六百元正。

以上共计日金六十六万九千九百元正，组件款按定价九五扣算。

一、以上所有由日本运到天津塘沽或秦皇岛各码头保险装运等费，俱包括价值以内。

一、以上价款第一期，立正式合同之日交付三分之二，作为定银；第二期，在日本装轮开船之时，交付三分之一。价金在汉口、天津或北京之时，必须按照正金银行汇水行市，折合现洋交付。真由天津塘沽或秦皇岛至湖南所需车力保险等费，由湖南督军付给。

一、此项合同作成四份，彼此存置一份为据，应呈陆军部存案

---

①　[日] 防衛省防衛研究所，《兵器供給中止に関する件（2）》，陸軍省大日記，陸軍省雑文書，兵部省陸軍省雑陸軍省雑，支那国へ供給兵器に関する綴，密受第461号，其他，大正七年，国立公文書館アジア歴史資料センター，Ref. C10073208100，第1466頁。

一份，泰平公司代理店汉口三井洋行一份。

中华民国　年　月　日

日本大正　年　月　日

湖南督军代表张尧卿

泰平公司代表高木洁①

湘日双方购械正式合同的签订，说明湘督张敬尧未能全数购买一万杆日本三八式步枪、五百万粒通用子弹及相关配件。正式合同与购械条件合同所包含的军火数量，相差一半；盖因张敬尧资金不足，无法交足三分之二定金所致。原因如下：

首先，双方曾约定，"湖南督军如能一个月内补交价银三分之一（含已交三分之一，共为三分之二），则本行自应按照原约，两个半月内先交步枪三千挺，子弹一百五十万粒，皮件三千组，余下械弹按约交付。倘湖南督军不能于一个月内补交价银（三分之一），本行只能按照所收定银数目（作为已收价银三分之一）扣货。实交步枪五千挺，子弹二百五十万粒，皮件五千组"②。而正式合同中，只含有五千杆步枪、二百五十万粒子弹以及五千组皮件，此为所付三分之二定金的发货量。

其次，从事后双方的交涉信件中可以看出，湖南代表向泰平公司出示相关纸质凭证时，只包含上述两张共计五十三万余元的收据，而再无其他定金收据。③ 此次张敬尧所付购械定金，并非自有资金，而是以每月二分行息借贷而来。

张敬尧为扩充军力，威慑地方，委托张尧卿与泰平公司代理店天津

---

① ［日］防衛省防衛研究所，《兵器供給中止に関する件（2）》，陸軍省大日記，陸軍省雜文書，兵部省陸軍省雜陸軍省雜，支那国へ供給兵器に関する綴，密受第461号，其他，大正七年，国立公文書館アジア歴史資料センター，Ref. C10073208100，第1461—1463頁。

② ［日］防衛省防衛研究所，《兵器供給中止に関する件（2）》，陸軍省大日記，陸軍省雜文書，兵部省陸軍省雜陸軍省雜，支那国へ供給兵器に関する綴，密受第461号，其他，大正七年，国立公文書館アジア歴史資料センター，Ref. C10073208100，第1453—1454頁。

③ ［日］防衛省防衛研究所，《兵器供給中止に関する件（2）》，陸軍省大日記，陸軍省雜文書，兵部省陸軍省雜陸軍省雜，支那国へ供給兵器に関する綴，密受第461号，其他，大正七年，国立公文書館アジア歴史資料センター，Ref. C10073208100，第1445—1447頁。

大仓洋行商谈购械事宜，先后与天津大仓洋行兵器主任塚崎敬吉签订两份购械条件合同、承办权转换和定金交付协定以及正式购械合同，并向大仓洋行打了两笔共计五十三万余元的款子，作为定金。后因张敬尧无法交付所增加之定金，正式合同中的军火数量故而仅为购械条件合同中的一半。

张敬尧购械、需有陆军部护照方能进口，因而才由陆军部咨议局张尧卿代为签署，即与泰平公司签署合同的，名义上为北洋政府陆军部，实际出资方为湘督张敬尧。这是陆军部下台之后的张敬尧与赵恒惕政府及之后的湖南政府竞相争取与日本政府及其泰平公司交涉主体资格的原因。湖南定金已付，枪械却未收到，中（湘）日械款交涉从此开始。

第三节　泰平械款交涉时的国内外局势

一　外国公使团禁止军火输华

第一次世界大战后，日本独霸中国的野心，于美国门户开放政策有害，日美矛盾上升；另外，"一战"后裁军会议、输华武器禁运成为议题；当然，其实质仍是欧美从自身在华利益最大化考虑，企图维持中国之分裂现状。因此，欧美以支持中国和平统一为借口，协定输华武器禁运。

欧美对"一战"后日本扶植段皖政府极为不满，要求中国停止南北对峙，早日和平统一，从而抵制日本陆军省的"亚洲门罗主义"。1918年10月，在徐世昌宣誓就任总统当日，美国总统威尔逊便发来电报，"规劝中国南北早息争端，实现和平统一"[①]；18日，美国驻华公使芮恩斯拜访徐世昌，再次规劝其南北议和。为抵制日本在华势力一家独大，1921年11月12日至1922年2月6日，在美国提议召开的华盛顿会议上，与会国家签订了《九国关于中国事件适用各原则及政策之条约》。其中，"缔约各国尊重中国的主权与独立及领土与行政的完整；维持各国在中国全境工商业机会均等的原则；各国不得在中国谋取特殊权利而损害友邦人

[①] 来夏新等：《北洋军阀史》（上），东方出版中心2016年版，第560页。

民的权利，不得鼓励有害友邦安全的举动；除中国外，各国不得谋取或赞助其本国人民谋求在中国任何指定区域内获取专利或优越权"① 等内容，是对日本谋求在华独大的限制。

为此，通过禁止军火输华，以削减泰平公司在华军贸市场份额，意图限制日本独霸中国。以 1918 年为例，日本对华输出军火值为 13987743 两，占中国当年进口军火的 99.02%，而美国对华输出军火值为 36757 两，仅占 0.26%。② 基于此，1919 年 5 月 5 日，英美法日西葡巴西沙俄八国北京外交公使团照会北洋政府外交部，为促成南北和谈，约束其国民，禁止向中国输入"军火及制造军火之器料"。1922 年，英法美等再度禁止军火输华，其他欧洲国家亦随后加入《对华军火禁运协定》；③ 直到全国名义上统一之后的 1929 年 4 月 26 日，"领衔公使荷兰驻华全权公使欧登科代表荷兰、比利时、巴西、丹麦、西班牙、美国、法国、英国及爱尔兰、意大利、日本、葡萄牙等国政府向中华民国外交部部长王正廷致送照会，声明取消一九一九年对华禁运军火协议"④，才结束了长达十年的对华军火禁运。十年期间，列强虽名义上禁止对华军售，但各国及其商人私贩军火输华事件屡见不鲜。⑤

1918 年 11 月，湘督张敬尧与日本泰平公司签订购械合同，并支付五十三万余日元购械定款，之后半年不到，八国外交公使团禁运军火输华。受此禁运限制，泰平公司军火只能仓储于大连，无法输湘，导致军火未能按期交付。日方既未交付枪械，也不退还定款，在张敬尧督湘期间及退湘之后，中（湘）日械款交涉一直进行。

---

① 王芸生编：《六十年来中国与日本》（第八卷），生活·读书·新知三联书店 1982 年版，第 306 页。

② 陈存恭：《列强对中国军火的禁运（民国八年——十八年）》，台湾"中研院"近代史研究所 1983 年版，第 51 页。

③ 陈存恭：《列强对中国军火的禁运（民国八年——十八年）》，台湾"中研院"近代史研究所 1983 年版，第 265—270 页。

④ 陈存恭：《列强对中国军火的禁运（民国八年——十八年）》，台湾"中研院"近代史研究所 1983 年版，第 163—164 页。

⑤ 参见《日人密卖军械者何多耶》，《大公报》1921 年 3 月 27 日第 6 版；《美人私运军火案之沈訊》，《大公报》1923 年 10 月 8 日第 3 版。

二 日本对华外交政策的转换

20年代日本对华外交政策，处于外陆两省外交政策话语权的"二元博弈"时期，军政"二元外交"特征明显。"随着20世纪前十年日本大正民主运动的兴起，政党力量开始在日本政府的总体决策中发挥越来越大的作用。1918年原敬上台组阁以后，开始改变过去桂园交替内阁（桂太郎与西园寺公望交替组阁）、大隈内阁、寺内内阁时期对华决策中陆军话语权过重的局面，并促成外务省在中国问题话语权上相较于陆军的平衡乃至超越。"20年代日本外陆两省外交政策的博弈，可"分为三个阶段：第一，1920—1923年，外主陆从的阶段；第二，1924年至1927年4月，陆军对外务省阳奉阴违的阶段；第三，1927年5月至1929年，陆军对外务省全面反扑的阶段"。因此，"20世纪20年代，日本对华'二元外交'的本质，是外务省在'宪政常道'的背景下对日本传统军国主义外交的'二元化'"[1]。

一战结束后，针对欧美调整对华政策，日本外交政策也做出了相应改变。其主要特点为：在外交上对美协调并改善对华政策，即源自原敬国际协调外交之币原外交。[2] "一战"期间，美国曾为防止日本独霸中国，与日本签订了《石井—兰辛协定》；美国务卿兰辛要求美驻华公使资本援华，以防止"西原借款"迫使中国隶属于日本情况的出现。在美国多方面施压下，原敬认为："将来可畏者当系此国（指美国）……将来日英同盟不足恃。一旦与美国有事，欧洲毫不可恃。因此，应采取多少付出一些代价、务使美国对我之感情有所缓和之方针。"[3]

原敬在主阁后，一改之前对外政策，强调对美协调为外交核心，并对之前引起美国不满的出兵西伯利亚一事表示不太赞成。原敬内阁"废

---

[1] 郭循春：《20世纪20年代日本陆军在对华决策中的地位与"二元外交"》，《世界历史》2018年第1期。

[2] ［日］信夫清三郎：《日本外交史》，天津社会科学院日本问题研究所译，商务印书馆1980年版，第499页。

[3] ［日］信夫清三郎：《日本外交史》，天津社会科学院日本问题研究所译，商务印书馆1980年版，第445页。

止了寺内时代的援段政策，凡有助长中国南北争乱之虞的借款及其他财政援助，一律停止，给国内外以日本政策改变的印象。"① 1918年11月11日，日本新任驻华公使小幡酉吉也提出了改善对华关系的方案："（1）'放弃过去之侵略主义，凡事以公正态度'对待中国；（2）不采取无视在华外人的权利或损害其感情之政策；（3）鉴于过去对华政策之不统一，统一对华外交机构；（4）克服国内对华舆论的分歧。"② 在中国南北议和期间，日本主动充当调解员，在中国南北和平统一问题上与欧美列强统一步调，保持一致，"对于南北两方通告：谓需外力调停，则日本不辞其劳；对于英美通告曰：必要从中调停，则帝国有为先锋之责任"③。日本之所以在中国南北会议上有如此积极的表现，不外是因"一战"的结束导致西方势力重新关注中国，日方有危机感；争取在新的国际局势下掌握主动权，防止其在中国以及整个远东的特殊地位被欧美所取代。原敬之后的高桥、加藤、山本等届日本内阁继续坚持协调主义，名义上对外宣传中日亲善和睦、互相提携，实际上侵略中国，企图染指中国多个领域。④ 1924年，日本外务大臣币原喜重郎决心坚持协调外交，强调"权谋术数之策略以及侵略性政策之时代现已完全过去，外交在于踏着正义和平的大道前进"；并于7月再次阐明外交原则："第一，'维护和增进正当的权益'，'尊重各国正当的权益'，以维持世界和平；第二，尊重外交前后相承主义，以保持同外国的信任关系；第三，改善对美对苏关系；第四，在对华政策上贯彻不干涉内政。"⑤

与日本外务省协调外交政策不同的是，陆军省则始终坚持对华干涉主义，并在外交政策主导权方面，一直与外务省博弈。

---

① 中国社会科学院近代史研究所《近代史资料》编辑组编：《近代史资料》（总51号），中国社会科学出版社1983年版，第251页。
② ［日］信夫清三郎：《日本外交史》，天津社会科学院日本问题研究所译，商务印书馆1980年版，第471页。
③ 中国社会科学院近代史研究所《近代史资料》编辑组编：《一九一九年南北议和资料》，中华书局1962年版，第44—45页。
④ 《日本今后之国际关系》，《大公报》1923年12月29日第3版。
⑤ ［日］信夫清三郎：《日本外交史》，天津社会科学院日本问题研究所译，商务印书馆1980年版，第501—502页。

日本外陆两省外交政策上的二元博弈，加剧了泰平械款交涉的复杂性。在泰平械款交涉初期，陆军省主张按时交械，外务省主张拖延，日方外交政策不同的声音，导致中方难以分辨，也就有了交涉初期湖南对索还泰平械款的乐观预估。之后，因省内外反日情绪高涨，湖南对待械款交涉的态度开始变得强硬，但因日本外务省与陆军省就延迟交械达成一致，终致交涉无果。

三　械款交涉时的国内局势

英美意图削弱得到日本支持的段皖的南北和谈，意味着段祺瑞政府正在失去其执政公信力。南北双方内部争权，和战不定；开战数年，打打停停。1918年，直系宣布湖南前线停战后，随即派遣代表与南方政府划界议和。徐世昌担任北京政府总统后，率先提出了谋求与南方停战，实行南北和平统一。在列强的干预以及南北双方的努力下，终于1919年2月，双方各派代表在上海召开和平会议，为期近三个月，主要商讨陕西问题和军事外交问题。所谓军事外交问题便是裁撤参战处、参战军，对外公布北京政府与日本所签订之密约，停止支付参战借款等问题。"不难看出，这一问题是直接针对段祺瑞皖系军阀的，它较之陕西问题更为敏感，难度也更大，因而更不可能有任何实际结果。"[1] 在近三个月的讨论中，停顿日多，谈判日少，双方代表为己方利益毫不退让；南北方内部也因派系不同，明争暗斗；南北方总代表形同虚设，从而导致和谈不了了之。同时，南北会议也体现了段皖已失去其执政民意基础，如南方代表温宗尧因嫌弃北方代表王揖唐（段祺瑞亲信，安福系首领）名声不好，拒绝与其会晤谈判[2]，上海各界也对王揖唐的到来表示不满，在街头贴发"卖国贼"等标语。

段皖政府外有削弱其势力的南北和平会议，内部直皖两系矛盾也在激化，段皖下台已成定局。1920年4月，北洋军阀中的直奉两系结成联盟并宣布反对段皖政权。5月，吴佩孚从湖南衡阳撤军，并率军北上讨

---

[1]　来夏新等：《北洋军阀史》（上），东方出版中心2016年版，第570页。
[2]　杜春和等编：《北洋军阀史料选辑》（下），中国社会科学出版社1981年版，第14页。

段。6月，吴佩孚电发《直军全体将士宣布徐树铮六大罪状檄》和《直军全体将士为驱除徐树铮解散安福系致边防军西北军书》，宣布讨段。前者公布了徐树铮卖国媚外、祸国殃民、专政掌权、破坏统一等罪状，后者则强调了中国本属一家，而当下南北分裂的局面是皖系所操纵之安福系所造成的。① 段皖为应对内外困局，召开秘密军事会议，调徐树铮所管辖之西北边防军在北京附近布防；6月，宣布成立定国军，段自任定国军司令。7月14日，直皖战争爆发，直皖两军在北京附近的涿州、高碑店、琉璃河一带开战。皖系虽得到日本军队的帮助，但最终在直奉联军的合击下于18日战败，退出北京政治舞台。②

皖系倒台后，联合执掌北京政府的直奉，军事冲突不断，最终奉皖上台。1922年3月19日，张作霖自任奉军总司令，挥兵入关；4月26日，第一次直奉战争爆发。"第一次直奉战争以直胜奉败而告终，从而使中央政权由直奉平分秋色转为直系独据。"③ 在直系掌权期间，曹锟为连任总统进行贿选，吴佩孚亦穷兵黩武，大肆宣扬"武力统一"，激化了各方的矛盾。1924年9月4日，张作霖发出响应浙江督军卢永祥，责备直系曹锟、吴佩孚的通电，向山海关、热河等地增兵；张自任总司令，并将所辖奉军编为6个军；15日致电曹锟，发出挑战。17日，曹锟发布讨伐张作霖令，任命吴佩孚为讨逆军总司令，第二次直奉战争爆发。④ 后在奉系、皖系、南方革命势力以及冯玉祥等多方面的联合打击下，曹吴败北，奉系与段祺瑞联合执政北京政府。

张敬尧督湘期间，祸害湘省，最终被驱逐去湘。张敬尧督湘，罪有四宗：其一，纵兵扰民：其部下初入湘境，便烧杀抢掠，督湘后更是明目张胆地对百姓巧取豪夺；其二，植党营私：张在督湘期间任命自己的亲信为省农会、省议会、省教育会、省工会等社会团体的负责人，妄图

---

① 《直军全体将士宣布徐树铮六大罪状檄》《直军全体将士为驱除徐树铮解散安福系致边防军西北军书》，载中国第二历史档案馆编《中华民国史档案资料汇编第三辑·军事》（三），江苏古籍出版社1991年版，第3—5页。

② 来夏新等：《北洋军阀史》（上），东方出版中心2016年版，第616—626页。

③ 郭剑林编：《北洋政府简史》（下），天津古籍出版社2000年版，第952页。

④ 郭剑林编：《北洋政府简史》（下），天津古籍出版社2000年版，第1112页。

将湘省各法定团体掌握手中；其三，摧残教育：张之军队入城后将校舍改为兵舍，教学器具移交兵工厂，而后又克扣教育经费；其四，实行搜刮政策：在任期间，张开设裕湘银行进行敛财，强制推销"惠民"彩票，滥发纸币，挪用赈灾款项等①；省内怨声载道。吴佩孚与张敬尧因派系之见和湘督任免等问题，矛盾重重，关系已不可调和。早在1918年，吴佩孚不顾段祺瑞的命令，与湘军将领赵恒惕互商停战，划界自守；②其后，吴佩孚又督促中央"能顾念民生，俯顺舆论，开诚心布公道，法理持平，毅然为和平之表示"③，主张南方和谈。1919年12月2日，张敬尧因派兵镇压省城学生反日斗争，引发万余长沙师生罢课示威，并派代表团赴京沪等地宣传，驱张运动爆发。皖系军阀张敬尧被任命为湖南督军兼省长后，除本部人马外，对其他在湘北军无法指挥，其自身所控制地区不外是岳阳、长沙、宝庆等地。谭延闿、赵恒惕所统领的湘军，利用吴佩孚与张敬尧的矛盾，专与张军作战；张虽领军七八万，但皆属乌合之众，且战且退，终于1920年6月退出长沙。④

张敬尧被驱逐之后，南北各军皆退出湖南，三度主湘的谭延闿与继而任之的赵恒惕，开启湖南自治。苦于战乱已久的湖南各界，呼吁"湖南自治"，"旅沪湘人彭璜等发起成立湖南改造促成会，毛泽东起草的《湖南改造促成会复曾毅书》公开主张湘人自决主义"⑤，迫于各方压力，谭延闿于7月22日通电"湖南自治"。赵恒惕逼走谭延闿后，升任湘军总司令，独掌湖南大权；面对北京政府下达统一令、准备取消两广自主、解散军政府的局面，赵恒惕借"湖南自治"自保。在赵恒惕的授意下，1920年12月湖南成立制宪筹备处，1922年元旦正式公布《湖南省宪法》。筹备省宪期间的1921年，赵恒惕为扩大地盘，以援助鄂省驱逐王

---

① 刘泱泱主编：《湖南通史》（近代卷），湖南人民出版社2008年版，第895—899页。
② 《张宗昌关于吴佩孚与赵恒惕划界停战密电》，载中国第二历史档案馆编《中华民国史档案资料汇编第三辑·军事》（二），江苏古籍出版社1991年版，第580页。
③ 《吴佩孚力促中央对南方作出和平表示密电》，载中国第二历史档案馆编《中华民国史档案资料汇编第三辑·军事》（二），江苏古籍出版社1991年版，第589页。
④ 宋斐夫主编：《湖南通史》（现代卷），湖南人民出版社2008年版，第39—47页。
⑤ 宋斐夫主编：《湖南通史》（现代卷），湖南人民出版社2008年版，第79页。

占元为借口，发动湘鄂战争，耗资百万，却为吴佩孚所败。赵恒惕竹篮打水一场空，只得依附北京政府。1923年8月，谭延闿四度回湘主政，宣布废除省宪，取消湘省自治；谭后再被赵恒惕击败，退出湘省。赵继续宣布湖南自治，并进一步依附北军。[①]

1921年湖南辛酉大旱，荒赈筹募维艰；五十三万余元之巨的泰平械款，成为湖南旱荒赈款主要筹募目标之一。

在泰平械款议作充赈之前，作为直接与泰平公司购械签约的张敬尧，在任职和退职湘督时期，以湖南官方和私人名义，争索泰平公司枪械或已付定款。

第四节 张敬尧秘密交涉泰平械款

八国外交公使团议定输华武器禁运，导致泰平公司输湘武器不能按时交验货；湘督张敬尧购械定金已付，军械尚未到手，开始向日方交涉。张敬尧督湘期间，与泰平公司签约购械一事，并非公开进行，除北洋政府陆军部知悉之外，包括湖南在内的其他外人并不知情，因此械款交涉只能秘密进行；下台之后，张敬尧借图械款，以为东山再起的资本，与日方的交涉更不能公开进行，尤其不能让湖南获悉。

一 张湘督要求守约交械

军械逾期未交后，湘督张敬尧派人屡次催促泰平公司，要求守约交械。

> 支极密三三五
> 大正八年八月八日发，九日到
> 东少将电（陆军）次官
> 第一四〇号密函已收到。关于从意大利进口军械一事，我已与陆军部、海关及运输部门商议，不日定有结果。另外，唯有湖南督

[①] 宋斐夫主编：《湖南通史》（现代卷），湖南人民出版社2008年版，第91—93页。

军一事，昨日竟以公文的名义找到陆军部，要求立刻交付，陆军部正与之交涉。现想拖延交货，几为不可能。此事已愈演愈烈。等待下一份报告。①

日方因八国公使团协议的限制，无法按时交付，借图拖延；而购械定款已付，久未得到枪械的张敬尧，竟以公函形式，要求日本交械。双方因此关系紧张，但仍在协商。陆军省倍感压力，仍在考虑尽快交械。

在泰平公司武器交付暂停的现实情况下，眼望无法获得武器的张敬尧，转而要求"废约退款"。1919年10月28日，泰平公司致信日本驻华使馆，"最近湖南张督军，使其代表，对于敝公司，业已严重通告，即时实行交付军械方可，否则退款废约"②。

张敬尧之所以要求废约退款，原因在于对该批武器需求的迫切性下降，并且获得了意大利枪械的替代。北洋内部直皖两系矛盾虽难以调和，但还没有到达兵戎相见的地步，对皖系的不满只是停留在因"武力统一"和"陆建章被杀案"等事件的声讨层面；直系军阀鄂督王占元和赣督陈光远，还不能对张敬尧造成军事上的直接威胁。③湘省局势方面，段祺瑞派徐树铮安抚拉拢吴佩孚，以为所用；而谭延闿、赵恒惕的湘军，虽在湘南与吴佩孚签订停战协议，但北京政府要求"前敌各军队，各有防地，应负责成，仍当恪守原防，维持现状，不得稍涉疏懈"④，故湖南战端难开。张敬尧要求日方"废约退款"另一原因，在于此时并不缺少武器供应。"一战"结束后，欧美方面出现大量战时军火囤积现象，急需市场倾

---

① ［日］防卫省防卫研究所，《兵器供给中止に関する件（1）》，陆军省大日，记陆军省雑文書，兵部省陆军省雑陆军省雑，支那国へ供给兵器に関する綴，密受第461号，大正八年，国立公文書館アジア历史资料センター，Ref. C10073208000，第1419—1420页。

② ［日］外务省外交史料館，《支那南北对立中兵器供给问题（1）》，《兵器引渡延期事情说明方1件》，戦前期外务省记录，5門军事，5類国防，5項兵器、弹葯、需品，大正八年三月至大正八年十二月，国立公文書館アジア历史资料センター，Ref. B07090312000，第503页。

③ 郭剑林编：《北洋政府简史》（上），天津古籍出版社2000年版，第577—578页。

④ 《国务院等要前方军队仍守原防俟办法确定再行撤退密电稿》，载中国第二历史档案馆编《中华民国史档案资料汇编第三辑·军事（二）》，江苏古籍出版社1991年版，第592—593页。

销；自 1918 年起，中国军火市场沉寂多年的欧洲国家重新开始对华军售，美国也大幅度增加了对华武器输出的额度。① 在与日方商谈"废约退款"的同时，张敬尧已派人与意大利方面商谈购买武器一事②，且数量巨大。据 1919 年 11 月 25 日日本驻华使馆武官东乙彦致参谋总长的电报，仅一次与意大利使馆所签合同的购械额就达到"步枪一万一百挺、机关枪三十挺、山炮六门、弹药超一千五百万发"之多。③

北京陆军部作为械款签约代表，曾多次与日方交涉，但其目的在于占有此批枪械。1920 年 6 月 22 日，时任陆军部次长的罗开榜，将江苏督军李纯交械或索款要求的书函，转交给日本政府和陆军省东乙彦。

迳启者，上年十一月八日接准阁下来函，并于十一月七日接读贵国公使来函暨泰平公司陈明书，请将该公司订货迟交之事，由向关系各督军方面说明各等因，当经抄录来函暨泰平公司说明书，函达江苏督军并转达江苏省长去后。兹准江苏督军（省长）咨称，查日使来函暨泰平公司陈明书，均借口于外交团暂不得售军械之协议。揣公使团用意，注重速复和平，限止军械当以供给军队为范围。本省所购枪弹，皆系地方自卫之需，自不得与供给军队者同受限制之列。现人民盼械孔殷，迭来催索，请严重交涉，仍令早日交到，以济要需。若该公司坚执前议，惟有请部即予取消前项合同，并使照数退还定价，以资清洁。抑更有请者，此项枪械价款本由人民所集，论时则已逾二年，论款至四十余万元之巨，已过之损失感痛已多，未来之亏耗不可不虑。当订约之时，因受欧战影响，价值奇昂，每枪竟至日金六十六元六十六钱之巨，子弹每万粒亦昂至日金一千三

---

① 参考陈存恭《列强对中国军火的禁运（民国八年——十八年）》，台湾"中研院"近代史研究所 1983 年版，第 360 页。

② [日] 防衛省防衛研究所，《兵器供給中止に関する件》(1)，陸軍省大日，記陸軍省雑文書，兵部省陸軍省雑陸軍省雑，支那国へ供給兵器に関する綴，密受第 461 号，大正八年，国立公文書館アジア歴史資料センター，Ref. C10073208000，第 1425 页。

③ [日] 外務省外交史料館，《支那南北対立中兵器供給問題（1）》，戰前期外務省記録，5 門軍事，1 類國防，5 項兵器、弾薬、需品，大正八年三月至大正八年十二月，国立公文書館アジア歴史資料センター，Ref. B07090312000，第 572 页。

百四十六元四十钱。欧战告终，物价骤跌。该公司果能即就范围，自应克日交械，或取消合同，退还定价，尚可勉认。万一任催回应并拒绝取消合同时，应向该公司声明限制办法。一，将来交械时，价值如已跌落，应按照市价付值，不应受订价之束缚。一，交械时，如价值涨至合同原价以上，则仍应按照订价办理。总之，价值低落则付款随之而减，但价至超涨，不得随之而增。又如金价涨落无定，尤宜明定办法。如交械时日金低落于原定约时之价值，则照约付给日金；倘交械时，日金高涨于原订约时之价值，应按照原订约时日金价值折付中银，以示限制。至已缴定金，将来交械抵价时，应由日政府按照逾期日起算，担任偿还息金，以免损失。缘此系官厅代人民订购之件，间接交涉殊感困难，不得不预为声明限制办法，俾免人民据理争执之虞。除将限制办法分行各县外，咨请查照，秉公主持，迅将前项办法逐层严向交涉，并希见复等因到部。

查该省所订枪枝子弹，实系地方自卫之用。现已逾期二年，自应赶速运交。倘仍不能即日交到，应即取消前项合同，照教退还定价。否则，将来按照前关限制办法办理，庶昭公允。相应函达查照，请即转达贵国政府查照办理为荷。

此致

东少将阁下
罗开榜启
六月二十二日①

可见，除湖南之外，江苏也向泰平公司购买了日械，并且因同样原因未能得械，京湘苏同在与泰平公司展开械款交涉；并就交械延期所带来的价格计算等将会出现的争议提出维权意见。如若不然，日方也可退款。

---

① ［日］防衛省防衛研究所，《兵器供給中止に関する件（2）》，陸軍省大日記，或退款陸軍省雜文書，兵部省陸軍省雜陸軍省雜，支那国へ供給兵器に関する綴，密受第 461 号，其他，大正九年，国立公文書館アジア歴史資料センター，Ref. C10073208100，第 1497—1502 页。

二　张前督废约退款

1920年6月11日张敬尧退出省城长沙,6月13日北京政府令张褫职留仕,6月27日撤出湖南。① 1920年7月的直皖战争,皖系战败,失去靠山的张敬尧,械款交涉更加困难。此阶段及之后,张敬尧要求泰平公司要么"遵约交械",借图东山再起;要么毁约退款,以便另寻他途。

1920年6月,前湘督张敬尧再次派张尧卿,与日本军方交涉。

> 湖南督军代表张尧卿谨致书大日本国驻京武官东少将麾下敬启者,代表于前年冬在天津贵国之大仓商行订购兵器一案,交有定金三分之二,计日金五十三万有奇,并由贵国政府之代理店泰平公司与敝国之陆军部订立契约,手续完备。倘到期不能交货或货到而无款,双方附有条件,彼此遵守。不意事隔年余,目的难达,迭次交涉,均以敝国时局或和或战,方能交货等语。
>
> 窃思贵国之大仓商行在敝国各省各埠通商有年,诚信昭著,何独于代表此次所订之货大失信用,致令名誉一时堕落,殊为不解,且不解之处甚多。不能令人无疑者,试详言之。
>
> 查贵国买卖兵器惯例,契约成立时,先交定金三分之一,今该行必需定金三分之二。此不可解者一也。
>
> 贵国陆军省之兵器原有定价,今该行于定价之外,另加一七五之价,犹藉借口曰欧战时之价值也。今欧战久停,尚无货交,将来减价罚款应如何办理。此不可解者二也。
>
> 屡次催货,均推以和平即交,不思世界果臻和平,兵器销为日月;各国均有贩卖,价极公道,每枝不过几元。试问该行尚能照原订之价格乎? 抑按照时价乎? 此不可解者三也。
>
> 本代表此次所订之货,不惜重价,多交定金,原欲应急时之用。

---

① 参见《张敬尧出走详志》,《大公报》1920年6月13日第6版;《北京对湘事之命令》,《大公报》1920年6月13日第6版;《北军退去岳州之确文》,《大公报》1920年6月27日第3版。

今谭延闿乘机构衅,破坏和平,违约越防,不顾大局。敝督军不忍生灵涂炭,节节退让,甚至退出长沙,以待南北之公论。虽受政府褫职留任之惩罚,仍令其督饬在湘各军队归复原地。奉令之下,自当准备战事,作背城借一之举。当此战事激烈之时,而代表经营年余之兵器,仍不能济急时之需,试问与该行所订之契约为有效乎?此不可解者四也。

综上四端,是以特派代表星夜到津,与大仓切实交涉。按照条约,自应履行罚款,唯中日亲善,未便固执,只好认为买卖无效,毁约退款。倘犹是含混其词,必待和平交货,则敝国和平期望,尚不知何日何年。长此拖延,本代表断难承认。惟有按照营业性质提起诉讼,以俟世界各国之公判耳。敬佈区区,伏帷亮察。专此。

即颂台绥

此致大日本驻京武官东少将麾下

湖南督军全权代表、陆军少将张尧卿谨启①

张尧卿从遵守契约精神、具体计价办法、契约是否有效三个方面,提出了四点质疑,要求日方要么守约交械,要么废约退款。主张守约交械的日本陆军省,因外务省的限制,无法兑现其主张。

眼见交械无望,张敬尧与跟泰平公司同样存在械款争议的江苏、北京一起,持续施压泰平公司及日本政府,要求废约退款。7月初,张敬尧又派代表杨葆琛,致信东乙彦,明确提出废约退款、赔偿定金利息的具体要求。

敬启者,案查八年十一月二十三日,敝督祃电(22日电)内开,前派尧与泰平公司代理大仓行订约购买兵器,已先后交付定银日金五十三万五千零三十三元三角三分。照约,逾限不能交械,应即追

---

① [日]防衞省防衞研究所,《兵器供給中止ニ關スル件(1)》,陸軍省大日,記陸軍省雜文書,兵部省陸軍省雜陸軍省雜,支那国へ供給兵器ニ関スル綴,密受第461号,大正九年,国立公文書館アジア歴史資料センター,Ref. C10073208000,第1432—1436页。

还定款，以便转还贷主。此款按月二分行息，不能履约系泰平公司代理大仓行之责任，其本利亦应由该当事人担任还偿，以清手续。盼即向张尧卿索取一切证据。本此意旨向其交涉，务期早日归款。电复。张敬尧祃印等因。葆琛遵，已与张尧卿君接洽，收泰平公司代表高木洁所签字盖章之合同乙份及泰平公司代理天津大仓洋行塜崎敬吉所签字盖章之条件三份，收领定银收据二纸接管。仝年十月五号，又奉敝督支电内开，泰平械款何日退还，盼速办。张敬尧支印等因。本年七月二号，再奉敝督冬电内开，张尧卿与泰平公司代理大仓行所订之购械合同付款收据，既于昨年已由张尧卿移交执事接管。其退还本意之办法，自属万不可缓，诸方面当事人亦无再延时日之理由。盼即交涉进行，追回本息。办理情形，速电复。张敬尧冬印等因。

查泰平公司代理大仓行，既经收去定款日金五十三万五千零三十三元三角三分，而不能按照合约之期限交械，其所有损害之负担，自应由该当事者任其赔偿。敝督所付之定款，系以按月二分利息贷借而来。自缴款之月起，算积利偿，本事属当然。用特抄录合同条件四份、收据二纸，敬请先生主持公道，督促该当事者迅即偿与本利，以清手续，并候裁复，是为至祷。顺颂东乙彦先生勋绥

陆军少将、湖南督军代表杨葆琛

附抄录合同共四份，收据两纸①

前湘督张敬尧积极运动械款，要求废约退款，并以可少退械款作为让步。被逐离湘之张敬尧，已无军队与地盘，游走于沪汉一带，军火已非其急需。1920年直皖战争中，日本表面宣布不干涉中国内政，但仍借款与段皖政权，暗中支持，而"直皖战争的结果，标志着英美在同日本

---

① ［日］防衛省防衛研究所，《兵器供給中止に関する件（2）》，陸軍省大日記，陸軍省雑文書，兵部省陸軍省雑陸軍省雑，支那国へ供給兵器に関する綴，密受第461号，其他，大正九年，国立公文書館アジア歴史資料センター，Ref. C10073208100，第1445—1447页。

角逐中又取得一次胜利"①。皖系下台与直系上台，亲近直系的赵恒惕政府主政湖南，进一步增加了张敬尧械款交涉的难度。所以，张敬尧械款交涉的主要诉求，由守约交械变更为废约退款，希冀以械款作为其东山再起的资本。

此后，张敬尧继续交涉，其方法主要有：其一，张敬尧仍以湖南督军名义，同日方交涉。张敬尧充分榨取前湘督政治遗产，要求废约退款。1921年1月29日赵恒惕在致总理靳云鹏的电报中提到，"乃张敬尧近仍以督军名义……请北军部函达该公司，希图废约退款，分润私囊"②。可见，张敬尧仍以督军名义进行交涉，交涉诉求已改为废约退款。其二，借重北政府，同日方交涉。督湘时期，械款交涉虽以亲自出面为主，但也有借重北政府进行交涉之尝试，但因北政府也想占有此批军械，遂不再假手。第二次直奉战争后，冯玉祥成为北洋政府主力，张敬尧以械款为担保，归附其下，成了冯玉祥的食客。冯玉祥对械款交涉一事进行积极斡旋，"从去年（1924年）12月以来直到今年，冯玉祥方面多次向驻天津总领事、驻华公使、驻张家口领事以及驻华陆军武官及其他日本方面的有关人士提出归还该械款，或提供与该械款金额相当的武器及其他物品"③。其三，以私人名义进行交涉。"乃张敬尧近仍以督军名义，私派代表杨葆桢、郭人漳等，向该公司交涉"④，"张敬尧现正在津延律师争此存款"⑤。1922年2月，湖南华洋会所派赴京械款交涉代表胡美⑥，在日

---

① 中国社会科学院近代史研究所：《日本侵华七十年史》，中国社会科学出版社1992年版，第194—197页。
② 《赵总司令致靳翼青电》，《大公报》1921年1月30日第6版。
③ 《武器艦船供給問題／(ホ) 張敬尭ノ泰平組合未供給武器手附金返還請求問題》，［日］外務省，外交史料館議会調書，亜細亜局，最近支那関係諸問題摘要 第1卷（第51回議会用），大正十四年，国立公文書館アジア歴史資料センター，Ref. B13081122100，議02-0650-0651，第358页。
④ 《赵总司令致靳翼青电》，《大公报》1921年1月30日第6版。郭人漳（？—1922年），字葆生，号憨庵，又名郭五，清末大臣郭松林之子，湘潭易俗河人，少时与杨笃生、陈家鼎并称"湖南三杰"。中华民国成立后当选为众议院议员，1922年11月17日死于北京。
⑤ 《熊凤凰电告械款交涉》，《大公报》1922年2月17日第6版。
⑥ 胡美，即Edward Hicks Hume，美国传教医师、医学教育家，湘雅医院、湘雅医学院创始人，曾任湖南雅礼大学校长。

本驻华使馆"复访日本小幡公使"时,"于该使馆秘书处见有张敬尧函件"[①]。

前督张敬尧之交涉目标,除要求日方废约退款之外,还因购械合同签订之后,日方生产所订军械,"用去十三万皮革费",因此"张敬尧许其少退"[②],即日方由应退还五十三万余元,降低到只退还四十万元,与江苏督军李纯泰平公司械款交涉数额等同。

张敬尧依时势变化,其械款交涉要求从废约退款、守约交械再到废约退款,几经变动。日本外务省主张拖延,既不交械,也不退款;陆军省因担心失去中国军售市场和日本国内经济萧条,主张守约交械;泰平公司夹在中间,无权决策。北京陆军部想占为己有,自然只会借事发挥,为己谋利。

张敬尧治湘时期的械款交涉,因受限于禁运,未有结果;离湘之后的张敬尧,其交涉更不可与在任湘督时期同日而语,诉求自难实现,甚至其械款交涉主体地位也逐渐为湖南所取代。

第五节　日本拖延交械对策的确立

一　日本外务省主张拖延交械

泰平公司由为陆军省主管,自会与陆军省保持一致立场,主张守约交械。因此,泰平公司只得转请兵器局,呈请陆军大臣,争取交械。

极密

兵器局呈陆军大臣:

关于停止供给支那兵器一事,在支关系诸国代表正在商议,一时难有结果。与此同时,支那中央政府及南方当局加强了海关把控。

因此,为求解禁,窃以为应当宣告服从申诉时期南北政府之妥

---

① 《胡美报告在京请款交涉:械款尚无影响》,《大公报》1922年3月2日第6版。
② 《昨日各公团大会议——一致对付日人》,《大公报》1922年9月9日第6版。

协决议,并在询问诸国政府意见之后实行。现支那政府及地方当局之中,订购有泰平公司武器而仍未交付者不在少数,频频来电催促,泰平公司无言以对。故特急禀东少将,以求兵器停供之解禁。

综上所述,在陆军省与外务省交涉的那一两周之内,支那方已经多次来函,在此恳请外务省尽快同意解禁。

外务省对上述事件定有自己的考虑,但我方斗胆总结了数点,希望陆军当局能衡量该几点之后再做考量。

一、关于兵器供给终止之事,不得不按照相关诸国商议结果处理。

二、诸国之中,其实是有一二国违反协议私自供给了兵器的,我国经营的泰平公司亦可效仿之。协议规定是铳炮弹药一类不许供应,可据传闻说美国意大利两国均有私自向湖南供给过弹药,尤其是英国用飞机运输军火,强辩为运输商用或交通用材料。我国停供军械,导致民间风评一度甚差。对于我政府而言,英美等国对湖南的支援乃是破约行为,公然背叛合约乃成既定事实。同时我方有相当数量的商人,通过汕头等港与河南秘密交易军火;若此事被他人揭穿,恐对我方相当不利。

三、因此,急呈书信一封,以求改善外交关系一途,重新与支那开始军火买卖。否则坐等诸国商议以后,我国将恐处于不利之势。万望三思。①

泰平公司及兵器局认为,既然美意英等有偷运武器出口中国、破坏禁运协议的行动,况且日本还有其他商人也在向中国出口武器,那么泰平公司履约交械也应可行。泰平公司与陆军省意见一致,争取交械,但外务省不同意。日本外交政策"二元化"特征下的"外主陆从",致使陆

---

① [日]防衛省防衛研究所,《兵器供給中止に関する件(1)》,陸軍省大日記陸軍省雑文書,兵部省陸軍省雑陸軍省雑,支那国へ供給兵器に関する綴,密受第461号,大正八年,国立公文書館アジア歴史資料センター,Ref. C10073208000,第1407—1410页。东少将即东乙彦,日本陆军大学校第14期毕业,曾任驻基隆要塞重炮兵第13联队司令官,时任日本驻华武官陆军少将,后升任中将。

军省和泰平公司的守约交械想法，受限于外务省而无法实现。

> 支极密四四二
> 大正八年十月二十五日
> 电报十月二十四日午后〇时三十分发，七时五十分到
> 东少将致陆军次官
> 关于与以湖南为代表的各省解约一事，我已在二十日通过电报向军械司长做了最后的确认。现江苏李纯处，也因为兵器供应之事，屡屡责难。
> 如不废弃与上述两省的契约，其他各省均将效仿，继而难以平息；另一方面，英国、美国以及意大利等国兵器集卖运动日益激烈（附十月二十一日当地泰平组合及本店的报告）。今对（支）兵器供应一事万望速决，否则恐有噬脐莫及之悔。①

由上可见，陆军省及泰平公司承压不小，其主张被迫由守约交械，转变为废约退款，借此息争。

> 大正八年二月五日
> 多贺大佐致陆军大臣
> 四日，李督军再三请求交付兵器。就兵器交付停止一事，再三向日本当局表明意图，声明应当向浙江及参战军交付兵器，未得回应，实属遗憾。我方虽有一再延迟交货的种种理由，但兵器如何使用是购买者的自由，仍然应当以人民的需求为己任，否则只会进一步丧失诚信。
> 意大利已交付了十挺小铳和一百四十多枚弹药，因此有些地方出现借款购买兵器的情况了。现听闻河南、湖南和山西省大量（从

---

① ［日］防衛省防衛研究所，《兵器供給中止に関する件（1）》，陸軍省大日，記陸軍省雑文書，兵部省陸軍省雑陸軍省雑，支那国へ供給兵器に関する綴，密受第461号，大正八年，国立公文書館アジア歴史資料センター，Ref. C10073208000，第1405—1406页。

意大利处）买入兵器，另外直隶和奉天也开始和（意大利）方面联系。为了人民，（意大利）可以减少利益，而一直毁约的日本，恐怕形象就要受损了。相比于从没有断过武器供应的意大利，我虽然谅解当局的苦衷，也理解延期交付是一种手段，但我诚挚希望国内（当权者）可以不被舆论所干涉，负起责任，不再犹豫不决。日本国情和苦衷我都理解，但是依旧想烦请当局多考虑考虑我的意见，不要等到（支那人）都去买意大利兵器了，才意识到不应该无限期地延迟交付。江苏省现在已经开始准备买意大利兵器了，经过我不懈的努力才把他劝说回来，最终答应在承认南方政权的前提下继续等待交付。江苏省对于经营策略来说重要万分，故而十分费心拉拢，请先交付给江苏武器。这次的回答对李纯来说十分重要，如若不成，焉复何存。望速回电。①

同时期与泰平公司签约购械并交涉的，除湖南外，还有江苏督军李纯。

因此，湘苏京以及其他省份开始转而购买意械，日本陆军省和泰平公司为在华军火市场份额急剧萎缩，深感担忧。

出于不利影响考虑，陆军省和泰平公司主张守约交械或废约退款。外务省承压之下，开始同意输华武器解禁。

  第九〇四三号
  大正八年十月二十七日本省发
  内田外务大臣致小幡公使
  第一二六三号
  在与列国协调之后，我方决定解除对支那的武器供给封锁。当时对支那实施供给封锁，皆因为当时支那南北内战大动干戈，现但

---

① ［日］防衛省防衛研究所，《兵器供給中止に関する件（1）》，陸軍省大日，記陸軍省雜文書，兵部省陸軍省雜陸軍省雜，支那国へ供給兵器に関する綴，密受第461号，大正八年，国立公文書館アジア歴史資料センター，Ref. C10073208000，第1424—1428页。

凡涉及者已被一律停职，之后支那也只用和平手段解决问题。这使得诸国的态度大为改观，表现出了对支那新既定方针的支持。

另，近期支那当局屡屡催促泰平公司，尤以湖南督军及北京督军为甚，甚至有要求遣还保证金的辞令，此事让泰平公司进退两难。现列国既已认同支那之新既定方针，我方亦不应多加刁难；应在合适时机，联系以湖南督军为代表的各位都督，详细解释为何终止供应兵器，同时承诺以最快速度派给诸地应交付之兵器，并代日本当局致歉，以图长足合作。另向外国商人等传达列国协调后之精神，告诫应以该精神为指导经商。后续详细情况请以电报进行详细报告。①

中国南北局势稳定，列强主张中国和平统一，开始促和。日本外务省在压力面前，通过协调外交，解除禁运，准备向与包括湖南在内的泰平公司购械签约方，尽快交付枪械。

内田第一二六三号电报同意解禁与尽快交械，而小幡的回电却明确了拖延作为械款交涉的日方立场。

第一四〇五号
大正八年十一月三日前一五二
小幡公使致内田外务大臣
关于贵电第一二六三号
十月二十九日深泽与陆军部次长罗开榜会面，详细转达了第一二六三号电报的精神。关于军器一事，私以为泰平公司应留有变通余地，并非想要延期交货，而是我方认为交付应在适当之时。其他国家的商人有卖给湖南江苏督军军器之人，且将兵器直接交付后为革命者所用，最终也难以完成交易（收回余款）。因此，鄙下认为，

---

① ［日］防卫省防卫研究所，《兵器供给中止に関する件（1）》，陆军省大日，记陆军省杂文书，兵部省陆军省雑陆军省雑，支那国へ供给兵器に関する缀，密受第461号，大正八年，国立公文书馆アジア歴史资料センター，Ref. C10073208000，第1412—1414页。

交付应当静待时机，急于交付并非上上之策。因此，对湖南南京等陆军部认为不稳的地区应当暂时延后交付，等形势稳定后再行处置，这样的做法想必长官也会谅解。若果如所料，合约不成，长官必将赞赏我等目光长远，而其他直接交货的商家恐怕将血本无归。结果我方太平公司只是晚交付一时，却可以避免如此大的风险。值此泰平公司处于立场艰难之际，我想只要修书一封，向陆军部长官陈明利害，再对督军方虚与委蛇，只称定当尽力即可，想必会同意，问题就是以湖南督军为代表（地方各省）与东少将的态度了。此事应交由泰平公司出差员代办联络代表。①

小幡公使基于规避日方风险考虑，向外务省提出拖延交械，且不废约退款的建议，并得到采纳；在陆外两省协商一致之后，这一建议成为日方关于械款交涉的指导方针。

二　日本陆军省坚持守约交械

日本外陆两省外交政策"二元"博弈仍在继续，陆军省坚持主张按照第四四二号机密文件尽快交械。

大正八年十一月一日陆军省接受协议，十月二十五日陆军次官收到东少将发来的第四四二号机密文件后，接受了外务省的意见。

支极密四四二号关于兵器供给解禁的信件，极大影响了外务省的决定，外务大臣命令驻支那小幡公使，以第一二六三号文件精神予以应对。②

---

① ［日］防衛省防衛研究所，《兵器供給中止に関する件（1）》，陸軍省大日，記陸軍省雑文書，兵部省陸軍省雑陸軍省雑，支那国へ供給兵器に関する綴，密受第461号，大正八年，国立公文書館アジア歴史資料センター，Ref. C10073208000，第1415—1418页。

② ［日］防衛省防衛研究所，《兵器供給中止に関する件（1）》，陸軍省大日，記陸軍省雑文書，兵部省陸軍省雑陸軍省雑，支那国へ供給兵器に関する綴，密受第461号，大正八年，国立公文書館アジア歴史資料センター，Ref. C10073208000，第1411页。

第五章　辛酉工赈预期路款之泰平械款 / 119

在泰平械款问题上，日本外陆两省意见仍存分歧，军方主张交械，外务省仍在迟疑，凸显出日本外交政策的外陆"二元化"特征。

  陆五三四
  大正八年十一月六日
  陆军次官致东少将
  有关兵器供给终止的书信
  关于"支极密四四二号（兵器供给终止解禁书）"的处理，正在与外务省进行沟通，必要的措施及手续正在进一步的协调中。如果支那方问起的话，可根据外务省发给小幡公使的第一二六三号电报精神进行应对。①

外陆两省就械款交涉一事，颇有分歧，外务省仍未同意解禁，外陆两省协商沟通并未有结果。

日方外陆两省对械款问题存有不同意见，出于争夺中国武器出口市场与干涉主义的需要，陆军省希望利用武器输华管制放松的机会，坚持交械。

  绝秘
  第 461 号 之 359
  大正九年六月十九日
  电报 六月十八日晚上 9 点整发
  六月十九日上午 10 点 50 分到达
  发报人：东少将
  收报人：陆军次官
  支四六八号

---

① ［日］防衛省防衛研究所，《兵器供給中止に関する件（1）》，陸軍省大日，記陸軍省雑文書，兵部省陸軍省雑陸軍省雑，支那国へ供給兵器に関する綴，密受第 461 号，其他，国立公文書館アジア歴史資料センター，Ref. C10073208000，第 1403—1404 页。

湖南兵乱之际，督军张敬尧向我皇军浜本大尉提出提供其所购买的武器的请求，此事想必您也多少听到了一些风声。前天在北京，（五字不明）。如果此事属实，根据营业法是可以正常销售的，但这样会招致各国批评。

对于此事，有统一南北梦想的督军代表，对小幡公使和泰平公司公开表示抗议。督军张敬尧认为泰平公司违约，迟不交械，有违我大日本帝国签约售械的契约精神，所以要求尽快交付兵器。然而，定金（五字不明），由于失去上述（八九字不明），所以要坚决进行武器输出；如若不然，要退武器定金给督军。他们没有其他方法购买武器。这一点您再仔细斟酌一下。

公使那边也应特意给我大日本帝国外务省发去电报，请求此事通过。督军的抗议书也一同附上。另外，支那对于我日本国和意大利签订武器合约的态度，我有试着询问意大利公使的意见。公使说，在十几日之前，曾频繁收到督促交付武器与督军的要求，这一点让公使非常为难。此时，日意两国相互帮助，为将来制定一个方针，承认可以出售武器。①

为避免退还购械定款和遵守契约精神，日本陆军省仍然坚持守约交械，并与意大利商定武器输华，要求小幡酉吉请求外务省批准。

与此同时，与泰平公司签有购械合同的北方各省政府，仍在交涉，不断施压，争取日方尽快交械。

大正九年十月一日发，十月二日到
支那公使馆副武官发陆军次官
支七〇五
本日通过与陆军总长的交谈，得知陆军技师熊树华来访，企图

---

① ［日］防衛省防衛研究所，《兵器供給中止に関する件（1）》，陸軍省大日，記陸軍省雑文書，兵部省陸軍省雑陸軍省雑，支那国へ供給兵器に関する綴，密受第461号，大正八年，国立公文書館アジア歴史資料センター，Ref. C10073208000，第1438—1439页。

要求返还契约兵器。最近各省督军告急请求日多，特别是北支那，因为饥荒各地均发生骚乱。为了维持治安，务必要把武器尽早交付，想必也是各省人民的希望。虽然勤勤督促，可是还没有想到任何方法能满足都督们的要求。现在日本经济十分萧条，（日本）不能像意大利那样死守规矩，也无法像英美那样巧立各种名目维持下去。十分抱歉，这份合约我们确实很难遵守。在此特意询问当局的意见，请务必告知，以期再会之时能有说辞遣还。①

在中方不断施压下，日本驻华使馆军方代表也曾动摇，即日本经济萧条与美意武器输华的背景下，日方也应守约交械，于日本经济和占有中国军贸市场份额都有利；然而，如果不能守约交械，就应废约，并且退还定款。可见，守约交械仍为陆军省的第一选择；如不能，则应废约退款，这恐怕又为外务省所不愿。陆军省以退为进，希望外务省同意守约交械，外交政策的"二元"博弈仍在继续。

　　支常报第八四号
　　大正九年六月二十四日
　　对支兵器供给一事
　　支那在勤帝国公使馆副武官东乙彦致陆军次官山梨半造 大人
　　关于对支兵器供给一事，对方屡次来函。值此之际，解决此事迫在眉睫。现陆军次长罗开榜效法江苏督军来催问兵器一事，可根据第支电四六八号及支常报第八二号《关于湖南兵器供给的书信》为参照，进行回答。此际十分考虑相成度。②

---

① ［日］防衛省防衛研究所，《兵器供給中止に関する件（3）》，陸軍省大日記，陸軍省雑文書，兵部省陸軍省雑陸軍省雑，支那国へ供給兵器に関する綴，密受第461号，其他，大正九年，国立公文書館アジア歴史資料センター，Ref. C10073208200，第1511—1512页。

② ［日］防衛省防衛研究所，《兵器供給中止に関する件（2）》，陸軍省大日記，陸軍省雑文書，兵部省陸軍省雑陸軍省雑，支那国へ供給兵器に関する綴，密受第461号，其他，大正九年，国立公文書館アジア歴史資料センター，Ref. C10073208100，第1494—1495页。

在中方不断催索与陆军省的施压下，外务省同意解除禁运，外陆两省于1919年11月就械款交涉达成拖延交械且不退款一致意见。

湖南督军张敬尧与江苏督军李纯以及罗开榜等一起，频频催问泰平公司与日本军方；但陆军省也不能完全撇开外务省，甚至不顾公使团禁运限制，交付械弹。

日本政府及外务省在欧美各国实行军火禁运之初，便表示了要与各国协调一致，除段祺瑞参战军（边防军）的武器外，其他地方省份如湖南、江西等一律停供。[①] 作为泰平公司幕后老板的日本陆军省，害怕延迟交货打乱其对华军事计划，一直主张守约交械。合同签约方泰平公司，能否守约交械得有外务省同意，可否废约退款得由陆军省决定，只能被动等待，但泰平公司立场与陆军省基本保持一致，即守约交械。从信誉与市场角度考虑，泰平公司甚至曾向陆军省提议，如果认为此次禁运是不可避免的，则可以等到"有一两国违反合约私自供给了兵器，泰平公司亦可效仿之"[②]。当然，外务省如能解禁，泰平公司当然求之不得。

尽管陆军省主张守约交械，但正处于日本对华政策"外主陆从"时期的械款交涉，外务省的拖延对策成为了交涉主导方针。陆军省和泰平公司，作为购械订约直接责任人，既要面对购买方要求交械或退款的压力，也要面对来自他国抢占中国军贸市场的竞争压力，被迫主张守约交械。外务省主张的国际协调外交，成为日本对华政策的主导；这一时期的械款交涉，外务省既要坚持国际协调下军火禁运，不同意陆军省的守约交械，也不愿顺从中方的废约退款，即损害己方利益，因此犹豫不决。外陆两省对华政策的"二元化"特征在械款交涉问题上体现得淋漓尽致，而"外主陆从"时期的械款交涉，却是陆军省的交械主张占据上风。

交械却未限定时间，交涉中的中方，仍对日方抱有幻想。

[①] 陈存恭：《列强对中国军火的禁运（民国八年——十八年）》，台湾"中研院"近代史研究所1983年版，第56页。

[②] ［日］防衛省防衛研究所，《兵器供給中止ニ関スル件（1）》，陸軍省大日，記陸軍省雑文書，兵部省陸軍省雑陸軍省雑，支那国ヘ供給兵器ニ関スル綴，密受第461号，大正八年，国立公文書館アジア歴史資料センター，Ref. C10073208000，第1407—1410页。

第六节　赵恒惕治湘时的械款交涉

一　湖南获悉张敬尧购械定款

张敬尧与日本泰平公司购械合同的签订，以及之后的械款交涉，一直秘密进行。国人获知张督购械定款一事，最晚是在合同签订半年之后的1919年5月16日天津《华北明星报》所载的《张敬尧之购械合同》。

《华北明星报》北京五月十六日通讯云，本访员近得湘督张敬尧与天津日人某洋行所订购军械合同一纸，其文略如下述：（一）湘督向日商购买三十八年旧式枪支一千五百杆，每支弹药一百发，刺刀刀鞘皮带等俱全，每枝价洋四十五元，共价六万七千五百元；（二）另购弹药十五万发，每百以九元半计算，共一万四千二百五十元；（三）湘督将陆军部进口执照交给日商后，即由该行将军械从大连运至天津在浦岸交货，除照约预付之款外，其余俟验货后，逐次付清；（四）合同缮成三件，由陆军部加印外厅，呈日领事馆存案。除上约外，又购某式手枪四十支，每支子弹一百发，价银一百五十五元，共洋六千二百元；另购子弹一万八千发，每百十五元，共价二千七百元。旋因此项手枪及子弹缺乏现货，将手枪各条取销。此约于民国七年八月间订立，十月间签字，现在已到枪支一千杆，弹药若干，到津后并未交货云。①

由上可知，张敬尧购买日械，"合同缮成三件，由陆军部加印外厅，呈日领事馆存案"，北洋政府是知悉的，只不过没有公开；国人知道此事，至少不会晚于《华北明星报》的报道，但此时湘人仍被蒙在鼓里。

张敬尧离湘后，继续在沪汉交涉械款。据1921年2月27日天津《益世报》报道，张敬尧向泰平公司购械，"由郭人漳、张尧卿两人所经手"；"迨军火运到，张去湘已久，郭张遂利用此机会，向日商交涉，无非垂涎

---

① 《张敬尧之购械合同》，《新闻报》1919年5月21日第5版。

此数十万订货之款，归还瓜分"。然而，此事"为湘人所闻，群电阻止；而湘中当道，亦已下有通缉郭张之通电，故郭张等未遑所欲"。"现日商某竟将此宗军火另行召售，闻其货概存于大连某行内。郭张等闻此，死灰复燃，又向日商提议，且恐湘人注意，不在京津接洽，改在汉口进行。"未料，汉口交涉，"为王占元所知，张尧卿拘获发押"，王占元意图发不义之财。"湘中当道现正电鄂要求引渡，处以极刑，正在函电交驰之中。"① 鄂督王占元通过拘押购械定款经手人张尧卿，想抢夺此项定款；湖南则向鄂省要求引渡，固守本属湖南的款械。

奢望借湖南泰平械款交涉一事发不义之财者，并非只有鄂督王占元一人，北洋政府也是其中之一。"奉命赴沪查办张敬尧经购日械之谢传安，电告张已往日，械事商苏齐，现就近与某洋行交涉。"② 北洋政府陆军部了解到张敬尧仍在沪汉继续交涉械款后，曾派谢传安赴沪查办此案。"据二十四日大阪朝日新闻上海特电"，"枪弹未到之时，张敬尧已经失败，而亡命于上海，乃要求泰平公司，取销契约，缴还现款。事为北京政府所闻，由陆军部派员赴沪交涉，要求将该项枪弹，由陆军部收受，不得要领而回。"陆军部占有此批枪械的直接动机是，"此次为讨伐蒙古，急需枪械应用，最近又派庄某携现款赴沪，运动将此项枪弹，购为征蒙之用"。③

当然，谢传安赴沪查办此案的目的，在于陆军部想将枪械收归部有，借图独占，但不得要领。

张敬尧离湘后在沪汉活动械款，由获悉该事的湖南旅京陆海军俱乐部湘人转告，湘人始得获知购械定款一事。据天津《益世报》1921年1月20日报道，张敬尧"款已交足，械弹未到，而张已出走。张在沪汉，迭向太平洋行要求解约退款，事为北京陆海军俱乐部湘人发觉，即向太平洋行交涉，请将械弹暂存北京，一俟大局统一，解还湘省"。此外，"旅京湘人特将详情，电告赵总司令"，湖南始才获知此事。"不料又为北京陆军

---

① 《张敬尧购械案新纠葛：日商另行召售，张敬尧在汉被拘》，天津《益世报》1921年2月27日第6版。

② 《查办张敬尧经购日械案》，《时报》1921年1月24日第3版。

③ 《政府又欲购买日械：张敬尧之遗毒未净》，天津《益世报》1921年4月29日第7版。

部查悉，谓应收归部有，湘人遂亲与靳云鹏交涉。靳氏对于此案，固不赞成归张，但仍主张收归陆部。"旅京湘人"请其（赵恒惕）力争"①。

湖南获知此事后，就开始力争此款；尤其是获知陆军部想收归部有之后，赵恒惕去电靳云鹏，强调了湖南解约退款、械款归湘的立场。1921年1月29日，赵恒惕去电总理靳云鹏，"张敬尧与日商缔结合同，既系以湖南督军名义，代表湖南政府，并非其私人资格；而其购械价金，亦系湖南政府之公款，并非出自私人或北京部者。湖南现为自主省份，则与日商太平公司交涉此案之主权，当然属之湖南政府。不仅久已褫职之湖南督军张敬尧，不得私派代表，干预此案，即北军部亦有不能越俎代谋之处，其理甚明。"陈述械款归湘的理由，并要求靳云鹏"不允张敬尧私人所派之代表，妄为干涉"。湖南希望将张敬尧和北军部排除在交涉主体之外。此外，湖南还将"派袁华选、漆英、刘华式等，代表湘政府直接向日商太平公司严重交涉"。依据刘漆袁②的任职经历，很有可能就是此三人首先获知张敬尧泰平械款事，因事关桑梓利益，才予以转告的。"非达到张敬尧任内所订购械合同，由湘政府代表更改，将其代付日金五十三万五千余元，悉数退还湘政府之目的不止。"③ 此时，张敬尧仍在以湖南督军名义活动械款，要求废约退款；湖南关于泰平械款的立场为废约退款、款归湘省。

二 太平械款充作辛酉旱赈

湖南基于上述理由，要求泰平械款归湘，而之后发生的辛酉旱荒，

---

① 《张敬尧购械秘密之披露：枪枝五千杆，子弹五百万粒》，天津《益世报》1921年1月20日第6版。

② 袁华选（1880—？），号士权，湖南新化人，毕业于日本陆军士官学校骑兵科，曾任国民党军陆军中将，军事参议院参议。漆英（1885—1954），谱名彰焕，原名芳馨，字育文，号爱公，祖籍醴陵沈潭江口，湘东区东桥镇凫田村人。1908年春，赴日本振武学校第11期学习，与蒋介石、张群、贺耀祖、方鼎英、何应钦等为同学。曾获四等嘉禾章、二等文虎章，曾被授予陆军军需总监（同中将衔）。刘华式（1883—？），字锡城，湖南新化人。第一期留日海军学生，曾被授予三等文虎章、三等宝光嘉禾章等，曾晋升海军少将，曾任北京陆海军大元帅府军事部海军署参事与东北海军第三舰队编译局局长等职。

③ 《赵总司令致靳翼青电》，《大公报》1921年1月30日第6版。

使索还械款的愿望更为强烈。辛酉旱荒发生后，筹办赈务的湖南华洋会，善款筹集愈艰，始有泰平械款充作辛酉赈款之议。辛酉春荒灾情相较于旱荒较轻，湖南赈务由湖南义赈会等几家慈善机构负责，善款筹募压力相对不大。此时湖南向北洋政府争取泰平械款，仅为表明态度，还未有紧迫压力。6月，以赵恒惕和熊希龄为会（理事）长的湖南华洋筹赈会成立，开始负责筹办辛酉春荒赈务。7月以来，全省持续亢旱未雨，旱荒开始形成。旱荒重于春荒，筹款愈艰，充械款作赈款当属山穷水尽之选。10月7日，华洋会召开继续办赈之中外人士大会议，总结春赈，"不免有种种困难，难餍各界人士之期望，皆我等财力短少时间促迫所致"。旱荒已经形成，"至目前旱灾报来者，计西路二十四县，南路十八县，中路十八县；其中有颗粒无收者，如新化宝庆等县；有收支四五成者，如华容等县；有收支三成者，如岳阳临湘等县；而沅陵县竟发现饥民几百，泸溪竟有聚众饥民二三千之多；其他宝庆等县，亦将有饥民出境。比较春荒，更为紧迫"。筹办旱赈，"又因湘省总向外省请款进来赈灾，自家毫不筹措，似说不去"。故有袁家普械款充赈的提议，"查出张敬尧同太平洋行订购军械款项五十三万元，除交付少数军械外，尚余五十万元之谱，拟索回作赈；外国人（太平洋行）业已承认交出，不过要北京政府有所表示；今若以赈灾为名，必可做到，但仍看吾人力量如何。"① 从袁家普关于泰平械款的陈述来看，除日方希望得到补偿，陆军部卷进此事，使械款交涉更加复杂之外，湖南对于械款抱有极大的希望，谨慎乐观预估械款交涉前景；当然，袁家普并未把话说死，认为械款交涉最终结果，还得靠自身实力去争取。赵恒惕虽未在会上表态支持械款充赈之议，但作为华洋会理事长，也不好加以反对；关键的是，械款交涉并未有谱，同意械款充赈，既能送个顺水人情，还能落得支持赈务之美名，何乐而不为。

干事会因旱荒严重，开始把械款充赈提上议程。1922年1月17日干事会"提议将前督军张敬尧与太平公司订购械款五十余万元拨作赈款一

---

① 湖南华洋筹赈会编：《湘灾周报第一号》（1921年10月16日）：本会纪事，载国家图书馆古籍影印室编《民国赈灾史料初编》（壹），国家图书馆出版社2008年版，第629—633页。

案"，"议决请总司令拨定此款赈灾"①。华洋会正式议决泰平械款充赈后，去函赵恒惕，"前湖南督军张敬尧，于天津日商太平公司，订购军械款项五十余万元一案，迭经湘人请求北京政府，将该款项交还湖南应用，迄未就绪。现在湘省各县灾荒情形，日形紧急。敝会统筹全局，需款浩繁，经于一月十七日干事会议公决，拟请贵总司令承认将此项械款五十余万元，既系以办赈名义，请求缴还，较为易于着手，且中外赈务当局，对于此案，谅必当乐于援助。此不独悬案可望结束，且权允办赈，亦属正当之用途。"并派饶伯师当面请示赵恒惕，希望"谅荷准行"②。

械款充赈之议得到了赵恒惕的批准，华洋会迅速着手械款交涉。1922年1月31日干事会上，报告了"总司令部函复准以太平公司购械款拨赈"案。华洋会即刻着手械款交涉，"电请熊理事及旅京湖南筹赈会并陆海部同乡人员，迅即交涉领出；又由总务部拟折说明事由，推韩理生饶伯师两干事携谒日领事，请其电求日本驻京公使照办；又电北京赈务处请为襄助"③。

三 湖南对索回械款之乐观预估

在械款充赈之议得到赵恒惕批准后，华洋会迅即着手实施交涉。1922年2月2日，华洋会去电"熊秉三先生，旅京湖南筹赈会，旅京湖南急赈会，并转范静生、马振五、陈梅老、刘霖生、刘子和、漆育文、刘华式、欧衡峰及旅京湖南同乡诸公，旅京湖南陆海军俱乐部诸公"，告知湖南械款立场及械款用途，"此项定金，原系湖南公款，自应仍由湖南取回。前由本会提议，请湖南总司令部将此款全数拨作赈济湖南本年灾民之用，旋准湖南赵总司令函复，应准照办"。恳请"诸公一致赞助，并

---

① 湖南华洋筹赈会编：《湘灾周报第十六号》（1922年1月29日）：本会纪事，载国家图书馆古籍影印室编《民国赈灾史料初编》（贰），国家图书馆出版社2008年版，第427—428页。
② 《筹赈会请政府帮忙：请总司令以械款五十万元办赈》，《大公报》1922年1月21日第6版。
③ 湖南华洋筹赈会编：《湘灾周报第十七号》（1922年2月12日）：本会纪事，载国家图书馆古籍影印室编《民国赈灾史料初编》（贰），国家图书馆出版社2008年版，第466—467页。

公推代表数人，向陆部、日使暨该公司方面切实交涉，务期该公司速将该项定金五十余万元，缴交本会，以作赈灾之用"①。此电明确了械款交涉对象为北政府陆军部、日本驻华公使及泰平公司。5 日，旅京湘人复电华洋会，械款交涉正在积极进行。

与此同时，华洋会去函华洋会理事、长沙日本领事池永林一，"拟请贵领事据情转电北京贵国公使，转令天津太平公司速将此款全数汇寄本会，以作赈款"，并"特派本会西干事饶伯师韩理生两君，晋谒崇阶，面请指示"②。希望早日争得械款。

华洋会除委托旅京湘人交涉械款外，还派遣西干事胡美赴京，直接与各方交涉。2月7日干事会议决，"推举胡美干事为械款交涉领取委员，进京交涉太平公司购械还款，及请领财务委员会八十余万款内拨二十万归湖南；又美国赈灾余款一百二十余万元，拨归湖南作为工赈之用；又向督办赈务处催发赈款"③。并于同日电致旅京湘人，"胡美君本日首途，抵京时，务希接洽，协助一切。"此外，同日致电对象还有日本驻华公使与陆军部，"该定金原系湖南公款，自应仍归湖南收回。前经本会函请湖南总司令部，将该款拨作湖南赈灾之用，交由本会散放。去后，业由湖南总司令赵恒惕函复，应准照办在案。除由本会于微日电致督办赈务处转大部通知和贵公使，饬太平公司将该项定金，如数交本会核收应用外，兹特派本会执行干事胡美君为该款交涉领取委员。"恳请"接洽，并指示一切"。

为便于到京后的接洽，华洋会备具专函，由胡美当面转交漆育文与刘华式，"天津日商太平公司，与前湖南督军张敬尧订购军械，应行交还之定金五十三万元一案，经湘政府承准将款收回，办理湘赈；业由敝会分电陆军部及驻京日公使，请饬遵办；并于冬庚两日电达台端，来京向中各当局办理此案交涉及领款回湘外，谨备具芜函，交由胡君携京面呈台端，恳祈分劳接洽，并将对于此案一切交涉手续，随时与胡君协商一

---

① 湖南华洋筹赈会编：《湘灾周报第十七号》（1922年2月12日）：文电，载国家图书馆古籍影印室编《民国赈灾史料初编》（贰），国家图书馆出版社2008年版，第441页。

② 湖南华洋筹赈会编：《湘灾周报第十七号》（1922年2月12日）：文电，载国家图书馆古籍影印室编《民国赈灾史料初编》（贰）；国家图书馆出版社2008年版，第441页。

③ 《筹赈会昨日议事录》，《大公报》，1922年2月8日第6版。

致进行。"①

而且，赴京交涉专员胡美将华洋会所备专函，"经本会转商湖南省政府，议以贵国商人天津太平公司，与前湖南督军张敬尧订购军械，应行交还之定金五十三万元，拨充赈款。事关救济灾黎，谅为贵公使所允许"②，当面转交日公使，要求日使小幡酉吉退还械款，以应旱赈之急需。

由上可见，此时因旱荒灾重，赈款支绌，华洋会开始多方着手，极力运动械款。

初对充赈械款交涉前景持乐观估计的华洋会，在收到北京电复之后，发现并不如预期顺利。2月12日熊凤凰电复华洋会，在胡美赴京前，熊希龄派其秘书董显光与日方交涉了一次，"至太平公司械款事，前月曾派董君显光赴日使署交涉，日使正病，晤其参赞西田君。据云，张敬尧现正在津延律师争此存款，恐多枝节"，提出建议，如"湘省日本领事能有函切托小幡公使，更为有力"③。可见，董显光的交涉，连小幡公使的面都没见上，除获得张敬尧还在争取械款的信息之外，并无实质性的交涉进展。熊希龄认为可能是交涉不够正式，所以才建议华洋会应加派一个代表，如有池永林一出面可能会更好。

针对熊希龄的建议，华洋会17日干事会议决，并于次日再去电熊希龄。"承示太平公司交涉经过情形，并明嘱由本会推举代表，与胡美君再往要求，亟应遵办。"但为节省时间与经费，只能"恳请台端再推选旅京

---

① 湖南华洋筹赈会编：《湘灾周报第十八号》（1922年2月19日）：文电，载国家图书馆古籍影印室编《民国赈灾史料初编》（贰），国家图书馆出版社2008年版，第482页。

② 湖南华洋筹赈会编：《湘灾周报第十八号》（1922年2月19日）：文电，载国家图书馆古籍影印室编《民国赈灾史料初编》（贰），国家图书馆出版社2008年版，第485页。

③ 《熊凤凰电告械款交涉》，《大公报》1922年2月17日第6版。董显光（1887—1971），浙江鄞县茅山乡董家跳村人。父母信基督教。清光绪二十五年（1899）迁居上海。早年就读上海中西书院、清心中学、民立中学，毕业后执教奉化龙津中学堂。宣统元年（1909）自费赴美，入密苏里州巴克学院留学，后转密苏里大学、纽约哥伦比亚大学普利兹新闻学院专攻新闻，兼任《独立》杂志特约书评撰稿人。1913年春回国，经孙中山介绍，任职《中国共和报》（英文），1914年任英文版《北京日报》主笔。1916年任全国煤矿事务总署总办熊希龄的秘书，继随熊至顺直水利委员会，后任《密勒氏评论报》副编辑，其间一度赴美任《北京时报》驻华盛顿记者。1925年于天津创办《庸报》，1928年皇姑屯事件后，于报上揭露日本当局是炸死张作霖的凶手。后任上海英文报《大陆报》总经理及蒋政府诸多要职。著有《一个中国农夫的自述》（又称《董显光自传》）《中国和世界报刊》等。

湘绅一人担任本会代表，就近与胡美君，商同一致进行，并请就推定姓名电告到会，以便分别转致"①。

22日，人在上海的熊希龄回复华洋会，已就械款交涉一事，"分函陆部"②。

25日，华洋会去函蛰居上海的谭延闿与纺织大王聂其杰等旅沪湘绅，陈述"此间荒象日紧，省城及湘潭已大起恐慌，禁止谷米出境。此种风潮，影响所及，甚为危险"。希望"诸公会同旅沪各湘绅，一致就近分途接洽""交部及太平公司各款"③，以救紧急。

北京赈务处表示，对湖南械款交涉请托的回复爱莫能助。14日赈务处回电，因交涉并非属于其法定职能，也只能"照案分函陆军外交两部转行日本公使饬查办理"④。

此时，陆军部仍未放弃占有械款的念头，湖南方面只得再次交涉，希望陆军部成全湖南械款充赈。为此事，旅京湖南筹赈会20日复电华洋会，关于械款交涉，已由旅京筹赈会"正式向陆军部陈请发还。一面由会推举漆英、刘华式、梅馨、危道丰四君为代表，与陆军部接洽矣。俟有结果再复"⑤。旅京筹赈会推派四代表交涉，希望陆军部不要染指械款，拨归湖南充赈。

除此而外，赵恒惕也去电陆军部，请求其放弃争夺械款。"现据全省各公民要求，以此款拨交湖南华洋筹赈会充作赈款"，"务恳俯念此项请求，系以湘省应行收回之款，救济湘民迫不及待之灾。办法实为平允，准予据呈批准"，并恳请陆军部，"转行太平公司照案清偿，交由该代表

---

① 湖南华洋筹赈会编：《湘灾周报第十九号》（1922年2月26日）：文电，载国家图书馆古籍影印室编《民国赈灾史料初编》（贰），国家图书馆出版社2008年版，第522—523页。
② 湖南华洋筹赈会编：《湘灾周报第二十号》（1922年3月5日）：文电，载国家图书馆古籍影印室编《民国赈灾史料初编》（贰），国家图书馆出版社2008年版，第571页。
③ 《筹赈会替湘民到处请命》，《大公报》1922年2月26日第6版。
④ 《赈务处电告械款交涉》，《大公报》1922年2月18日第6版。
⑤ 《旅京筹赈会关于械款之三电》，大公报1922年2月21日第6版。梅馨（1878—1928）字植根，一作子耕，湖南汉寿人，1924年北洋政府授将军府开威将军。危道丰（1884—1949），字芑滨，号从洛，湖南省黔阳县人。

等具领，汇交湖南华洋筹赈会领收，无再藉延"①。

直到6月份，陆军部才放弃占有湖南械款的念头，并批准湖南械款充赈。从"袁家普等致北京陆军次长请将太平械款迅速汇湘电"中可知，"日商太平公司械款，拨交本会充赈一案，业蒙钧部核准"②。

华洋会在械款交涉初期之所以乐观预估结果，无非是基于合约的欠债还钱的朴素想法；而且，所还之款仅用于救济灾黎，而非其他，认为具有道义上的正当性。

湖南乐观预估时的交涉之所以无果，实因并未全面了解其交涉对手的情况。首先，于日本对华政策的变化不了解。其次，更未了解日方内部关于械款交涉的分歧。因此，华洋会一开始就把交涉对象全面铺开，希望一举成功。殊不知，没有选择突破重点，找到日方内部关于械款交涉的分歧。湖南在日本驻华公使方面花费精力不少，而正是外务省，尤其是小幡酉吉公使强烈主张既延不交械，也不退款；一直主张守约交械的陆军省，反倒并未成为交涉的主攻对象。

四 械款交涉愈加复杂

胡美到京后，先会晤了陆军总长，并将交涉情况汇报回湘。"今日访晤陆军总长，与之谈及，意思尚好，退款之事归彼办理也。"③ 鲍贵卿态度尚好，承认陆部先前已接受委托，负责械款交涉。几天之后，胡美再将械款交涉详细情形报告华洋会。因泰平械款事"特访北陆军总长鲍贵卿，适鲍因目疾住协和医院。至该院一晤，鲍极为感动，答复亦称圆满"。"复访日本小幡公使，竟不得要领，并于该使馆秘书处见有张敬尧函件。"陆军部鲍贵卿应允代为交涉，张敬尧仍在活动械款；小幡态度貌

---

① 湖南华洋筹赈会编：《湘灾月刊第一期》（1922年4月）：文电，载国家图书馆古籍影印室编《民国赈灾史料初编》（叁），国家图书馆出版社2008年版，第9页。

② 湖南华洋筹赈会编：《湘灾月刊第三期》（1922年6月）：文电，载国家图书馆古籍影印室编《民国赈灾史料初编》（叁），国家图书馆出版社2008年版，第136—137页。金永炎（1880年—？），号晓峰，湖北黄陂人，毕业于日本陆军士官学校4期。金绍曾（1873—？），字益庭，直隶天津人，毕业于保陆军军官学校，1922年5月9日—1923年6月13日期间主政陆军部。

③ 《胡美函告交涉赈款详情：械款尚在进行》，《大公报》1922年2月22日第6版。

似模棱两可,"据该秘书云,此款须得中国陆军外交两部及日本陆军外交两部、日本使馆、张敬尧、湖南政府、太平公司八方面之同意,始可退还"①,实则日方想使械款交涉复杂化,以图拖延。

胡美于日本使馆秘书处见有张敬尧函件,并且日本驻华使馆秘书主动透露退还湖南械款的条件,实属有意为之,是日本械款交涉指导方针的结果。日方交涉态度很好,且主动透露,貌似支持湖南,但既不说不还款,也不说不交械,是小幡第1405号密电拖延政策的具体表现;而且,须经八方同意的潜台词,暗示非日方有意不还械款,而是牵涉面太广,非日本一方所单独能成,意图推卸责任;还能使简单问题复杂化,更好地实现其拖延交涉方针。

其实,早在1919年11月,日本外务省就以小幡公使第1405号密电的拖延建议,作为械款交涉的指导方针。因此,董显光交涉时小幡的称病拒见,胡美交涉时小幡的顾左右而言他,也就在情理之中了;只不过苦了仍然蒙在鼓里的中方,尤其是等米下锅的湖南。

蒙在鼓里的湖南方面,仍在按照交涉标准程序操作,其乐观预估还未破灭。"此间荒情日迫,向所列为二三等灾区者,现皆变为特等紧急;内地谷米已无可以流通之望,非得大宗赈款向外采买杂粮,无法救济。"为此,1922年3月14日干事会议决,并于17日去电熊凤凰,续派第二批"韩理生、袁家普两干事晋京接洽"②。"佳日(九日)回京"后的熊凤凰也答应,"设法""太平公司械款"③。22日,韩理生、袁家普携带会函进京,一则分函北京赈务处暨财务委员,"日商太平公司应还购械定款,久未解决,于赈务无法进行",希望其"分神接洽,磋商指授一切,以便进行";一则分函陆两部与日本公使,因"饬令太平公司将张前督购械定款交还,充作赈款,迄今尚无完善解决办法,以致赈务无法进

---

① 《胡美报告在京请款交涉:械款尚无影响,美款颇有着落》,《大公报》1922年3月2日第6版。
② 湖南华洋筹赈会编:《湘灾月刊第一期》(1922年4月):本会纪事,载国家图书馆古籍影印室编《民国赈灾史料初编》(叁),国家图书馆出版社2008年版,第28页。
③ 《熊凤凰与筹赈会关于赈务之商榷》,《大公报》1922年3月18日第6版。

行",恳请"届时俯赐接洽指示一切"①。华洋会仍在争取早日归还湖南省有之款。31日熊希龄回电,告知械款交涉近情。"韩袁两君,已于昨赴津,与鲍陆长函商太平械款事,允设法,似有可望。"②

鲍贵卿爽快应允,韩理生与袁家普已去泰平公司代理店天津大仓洋行直接交涉,貌似一如既往地顺利,对索回械款,似乎抱定乐观成见。

韩袁两干事在京未还,械款交涉似有眉目,华洋会于5月22日去电北京陆军外交两部,再请因公北上的北京赈务处驻湘代表朱德全,"叩谒崇阶,代伸忱悃。敬乞俯赐接洽,指示此案一切进行办法,俾得有所遵循",恳请"钧部一致严加催促,无任再行藉延,贻误灾黎"。此时,泰平公司"一味支展,抗不履行",且"废约交款已否定有限期"③,日方仍在拖延。至此,械款交涉八方陆续全部登场。

华洋会晋京交涉之三代表,"迭次向日领事交涉发还械款作为湘赈",5月23日袁家普电湘,械款交涉"颇有希望"④。

辛酉旱荒迁延所致之壬戌春荒,一天比一天严重。5月25日,华洋会就"向交陆两部速催到期米盐公股款及太平公司械款",只得再电催"北京熊理事、马振武先生","务恳即日召集会议,举人分向各部处从严催促,并其他或有可以设法腾挪之处,均祈积极进行,务于最短期间,得有大宗赈款来湘,方足以图救济"⑤。

同时,华洋会再次致函日本驻湘领事池永林一,泰平公司"对于此款,法律上虽不能表示拒绝,而手续上不免故意迁延,以致废约交款,迄今尚未履行"。希望"贵领事鼎力援助,惟予将湖南灾状,及此款关系

---

① 湖南华洋筹赈会编:《湘灾月刊第一期》(1922年4月):文电,载国家图书馆古籍影印室编《民国赈灾史料初编》(叁),国家图书馆出版社2008年版,第24页。
② 《熊凤凰电告索款近情》,《大公报》1922年4月4日第6版。
③ 湖南华洋筹赈会编:《湘灾月刊第三期》(1922年6月):文电,载国家图书馆古籍影印室编《民国赈灾史料初编》(叁),国家图书馆出版社2008年版,第140页。
④ 《发还械款交涉之近讯:还是颇有希望》,《大公报》1922年5月24日第6版。
⑤ 湖南华洋筹赈会编:《湘灾月刊第三期》(1922年6月):文电,载国家图书馆古籍影印室编《民国赈灾史料初编》(叁),国家图书馆出版社2008年版,第135页。

赈务重要情形,电致贵国驻京公使及天津太平公司,请其即时解决"①。池永林一早知日本外务省的拖延方针,其是否真有催促归还湖南械款行动,值得怀疑。泰平公司虽口头承诺废约退款,但又否定有限期,实为拖延。

在京交涉械款的湖南代表,恰逢第一次直奉战争,奉张战败,奉系陆军总长鲍贵卿下台。这一人事变动,使代表湖南械款交涉的陆军部代表再易其人。新上任的直系陆军部代总长金绍曾,对待械款交涉态度不明。华洋会袁家普干事只得再次去电陆军部,"日商太平公司械款,拨交本会充赈一案,业蒙钧部核准,转咨外交部向日使及该公司严重交涉在案",重申北陆军部已做出的承诺,希望不要出现新官不理前朝事,恳请"俯念万分困难,与益庭次长会商最捷速之办法,俾得即时解决,藉救孑遗"②。

在京交涉两月有余,终在6月3日华洋会干事会议上,返湘袁家普报告了械款交涉详情。"大约自奉直战后,张敬尧之阻力,已不成问题。由陆军部负责交涉,向日人索回汇款。其理由系认定此款此约,均系张敬尧以地方官资格向日人交涉所成。今张既去职,则政府当然有全权处理。大约二三月内可望有成。"③ 华洋会对械款交涉仍持乐观预估。

袁家普的汇报倒是乐观,然而事实却是:一是根据局势变化和形势发展,华洋会和湖南方面主观认为,可以排除张敬尧作为交涉方的资格,但此并非湖南或北政府所能算定,得由日方决定。理由如下:直到现在,湖南甚至北京方面,并没得到购械合同正式文本或定金收条,只是依据购械定款为湖南人民所出,应归湖南所有。依据合同,日方既可归还械款于张敬尧这一签约方,也可还款于湖南或交械于北政府。械款交涉中的日方,就械款归还对象,处境尴尬:于法,应归还合同签约方,即张敬尧;于情于理,可归还湖南赈灾;于势,可归还北政府;归还三者中

---

① 湖南华洋筹赈会编:《湘灾月刊第三期》(1922年6月):文电,载国家图书馆古籍影印室编《民国赈灾史料初编》(叁),国家图书出版社2008年版,第136页。
② 湖南华洋筹赈会编:《湘灾月刊第三期》(1922年6月):文电,载国家图书馆古籍影印室编《民国赈灾史料初编》(叁),国家图书出版社2008年版,第136—137页。
③ 《筹赈会之干事会议》,《大公报》1922年6月4日第6版。

的任何一方，都会使另外两方不满。因此，从实际操作层面来看，日方选择拖延应有这一方面的考量，当然关键还是日方不愿还款。因此，张敬尧之械款交涉资格的排除，完全取决于日方；日方为维护自身利益的最大化，当然上策为以拖延为手段的不还款政策。一是仍在乐观估计械款交涉前景，殊不知，一直被日方玩弄于股掌之间。

6—7月份，华洋会仍以原有方式与途径，催促北洋政府，代为交涉械款。17日，代表湖南地方民意的评议会，开始出面催款。"讨论电争太平公司械款作为赈款案。表决一面以评议员名义去电，一面请各公团去电力争，并举起草员四人。"① 23日，华洋会再次去电陆外两部，"现时该公司废约交款，已否定有限期"，恳请"钧部一致严加催促，无任再行稽延，贻误灾黎"。并再派因公北上的赈务处驻湘代表朱德全，"叩谒崇阶，代伸忱悃，敬乞俯赐接洽，指示此案一切进行办法，俾得有所遵循"②。25日，华洋会又去电熊秉三、马振武等旅京湘绅，"此间灾情其最紧急者，初犹此湘西一带及中路宝庆、新化、安化各属"，后"南路一带之零陵、新田、宜章、桂阳、临武、永兴、耒阳、祁阳、常宁、郴县、永兴各属"，"又成为芷江、麻阳之现象"。因此，只得恳请"即日召集会议，举人分向各部处从严催促""日商太平公司应还械款"③。

湖南械款交涉的耐心，渐现耗尽之势，对交涉前景也不再乐观。27日，袁家普再次去电北陆军部，"窃念此项械款成熟之迟速，为吾湘灾民生死重要之关头；幸蒙钧部积极主持，根本已成铁案"，而泰平公司"对于此款，于法律上虽无可抗拒之理由，而事业上不免藉词支展，以致废约变款，延不履行"，恳请"俯念万分困难，与益庭次长会商最捷运最圆满之办法，俾得即时解决，藉救燃眉再生之赐"④。

同时，再次去函日本驻湘领事池永林一，"天津太平公司应还湖南购械定款，久经湖南赵总司令电达北京陆军部，请以此款拨交本会充赈，并经陆军部核准转咨外交部向贵国驻京公使及该公司交涉在案。惟

---

① 《筹赈评议会议事纪略》，《大公报》1922年6月18日第6版。
② 《筹赈会又电索械款》，《大公报》1922年6月24日第6版。
③ 《筹赈会为灾民呼吁》，《大公报》1922年6月26日第6版。
④ 《筹赈会又电争械款》，《大公报》1922年6月28日第6版。

该公司对于此款，法律上虽未能表示拒绝，而手续上不免故意迁延，以致废约交款，迄今尚未履行。"希望"贵领事鼎力援助，准予将湖南灾状及此款关系赈务重要情形，电致贵国驻京公使及天津太平公司，请其即时解决"①。

此一时期械款交涉的结果，泰平公司虽承诺废约退款，但又否定有限期，日方拖延致使"太平公司械款现正在进行中"②；而且，"太平公司与交通部旧欠两款，能否办到，尚无把握"③。正如《大公报》"华洋会特别调查"所言，"械款及米盐公股，亦几夫纯以华洋会名义交涉，械款尤极惨淡经营"④。日方的一再拖延，使湖南放弃了对械款交涉的乐观预估，开始认识到了交涉的困难程度，更使湖南态度开始变得强硬。

五　湖南械款交涉态度趋向强硬

因日本人在湘霸凌行径，激起了省内的反日情绪，且日益高涨。

日商凶殴饥孩案之交涉。1922年4月30日，新化县饥民张陈氏携二子在长沙太平门日商石井照相馆前乞食。馆主石井米吉郎用棍殴张陈氏，其子张先榜见母被打，在外呼号救人，又被馆主掐颈殴打以致命危。案发后，长沙各界甚为愤慨。省学生联合会、新化驻长沙筹荒会、新化学会、省会政绅、学商纷纷召集会议，一致主张向日领署提出严重交涉，并决定通电中外，控诉日本人凶殴灾民暴行。省会各界举行国耻游行大会，推选代表赴省署及省交涉署请愿，要求严惩凶殴饥民的凶犯。在市民的强烈要求下，交涉署与日领署进行多次交涉。日领事先以张先榜生死未定，拒绝谈判；后又歪曲事实，反诬张陈氏母子"阴入厨室，意欲行窃，被宅主发现，强逐室外，其子张先榜将石井照像馆玻璃打破，石井米吉郎愤其行为不法，轻击颈部，不料事出意外，忽起脑振荡之症"。同时，还指责"本埠华文报纸，籍无据事实，揭载排日纪事，惹起不祥

---

① 《函请日领援助争还械款》，《大公报》1922年6月29日第6版。
② 《熊凤凰关心赈务》，《大公报》1922年7月4日第4版。
③ 《赈济湘灾之筹款方法》，《大公报》1922年7月17日第6版。
④ 《特别调查：华洋筹赈会之经过及其内容》，《大公报》1922年6月30日第5版。

之事",要求政府严行取缔,饬令更正。

日本长江玻璃公司工人行凶殴伤长沙居民案之交涉。1922年7月13日,长沙居民雷兆纶在自家门前购买蔬菜时,不慎菜篮触及前来买菜的日本长江玻璃公司工人吉田、中野两人。吉田、中野竟拳足相加,并持扁担殴打雷兆纶,致使雷头部、胸部受重伤,血溅全身。两个日本人还持菜刀追杀雷兆纶,幸被数名巡街警察将刀夺去。吉田被巡警拘捕,中野逃脱。事件发生后,省交涉署即与日本驻湘领署严重交涉。次日,红十字会医院、省教育会等各公团及长沙市南区居民联合向交涉署请愿,提出向日领事交涉的六项要求:"依法惩办凶犯;赔偿损失费及医药费;伤者如有生命危险,须将凶犯依法偿命;日政府须担保受伤人病愈后不发生后遗症;凶犯须至省政府及受伤者家中道歉;以后日人无论何处,再不得行凶。"经省交涉署交涉,日领事对案件发生表示歉意,答应惩办凶手,赔偿医药费,并正式备文答复。但时隔数日,日领署并不信守诺言,久不答复。7月下旬,省教育会、报界联合会、铁路学生会等公团又呈文省政府,要求再次向日领署严重交涉。同时声明,如不达目的,即定期举行游行大会,并抵制日货。经交涉署多次交涉之后,日领署正式答复,谓:"口角斗殴事件,应相当处分,不允赔偿。至此等事件之发生,希华人方面不加侮辱。"交涉署据理驳争,日领署未予理睬。①

沅江日本戴生昌彩霞轮淹毙船民案。"八月廿六号,有日本戴生昌之彩霞小火轮,自常德驶抵该处,拖带帆船一只,满载客人百余名。将泊墩船时,该轮不顾拖船,在江中将船身急转,以致拖船倾斜,所有搭客,尽行入水。除少数知水性者幸免于死外,其余六十人,概被淹毙。该轮员役,均畏罪潜逃。"② 日方"不但不偿人命,而日领反要赔偿扣押该轮损失"③。

对在湘野蛮行径,日人不仅不反省,反而倒打一耙,致使交涉无果,进而使省内反日情绪更加高涨。在此背景下,湖南对久拖不决的械款交

---

① 湖南省地方志编纂委员会编:《湖南省志·政务志·外事》(第四卷),湖南出版社1996年版,第38—39页。
② 《戴生昌溺毙搭客之真相》,《大公报》1922年9月5日第7版。
③ 《昨日各公团大会议——一致对付日人》,《大公报》1922年9月9日第6版。

涉的态度，也逐渐趋于强硬。

此时，日本外陆两省对华外交政策分歧越发明显。"1923年，中国掀起大规模的排日运动，使得日本国内众多人士，尤其是陆军，开始对原敬内阁以来的'对华不干涉政策'和在中国政策上的'国际协调主义'表示反感。"① 尽管日本陆军省仍坚持尽快交械主张，但外务省仍力主拖延，中日泰平械款交涉仍未取得几许进展。

湖南辛酉旱赈尤其是潭宝赈路，等米下锅日蹙。1922年6月初，美款代表柏克择定修筑潭宝赈路；同月，经省议会讨论决定，湖南省公署发函公告，"太平公司械款、印花税款、赈票，均应提作修路费用"②，正式确认将泰平械款作为潭宝赈路路款。至7月，修筑已有月余，然因"潭宝路线所需地价，大约估计在四五十万元之谱"③，尚无着落，"潭宝工赈，现已停顿"④。潭宝赈路耗尽美款，未及赈路一半，"潭宝路现因款项支绌，修至永丰，即已不前"⑤。

灾情日重，赈路筹款维艰，期盼甚殷的泰平械款，又久索未还。湖南械款交涉耐心已经耗尽，态度转为强硬。

1922年7月8日，评议会也去电日本公使和北政府，强烈要求日方退还械款。"现时灾情益亟，饥民忍死须臾，专盼此款为唯一之续命甘露。讵料该公司之挹延如故，而灾民之死亡愈多。纵云天灾，亦莫非该公司捐款所致。我虽不杀伯仁，伯仁由我而死，该公司实难辞咎"，希望日使"责令该公司立即废约还款"。评议会强硬表态，"如该公司任意支延，仍未履行，既不顾商业之信用，又不恤友邦之灾情，则是有意与我湘人为难；我全湘之奄息饥黎，断不能甘默就死，不幸和气一伤，湘民无论有何对付贵国商人举动，均需由该公司负责。"评议会不惜以威胁口

---

① 郭循春：《20世纪20年代日本陆军在对华决策中的地位与"二元外交"》，《世界历史》2018年第1期。
② 湖南华洋筹赈会编：《湘灾月刊第四期》（1922年7月）：文电，载国家图书馆古籍影印室编《民国赈灾史料初编》（叁），国家图书馆出版社2008年版，第228页。
③ 《省署答复购地之确切办法》，《大公报》1922年7月16日第6版。
④ 《筹赈会对于购地之疑难：暂缓执行解散之议》，《大公报》1922年7月13日第6版。
⑤ 《筹赈会电催路工款项》，《大公报》1922年11月17日第6版。

吻，要求日方退还械款。评议会还致电北京陆军部、外交部、赈务处、救灾协会，恳请"再催促日商太平公司速还械款，并电天津日商太平公司请轸念湘灾，立即废约退款"①。湖南对待械款交涉的耐心已经耗尽，态度转为强硬。

7月19日，华洋会再次去函陆外两部，提请再次向日方严重交涉。"日商太平公司械款拨充本会助赈一案，迭承钧部转向日使及该公司严重交涉，不特为湘省收回债权，且为全省无量灾民生死重要之关头"，"以前所受各方面支给赈粮赈款均已丝毫罄尽，亟盼此项械款刻日交还"，务请将"法律上久已成为铁案"的械款，"严订期限，无任稍涉迁就"②，归还湖南施赈。

日方仍在继续拖延，既不交械，也不退款；陆军部已放弃将此笔款项"收归部有"的想法，转作湖南赈款。

此时在京负责交涉械款的华洋会干事欧本麟，在给袁家普的函信中，谈到了交涉的情况。"在太平公司款项事，得晤范危（范源廉和危道丰）两君，据云正在进行。惟旅京各代表住址散漫，集合非易，于进行上不无濡滞。查此款为象征之急需，倘不从速图谋，恐难达到目的。"③械款为急需，应从速图谋，否则难成。

29日，评议会第十七次临时会议，再次讨论索还械款问题。主席蒋育寰通报之前交涉情况，"索回械款以充赈款案"，"已由本会讨论多次，均主张通电交涉。曾经分电北京外陆两部，及日商太平公司、日使馆，业经干事会屡次力争，迄无把握"。"本会究应用何种手续力争，请讨论。"张声树主张："（一）请湖南交涉员直接向日本领事交涉，请转电日使责令太平公司退款。（二）由本会直接请北京外陆两部向日使交涉。（三）用何种方法与张敬尧代表交涉，将尧手所持和约收回，以免日商藉词支吾。"讨论结果，"推请本会两主任向干事会协商办法，一致进行"④。张氏所主张前两条，干事会一直在进行，迄无效果，可见仍不了

---

① 《筹赈会致日公使电：催促退还湖南械款》，《大公报》1922年7月9日第6版。
② 《严重交涉械款之去电》，《大公报》1922年7月20日第6版。
③ 《赈务处派员来湘调查赈务：欧本麟之缄告》，《大公报》1922年7月25日第6版。
④ 《筹赈会之评议会议》，《大公报》1922年7月30日第6版。

解日本对华政策的转变以及日本外陆两省在械款交涉问题上的"二元化"分歧。而收回张尧卿手中和约，为法律手续所必需，貌似颇有新意，但难在张尧卿、杨葆琛、黄中①等仍在通缉名单当中，想从张敬尧手里拿回购械合同与收款凭证，恐非易事。即使能够收回，也得做出不小的让步。

8月份，省内反日情绪高涨，械款交涉态度越发强硬。18日评议会讨论"应否用严厉举动索回械款，以充赈款案"②。

虽有众人拾柴，火焰并未高。日方仍旧拖延，械款交涉希望无期。8月22日，宝庆人马鄰翼去信袁家普，报告前段时间械款交涉情形。"械款一节，前信育文、苞滨、雁峰、锡城诸君到本京太平公司交涉一次。该公司谓此项交易，乃中政府与日政府之关系，彼行不过为奉命出面者，无解决此事权能。"泰平公司竟然否定诸君交涉资格，并且"弟等再三声说，我国外交部早据筹赈会请求，知照日本公使，转饬太平公司废约交涉；渠云不知道"，泰平公司装聋作哑。"昨十四号□□□苞滨，□外交部□次长。商洽结果，由筹赈会再缄外交部，□□太平公司交涉经过情形。外交部一面□□日本公使通饬泰平公司知照，一面缄复筹赈会，俾有交涉□□。现正照此办理，可将阂隔打通，□□开出一条正大道路。""至于效果如何，□俟彼方接受交涉□之切实谈判后，方能得其真相，容缓陆续报告。""械款与米盐公股本息，仍当积极进行，绝不松懈。惟中枢负责无人，恐不易收效果，亦尽人事已耳。"③ 泰平公司干脆以"不知道"推脱，不过，此"乃中政府与日政府之关系，彼行不过为奉命出面者，无解决此事权能"，倒也算是句实话。马鄰翼所说与外交部之"商洽结果"，其交涉途径与方式，并无新意，不见得能"开出一条正大道路"

---

① 黄中即黄雁九（1887—1951），名中，字晏久，长沙县开慧乡人。留学日本，毕业于千叶大学，又入陆军士官预备班学习军事，与后来担任侵华日军总司令的冈村宁次为同学。在日留学时，与孙中山、黄兴、宋教仁、胡汉民等有文谊，曾是早期同盟会会员。回国后，担任长沙市政筹备处科长、四川陆军测绘学校教员、川军某部高参等职，抗日战争期间，湖南沦陷时，曾任伪湖南省政设计委员会主任委员。黄雁九曾在伪政府任职，参与了日本对湖南的经济掠夺。曾在湘潭举办电力实业，对当地经济的发展起到了一定作用。详见朱有志、郭钦主编《湖湘文库·湖南近现代实业人物传略》，中南大学出版社2011年版，第193页。

② 《筹赈会开评议会：否认变更灾区等级》，《大公报》1922年8月19日第6—7版。

③ 《马鄰翼函告交涉械款情形》，《大公报》1922年8月23日第6版。

来。因此，不要期望太高，但仍努力为之。

　　同日，熊希龄等电告华洋会，要求"械款交涉又函外陆两部，仍乞分别迳电催促"①。为此，省内各公团与华洋会，分别再度电报北政府国务院外陆两部，要求一致直接施压于日使，争得械款。"华洋筹赈会对于索回日商太平械款一案，现正积极进行，昨已拟就电稿，请各公团会衔请北政府国务院交陆各部，直接向日使交涉，较易生效。"华洋会再致旅京湖南筹赈会，"此案关系外交，周折颇多。兹议由本会各团体联衔电呈府院部，请将此案提交国务会议正式议决，由政府负责交涉，或可稍为诸公之后盾。"②

　　旅京湘人甚至想出通过请愿取消张敬尧购械一事经手人郭人漳议员资格的办法，以希望得到张敬尧购械合同。"张敬尧督湘时，购买大批军械。现尚有一批存津，未能结束。该军械系由郭人漳经手，耗去湖南款项数百万，湘人言之犹有余恨"，旅京湘人"将向国会请愿取消郭之议员"③，意图逼迫交出购械合同等文件。

　　彩霞轮案使省内反日情绪更为高涨，就械款交涉，强硬措施更进一步。28日评议会议决，"定期召集湖南各机关各法人各公团开会，商议一律抵制日货外。请各该团体，各派二人，在各商号调查，见有日本货，即行焚毁，并举行示威运动外，又将日人迭次再行凶横，及殴打饥民张先榜人民雷兆纶等情形，通电全国，一律抵制日货。"④ 借此向日方施压。

　　在全省反日情绪高涨的背景下，省内各公团开始筹划会议，商讨对付日人。"日人狡骗我湖南购械定金五十三万余元，坐观湘民饿死而不退"，实为可恨。"加之殴伤我饥民张先榜良民雷兆纶，伊之船奴又复击溺我小贩周崇贵，撞沉我搭客十余人"，更属天理难容。为"全湘人民，应筹相常对待"，"兹订于本月八日（即星期五）午后一时，假省教育会

---

① 《熊希龄电告赈票情形》，《大公报》1922年8月23日第7版。
② 《各公团索回械款之进行》，《大公报》1922年8月25日第6版。
③ 《械款案波及郭人漳：旅京湘人请取销其议员资格》，《大公报》1922年9月4日第6版。
④ 《昨日筹赈会之评议会：将实行抵制日货》，《大公报》1922年8月29日第6版。

开各公团代表会,筹商对待办法"①。会议召集人华洋会评议会去函省内各公团,明确议题有三:"(一)电请北京政府向日使严重交涉,限期发还械款,以赈湘灾。(二)将日人狡骗湘民及迭次行凶情形通告世界各国,请求公判。(三)办理湖南国货维持会,遍请全国人民一致赞助,并议决由各公法团各推派代表二人于三日内函送过会,共同负责办理上项事宜。"②商议力争械款会议,催派代表参会。9月8日,各公团大会召开。关于械款,会议主席蒋育寰报告,"日人之狡赖,张敬尧在湘时,交付有购械款证金五十余万于日商太平公司,我们屡次打电话请其发还,均置不理。而日领又多方袒护,以致至今未有具体办法。现在此案经旅京湘人迭次交涉,由国务院办理;如何结果,现尚未知。希望各位想一妥善办法,务必争回,否则实行断绝交易"。并认为,"我们屡次交涉,困难很多,若人民不为后盾,难有结果",请参会代表详细讨论。律师公会代表主张,"用各公团名义呈请政府,与日领严重交涉,务必处罚"。中华工会代表主张,"如不达到惩处目的,即实行抵制日货"。谭得一则主张,"对于械款案,一面举代表赴京交涉,一面即发电报力争"。欧阳刚中则主张,"(一)呈请政府严重交涉;(二)将日人行凶,与此次械款情形用中西文,宣传于海内外;(三)实行抵制日货。以上三条,希望举出代表,积极实行"。评议会副主任郭庆寿"赞成欧说,并主张先用一警告,函致日领;如再不发还械款,将来发生何种问题,概不负责"。刘家正认为,"日商太平公司,不退回械款,大约因(一)付款时光洋低跌,现价高涨;(二)用去十三万皮革费;(三)张敬尧许其少退。因有此三层,故该公司不愿退还。愚意,如酌量许点利益,大约可以退还,并且张敬尧那方和约现在湖南人黄中之手,听说如果将他的通缉令取消,或许以利益,可以拿了出来,比较容易交涉";并主张"推定代表,恢复国货维持会,抵制日货;举行群众游街大会,限各商店将日货报会,限期发卖,过期即举行焚烧,并以极诚恳之话开导各商号群众抵制。一面

---

① 《各公团将开会对付日人:械款案—凶杀案—溺贩案—撞船案》,《大公报》1922年9月4日第6版。

② 《催派代表办理对付日人事宜》,《大公报》1922年9月10日第6版。

三五日推派代表一次，要求政府切实交涉"。最后，大会通过六项决议："（一）请筹赈会评议会于二日内拟定致日领及日商电报，请将械款退还湘省办赈，其电报函各团体并发行。（一）如日领尚不理时，一面将械款以及迭次行凶情形，用中西文宣布于海内外，一面一致抵制日货。（一）恢复湖南国货维持会，由各团推派代表监察。（一）推定蒋育寰、曹典球为起草员，于二日内拟定呈文；呈请省署严重交涉此次沉船淹毙搭客等案，限期答复外，并推举代表随时请愿。（一）请各该公团于三日内各举出代表二人到筹赈会评议会接洽，以便积极实行。（一）市民游街大会俟各代表举出后，即磋商进行"。① 从上可知，第一，械款交涉现由国务院办理，交涉层级有了提高。第二，械款案与日人凶案叠加，互相影响，湖南开始发动群众，抵制日货。第三，张敬尧之购械和约在遭通缉的黄雁九手上。

不仅省内湘人对在湘日本人的凶暴和泰平械款久未退还深感愤怒，旅沪湘人也怒不可遏，声援桑梓对日采取强硬行动。旅沪湘人"愈以为如果日人不将械款全数退还，凶手不能交法惩办，死者不能优为抚恤，日领不能亲自道歉，则是日人无悔祸之诚心，有窃湘之毒计，即可将其悉数驱逐断绝国交；并望组织全国对日大会，万众一心，令筹善后。敝会等当竭其爱国爱乡之血诚，联络各地同乡为之后盾"②。旅沪湘人主张驱逐在湘日本人，断绝与日方的外交关系。

有全国及所有湘人对索回械款的支持，省内各公团遂于10月20日去电国务院、外陆两部、赈务处。"日商太平公司应退还湖南张敬尧时代购械定金日币五十三万五千余元，早荷钧部与我湖南政府核准由湖南华洋筹赈会直接收回赈灾，成为铁案；复经钧部迭次交涉，湘民连电呼吁，乃时逾半年，迄无效果"，恳请"提交国务会议"，并"即日向日公使及该公司正式积极交涉。伊如再以张敬尧私人关系搪塞，无望严词痛驳，限两星期内废约退款"。表明湖南各界的态度，要求政府严重交涉，并限日商"两星期内废约退款"，否则"无论在湘日商发生何种严厉对待，酿

---

① 《昨日各公团大会议——一致对付日人》，《大公报》1922年9月9日第6版。
② 《旅沪湘人对于日人横暴之公愤》，《民国日报》1922年9月24日第6版。

成国际交涉，则衅自彼开，我湘民不负其责也"①。

在湘日本人所犯凶案与久拖未决的械款交涉联系在一起，使矛盾日益复杂且愈发激化；支持国货与抵制日货的群众自发反日运动，使械款交涉各方承受着更大的压力，北京政府也不敢怠慢，加紧与日方交涉。主办械款交涉的总统黎元洪，9月7日电复湘省，"所陈日商太平公司定械付金应行交涉一节，已交陆核办"②。交涉层级虽有提高，貌似黎黄陂兴趣不大，皮球又踢回陆军部。外交部也循例"照会日使，请函承办军械太平公司，将款退还"③。

在此形势下，华洋会紧锣密鼓筹划械款交涉，再派"因公北上"的任福黎交涉，"太平械款一案，虽经本会电奉大总统核准提交阁议有案"，"然非请贵会就近严重交涉，恐难即收速效"。因日方拖延，械款未退还，并使华洋会"会务亟谋收束"而不能。④ 10月26日干事会议决，再次"公推袁家普、韩理生两干事为太平公司械款交涉专员"⑤，与任福黎一起，负责械款交涉。

军阀割据时代，北洋政府人事变动频繁，械款交涉代表不断换人。国务总理一职如走马灯式的，光1922年就职总理者就有颜惠庆、周自齐、颜惠庆、王宠惠、唐绍仪、王宠惠、汪大燮、王正廷。1922年底，王正廷取代汪大燮，就任国务总理。为此，华洋会只得于12月21日再电新总理。电文先交代湖南将械款充赈、之前交涉各节及其结果，重点提到了械款赈路，"本会办赈手续，除核办平粜及散放急赈外，则以全力注重路

---

① 《湘公团力争退还械款：要求北廷向日使严重交涉》，《民国日报》1922年10月26日第6版。

② 《黎黄陂关于械款之来电》，《大公报》1922年9月9日第7版。

③ 《退还湘省军械之交涉》，《大公报》1922年9月22日第3版。

④ 《筹赈会函催赈款：以便着手收束》，《大公报》1922年10月12日第6版。任福黎（1872—1946），长沙人，字寿国，晚号退思。1894年入刘坤一幕府，1903年任广西右江水师统领，1904年离职赴日本宏文学院学习，归国后，任广西柳州巡防营统领，后任热河军务厅厅长。1914年任湖南内务司长，1917年以后随熊希龄救灾办赈，替灾民请命恳切。后热心办理教育，于长沙创办孔道学校，邀请友熊希龄为董事长；1938年大庸县县长程为箴、主任秘书黄光焘与长沙私立孔道中学校长任福黎先生，磋商设立湖南省私立孔道中学大庸分校（现为张家界第一中学）。1946年9月5日病卒。

⑤ 《筹赈会干事会议决之要案》，《大公报》1922年10月27日第6版。

工，以资代赈。湘省路线以由湘潭至宝庆转沅州一路交通，为最困难；此次受灾情形，亦以该路为最惨。惟工程浩大，特与旅京及本省各公团议决此项械款作为路工经费，一面商承北京美国救灾会捐助美金数十万元，于本年夏季从潭宝一段，先行开办；现时路工已达致湘乡永丰桥，所得美款，已将罄尽。而此项指定工赈之械款，若任该公司再行延展，则工程即将停顿；非特全路计划成为泡影，即所招致工作之数万饥民，当此啼饥号寒之时，亦无法可以安顿。"为此，请"热心提倡路工"的王总理，"居高主持，实由主管两部切速交涉，冀得刻日收回此款，藉济要工"①。

12月27日，华洋会再电北京赈务处，请其斡旋械款交涉，"太平械款系属本会工赈急需，并望借重鼎力层高斡旋，俾得以收成效"②。

尽管湖南态度强硬，华洋会设置赴京交涉专员，提请国务会议居高交涉，但直至本年底华洋会赈务行将收束之际，械款交涉仍一如既往：交涉事由、途径、方式、立场、日方策略以至交涉结果，都未有任何积极进展。通过赵恒惕主办的赈务总结会上袁家普的报告可知，"本会早应收束，各处赈款及太平械款，皆由本会接洽妥贴，此际尚未到手"③，致使本应由湖南防灾协会取代的主持辛酉旱赈的湖南华洋筹赈会，因械款交涉未果，"原先本拟将华洋筹赈会名义完全撤消，以后遇有散赈等事，由防灾协会负责，但以该会对于太平械款及北京赈务处等应收入之大宗款项，均非用原名义交涉不可，是以内部虽云结束，名义尚须暂为保存"④，不能完全收束。

1923年，华洋会继续交涉械款，除常驻北京之韩袁两交涉专员之外，"特派饶伯师干事赴京交涉太平械款"，并致电陆外两部，"因日商太平公司应还湖南购械定款，拨充本会助赈一案，迭蒙钧部一再交涉，该公司迄未履行。现时潭宝路工赈进行，窘急万分，亟需收回此款，以资接济"，恳请"鼎力维持"；并请"函致日公使，请其鼎力主持早予解决，

---

① 《筹赈会电请王儒堂协争械款》，《大公报》1922年12月21日第6版。
② 《筹赈会电催拨付赈票》，《大公报》1922年12月28日第6版。
③ 《赵省长欢宴筹赈会人员纪事》，《大公报》1922年11月4日第6版。
④ 《华洋筹赈会实行结束：名义仍须暂为保存》，《大公报》1922年11月11日第6版。

藉资救济工赈"①。

2月23日,饶伯师返湘,械款交涉仍无进展。"华洋筹赈会因潭宝路工赈部发生种种阻碍,加以经费又极形支绌,饶伯师赴京交涉械款,迄无效果,特定于本星期六(3月4日)午前十时开重要会议",讨论"交涉械款,应如何进行"②。饶伯师赴京交涉"已有月余之久,闻已稍有头绪"。饶伯师"昨乘车回湘,所有在京未完事宜,由袁雪安继续进行"③。

饶伯师返湘同日,华洋会去电交涉专员袁家普,就"械款进行手续,应否再由湘政府、湘省议会对于陆军部及日公使处,加电催促,请裁酌示复"④。

饶伯师在京交涉械款月余,仍无结果。饶伯师返湘后的3月3日,报告了在京晤交涉各方及其态度等详细情形。"袁君与鄙人第一次接洽者,为陆军部总长,晤谈甚洽,并在该部午餐,拟定约期宴请日使馆重要人物,太平公司经理,及其他重要关系人;推陆军总长及熊前国务总理,出名邀请;一以代表中国政府,一以代表湘省人民也。旋由我个人资格,走访华洋义赈会救灾会之日本干事。此君竭诚招待,意殊可感,惜忘其姓名。因彼介绍,得晤驻京日本领事及太平公司总经理。领事职权,首在管辖侨裔,亦此案有关系之人;至太平公司总经理为此案对方重要人物,惟彼不谙中英语言,交谈颇久,均用翻译;最后彼谓如奉有日本政府调令,械款可立时退还。次日,会见日使馆参赞西田耕一君,彼深悉械款交涉经过情形,且于太平公司关于退还械款所感之困难,言之甚详;惟鄙人向彼所申述之唯一理由,则以此款退还后,系利用饥民与修马路,实一种慈善兼公益事业,我此行不过为此项用途之担保而已。否则余以一外人,决不加入讨论,自寻苦恼也。陈说再三,彼颇意动,似将助此计划之实现。而我个人进行,亦告终止。"2月10日晚,华洋会"约宴于北京饭店。列席者:日人方面,为日使馆各重要人物、驻华武官长、太平公司总经理等,华人方面,为陆军总长、外交交通两部员,外

---

① 《饶伯师赴京交涉械款》,《大公报》1923年1月20日第6版。
② 《筹赈会将召开重要会议》,《大公报》1923年1月31日第6版。
③ 《交涉械款代表回省》,《大公报》1923年2月24日第6版。
④ 《筹赈会近事纪要》,《大公报》1923年2月25日第6版。

人则有华洋义赈会救灾会之西干事艾德敷贝克两君；熊前总理主席。讨论约二小时之久"。交涉结果，"日人方面谓此项讨论，所须解除之困难，即系筹赈会有无取得械款之必要。此种困难，如经过相当之手续及时期，似不难解除云。斯时华人方面，无人有为最后答复之权。讨论因之终止"。饶伯师个人认为："余以为欲谋此事之圆满解决，须得日本政府允诺。如吾辈能竭力进行，或可望达到目的。"[1]

从饶伯师于华洋会工赈会议上所报详情来看，第一，北京饭店宴请总算把交涉各方组织到了一起，讨论械款问题；第二，拜访交涉对象的过程较为顺利，各方表态也甚合湖南主张；第三，北京政府与会代表，并无"最后答复之权"，实则并不愿出尽全力；第四，日方交涉立场并未变化，仍在拖延；第五，日本人反倒认为，械款交涉的困难，在华洋会"有无取得械款之必要"，但日方仍给湖南以希望。

3月2日，袁家普将熊希龄再次宴会交涉各方于北京饭店的详细情形，电告华洋会。"昨二日曾与熊希龄等出面，请客于北京饭店。到者日本使馆文武参赞、太平公司经理，陆军部次长、司长科长，公府秘书，国务院秘书，美国救灾协会代表等三十余人，协商至数小时之久。"结果是"太平械款事，日人狡猾太甚"，并未如湖南所请。"日人所执理由，大概如左：（一）须候南北统一后，照约交械。（二）如湖南方面，声请废约，定金不能退还，且须负赔偿损失之责。（三）太平购买军械，不照湖南一电，倘湖南单独废约，恐他方效尤，损失愈大。（四）湖南救灾，与太平械款废约，不能混为一谈，须分别交涉；湖南以工代赈，建设道路，日本人亦愿尽力援助"。"日人又翻了腔"[2]，只愿交械，不愿退款。

眼见湖南已走上交涉正轨，日方虽仍在千方百计拖延——日方只认交械，不退款，且赈路与械款应分开，但日方被逼说出真实想法，交涉也越发接近摊牌。为此，华洋会仍在积极争取，"将代拟电稿送阅。赵省长阅后答云，俟交省务院长等副署，再行拍发。嗣饶伯师又见李院长。

---

[1] 《饶伯师报告交涉械款详情：尚无结果》，《大公报》1923年3月4日第6版。
[2] 《袁雪安又电告械款交涉情形：日人又翻了腔》，《大公报》1923年3月7日第6版。

李对于此举，极表赞同，允副署催请交涉"①。在征得批准之后，16日将代拟电文拍发给北京陆军部外交部、驻京日本公使，"天津日商太平公司，应还湖南购械之款一案"，"乃迄今一载，该公司延不履行"。"缘此款自奉部核准充赈后，湖南华洋筹赈会，即特别慎重指定以此款修筑潭宝沅路，以工代赈"，"械款交涉一年，仍属画饼"。祈望"俯念此款关系工赈要需，认为特别紧要。无论该公司有无何种可能手续，恳予决定简单解决方法，责令于最短期间如数清偿，交由湖南华洋筹赈会驻京代表袁家普直接领收。庶路工不致中断，饥民可免溃散"②。

尽管华洋会使尽浑身解数，但交涉结果一如既往地令人失望。3月31日陆军部电告湖南，"太平公司前收湖南购械定款，迭经本部咨请外交部向日公使退还，并经特派专员面与日使接洽，惟迄今尚未得有确实解决之答复。"③

至此，华洋会"间接直接与太平公司交涉两年，尚未得有结果"④，而潭宝赈路，因"械款交涉无着，路只修到永丰"⑤，路工计划完成不及一半。

六　械款交涉无果

袁世凯时期签订的"二十一条"，除在1922年华盛顿会议上废除了部分条款之外，1923年3月10日北京政府正式向日本提出了彻底废除的外交照会，国内兴起了反日民族主义运动，湖南也不例外。加上日人在湘凶暴罪行引发的本就高涨的反日情绪，迫使日本再也难以就械款交涉问题继续拖延，几近摊牌。

为应付因废除"二十一条运动"兴起的反日运动，日本开始采取对

---

① 《饶伯师奔走赈务之忙碌，我们家里的政客却不高兴管此》，《大公报》1923年3月6日第6版。

② 《赵省长再电力争械款》，《大公报》1923年3月18日第7版。

③ 《太平械款交涉尚无结果》，《大公报》1923年4月3日第6版。

④ 《湖南华洋筹赈会与上海亚洲建业公司订立以工代赈垫款承包永宝路工合同之经过》，《大公报》1923年6月16日第8版。

⑤ 《华洋筹赈会尚未撤销之内幕》，《大公报》1923年3月24日第6版。

华强硬外交政策。1923年6月22日,"日本宪法会之望月小太郎及□□秀雄两人","代表该党对华问题委员会,往访内田外相,关于中国排日问题有所质问"。望月"质问中国排日运动之经过及对付之方法"。日本外相内田康哉答道:"今日中国之中央政府已无负责之人,研究善后之策甚属困难,且中日两国问题之外,更有与列强有关系之临城事件善后办法,与将来对于中国全体之秩序维持及外人生命财产保护等问题,抑仅在中日两国之范围内为单独之处置。"望月再问,"全体之情形固然若是,当局对于中国特殊之排日问题有何意见"。内田答称,"关于此层之必要亦可知也,惟目下中国之状态则据报告,目下长沙方面表面已归平稳云"。望月问"日本政府可谓因拥护日华通商条约之权利已决定取积极的自卫手段"。内田答"诚如君言"。"望月氏后言排日运动之祸因,乃日本政府软弱外交惹起中国侮辱之结果。内田外相曰,此乃意见不同者,盖日本以宽容之态度对于中国让步之处极多,故日本在欧美之立场甚好,欧美各国现对日本亦表同情。中国对日之恶感,始于大正四年,排日运动已成习见之事,且为一种国民性。"望月问:"大正四年谅指二十一条中日协约之时而言,若此乃中国对日恶感之祸因,何以三月二十一日中国通告废止二十一条之决议之时,不予承诺乎。君为外务大臣,所言如是,令人可怪也。"内田答:"岂有承认之理。诸君好为议论攻击,不妨信口雌黄,欲非谓二十一条不好,不过言中国对日感情因是恶化而已,或谓其自日清战争以来即已恶化,亦无不可。"最后内田表示,"政府对于排日问题,已决定自卫的积极手段。"[①] 日本对华亲善因国内质疑开始调整。

日本人凶案交涉失败,械款交涉无着,赈路停顿,长沙反日运动也仅是"表面已归平稳"。日本对华政策渐趋强硬,实际也就宣告了湖南械款交涉的失败。

回望湖南械款交涉,日方一拖再拖,湖南交涉无果;展望交涉前景,并不可能出现惊喜。这也可从后续发展得到印证。1924年《新闻报》报

---

① 《日外相对华外交之强硬主张:主张用武力解决中国经济绝交,承认廿一条为中日恶感之导线》,《大公报》1923年7月2日第3版。

道:"张敬尧督湘时代所购某洋行军械一批,当时仅与械款一半。旋张失败,此项军械案,至今未曾解决。后张又因接近洛方之故,曾将购械之文件一部分,交付洛吴,并有已得洛吴现款十余万之说。真相究竟如何,殊难得悉。当顷据外交界消息,所有军械全数,将以陆军部名义接收,以束悬案。惟美使方面尚未同意,须电美京请示办法。"① 虽有陆军部接收军械的传言,但美国并不同意,因此械款交涉悬案尚未结束。

在 1925 年 11 月底,日本外务省所作《因泰平公司未提供军械张敬尧申请返还押金的问题》调查报告中,详细总结了泰平械款交涉的全过程及其立场与策略选择。

(一) 不履行购买合同

民国七年,泰平公司代表和湖南督军张敬尧签订了一份有关三八式小铳及弹药价款共计 669900 日元的买卖合同。基于此合同,当时付价款的三分之二,即 44 万日元作为押金,泰平公司应在此后履行合同。在开始运送此批军械时,恰逢北京外交使团签订武器禁运协议,此次军械的交接违反了该协定。泰平公司为了履行合同,先将此批军械托管在天津,等解禁后再送返回日,直至今日。

从上可知,首先,此笔交易未完成的原因在于"北京外交使团签订武器禁运协议";其次,"此批军械"早已从大连运至天津,并"托管在天津";最后,外务省的处理意见是,"等解禁后再送返回日",即并未打算完成此笔交易,即不交械。

(二) 退还押金的要求

支那方认为未履行此次合同,提出退还此前所付押金的要求。
1. 湖南华洋筹赈会的要求

民国九年,湖南有关人士多次向驻支那的小幡公使提出退还押金一事,未果。民国十一年(注:此处错误,应为民国十年),湖南

---

① 《张敬尧购械案尚难结束》,《新闻报》1924 年 5 月 12 日第 5 版。

发生了饥荒,成立了湖南华洋筹赈会,陆军部同意将此笔押金充赈救灾。湖南华洋会多次向驻长沙的池永领事及驻支那的小幡公使提出返还此笔押金的要求,同时外交部以及其他一些部门也再三向我方申请,而且在8月16日,外交总长顾维钧亲自拜访小幡公使,商谈此事。

2. 小幡公使的意见

小幡公使对于之前外交总长来访一事,在给上级的电报中说:

今天的形势,短期内是否可以解除武器禁运,难以预见。如无正当理由,此次押金的搁置处理违反了大多数百姓的愿望,被认为是不公正的;且押金充赈是地方势力的计划,值得深思。所以,考虑退还此次押金如何?

3. 上级的回复

大正十二年二月二十七日,上级有如下回复:

支那方的请求,表面上看是有正当理由的,泰平公司应认可承诺之事,尝试解除合约并返还押金。但是合同签定造成了很多不为人知的损失,且和蒙古等国签订的合同仍在存续。所以,等到武器输出禁令解除后,再履行契约,同时对支那政府和湖南赈灾情况等予以同情。一方面,因为泰平公司已和八国签订了武器禁运协定,不得不服从,并因此遭受很大损失,帝国政府也不能强行要求上述公司返还押金。解决此事的希望,须得在支那实现和平统一并解除武器输出禁令时,公司方能履约。现时可以口头回复搁置处理押金等问题。

(接到上述回复后,小幡公使向外交总长传达了此次意见。)

从上可知,在1924年12月以前,中日双方就泰平械款交涉:第一,包括张敬尧在内的湖南方面,在1920年及之前就已开始与日方就废约退款问题进行交涉。第二,湖南将械款充作辛酉旱荒赈款的要求,已在1922年初之前经陆军部应允,同时也说明陆军部暂时放弃了占有此项定款的主张。第三,华洋会多次直接或间接同日方交涉,一直未果。第四,北京外交部也多次同日方交涉,并在1922年8月16日,外交总长顾维钧亲自出面，同日使小幡酉吉交涉械款。第五，顾使等中方的多次交涉，虽让泰平公司曾有过退还定款的想法，但被日本政府否定，并要求泰平公司搁置押金处理问题。第六，日本外务省提出泰平械款交涉处置的两项前提条件，即"解除武器输出禁令且（中国）实现和平统一"；然外交使团当初商定武器禁运时，其目的是所谓的中国和平统一；日本却将二者并列，是想使简单问题复杂化，为自己争得更多的政策选择空间。

（三）冯玉祥的介入

1. 冯玉祥方面的建议

然而，之后张敬尧以本押金为担保，成了冯玉祥的食客。从去年十二月以来直到今年，冯玉祥方面多次向驻天津总领事、驻华公使、驻张家口领事以及驻华陆军武官及其他日本方面的有关人士提出归还该押金，或提供与该押金金额相当的武器及其他物品，以此进行斡旋。驻华公使及其他方面对此善意的想法进行了禀报。

1924 年 12 月，张敬尧以购械定款为担保，成了冯玉祥的食客，由冯出面代为交涉，要求或退款或交械，或代之以其他物质，但同样遭到日方拒绝。

2. 针对上述情况，我方处置措施

对于上述驻华公使及其他方面的禀报，本省大体上根据下述宗旨，多次指示如何进行应对。

泰平组合从中国方面所收取的购械定金，除湖南之外，还有其他很多省份，都曾多次要求予以归还。但现在向中国出口武器，不仅存在大正八年北京外交团禁运决议的限制，我方今后还有进一步贯彻禁止出口的意向。因此，泰平组合再次对中国提供武器是不可能的。为此，保留希望利用适当的机会，对包括退还押金问题在内的其他所有因武器停供而产生的问题，一并予以解决，并对泰平组合也推荐了该决定。这一问题存在各种复杂关系，短时间内难以解决；更何况，仅将本案进行分割处理，从问题的性质上来说，无论如何也很难进行讨论；再加上本案武器供给契约，是以身为中国陆军部及湖南督军的张敬尧为一方当事人、以泰平组合为另一方当事人缔结而成的。而对于失去湖南督军资格的张敬尧或其代理人，已经不具备提任何要求的资格。另外，也有情报表明，北京政府自己有意收回本案及其他同案的押金。因此，此时很难接受冯玉祥的建议。（大正十四年十一月末调查。）①

由上可见：第一，日本外务省一概拒绝冯玉祥等中方关于械款交涉的各项要求，其障碍主要在外交使团武器禁运协议的限制，其国际协调立场坚定，泰平公司守约交械已无可能，废约退款的可能性也取决于"适当的机会"，且在短时间内也无希望。第二，日方已排除张敬尧的械款交涉主体资格。第三，北京政府并未放弃占有湖南泰平械款的想法，甚至连其他省份的泰平械款也想一并占有。第四，泰平械款交涉中，中国各方利益分歧巨大，湖南泰平械款的签约方与主要交涉方并不一致，日方处境尴尬，进退两难；日本外务省干脆选择拖延之策，拒绝中国各方对泰平械款的索请，避免陷于因交械违反禁运协议而在国际上的被动处境，以及因交械或退款而面临中国任何一方或另外几方反对的两难境地。

虽然根据现已掌握之中日械款交涉相关档案等文献史料，仍不确定湘日泰平械款的最终解决如何，但将此问题放在中国国内局势、抗日战争前后之中日关系乃至整个第二次世界大战前后国际局势等的演进来看，其结果大概率为日本既未交械也未退款，即使交械，也不会交与湖南，械款交涉彻底失败。中国方面，对泰平械款一事有过长期跟踪报道的长沙《大公报》，在1924年3月23日第5版《筹赈会请救济潭宝路》中提到"太平械款"之后，再无相关报道；曾对湘日泰平械款交涉也有过关注的《民国日报》《新闻报》《事益报》《晨报》《新华日报》等国内其

---

① ［日］外務省，《武器艦船供給問題／（ホ）張敬尧ノ泰平組合未供給武器手附金返還請求問題》，外交史料館議会調書，亜細亜局，最近支那関係諸問題摘要 第 1 卷（第 51 回議会用），大正十四年，国立公文書館アジア歴史資料センター，Ref. B13081122100，議 02－0650－0651，第 352—360 页。

他媒体，亦无最后交涉结果之相关报道。日文史料方面，日本国立图书馆亚细亚文献资料室所藏文件之《武器艦船供給問題／（ホ）張敬尭ノ泰平組合未供給武器手附金返還請求問題》为1925年11月末整理而成，有关湘日泰平械款交涉一案仍未最终解决。另外，张敬尧在向日本泰平公司购买军火的同时，亦向意大利和美国等购有军火，虽未立即完成交易，但分别在1924年、1925年得到解决或对方催促解决，[①] 从另一方面也排除了解决泰平械款交涉问题的可能性。综上推测，泰平械款交涉无果而终。

结　语

湖南华洋会索还泰平械款的理由非常简单：湖南辛酉灾重，需要定款救灾；泰平公司拖欠湖南定款，应予归还。从一般情理上讲，完全没问题。然而，湖南械款交涉仍旧归于失败的原因，并不限于：外交使团武器禁运协定的限制，使日方不能按约交械，这也与湖南索还定款的目标不符；而且日方也排除了张敬尧的交涉主体资格，以及北京政府也应允了湖南将械款充赈的主张；还在于以下几个方面：

第一，湖南以自治为名，行割据之实，不受北京政府待见。湖南地位尴尬，无法有效协调好械款交涉其他国内三方的立场，利益分歧巨大。赵恒惕时期，湖南以自治为名，意图南阻北拒，借图地方割据之实，致使湖南与北洋政府存有嫌隙。赵恒惕也有此顾虑，因此只能主要由华洋会出面，以械款充赈为名，代湖南交涉。因此，在械款交涉方面，北洋政府外陆两部出于占有枪械或定款考虑，勉强出面争取，即使交涉失败，也不会有多大损失，更不会因定款而为湖南火中取栗；即使代为交涉，也未出尽全力。张敬尧作为泰平械款签约方，手握械款交涉和约与付款凭证等关键证据，在退出湖南之后，将之视为东山再起的资本，虽被排除了交涉主体资格，但也不会交出证据，更不会协助把他赶出湖南的赵

[①] 《美使催决张敬尧购械案》，北京《事益报》1924年6月9日第3版；《张敬尧械款案解决》，北京《事益报》1925年5月11日第3版。

恒惕政府索还定款。

　　第二，国家实力不济。尽管有北洋政府陆军部、外交部、赈务处等出面，甚至湖南声援并参与的全国废除"二十一条"运动，拒绝日货，威胁与日本经济断交，掀起反日高潮，不断向日方施压，但终究实力不济。日外务省出于国际协调政策，避免自己陷入两难境地，不愿退款，无法交械。

　　第三，交涉代表易人频繁。北洋政府时期，军阀割据，政权更替与人事变动频繁，导致械款交涉代表经常易人，严重影响交涉立场与政策的持续性，不但耗费了大量的人力物力，而且使交涉拖延，丧失时机，拖累效果。

　　第四，于法无据。购械定款由张敬尧经手主办，购械定款所有证据，也全在张敬尧手上；湖南虽知道张敬尧签有购械合同和购械付款凭证，但一直未能拿到手；仅凭情理道义，空口同日方交涉，实难如愿。

　　第五，策略失败。湖南械款交涉一直处于被动，其交涉对象主要集中于日本驻华公使和驻长领事等外交方面，既未能随日方外交政策转向国际协调而及时调整交涉方针，更未能有效并充分利用日本外陆两省外交政策的"二元化"分歧，即外务省主张既不守约交械，也不废约退款，陆军省坚持守约交械，陆军省下属的泰平公司在或守约交械或废约退款之间的被动不定选择，进而筛选出械款交涉的主攻对象，达至索还械款的目标。

　　综上，泰平械款交涉的结果，在湖南反日情绪高涨的背景下，承受多方持续压力的日方最终选择既不守约交械，也不废约退款。湖南械款交涉由开始时乐观预估，到最后竹篮打水一场空。

第六章

辛酉工赈其他预期路款与使用争议

除泰平械款之外，湖南预期赈路资金还有米盐公股款和美款。到期之米盐公股款，还未从北政府领回，省内各方就其用途与保管等问题，已争执不休，但因北政府金融紧张，领回之路曲折坎坷，能领回之总数也极为有限。只有美款，在熊希龄等谋划之下，最终成了辛酉赈路之唯一一宗巨款。

第一节　辛酉工赈预期路款之米盐公股款

到期之米盐公股款，也被列为湘省工赈计划资金，但省内各界对于此笔款项之争议颇大。晚清粤汉铁路修筑时，湖南银行将本省以米捐和盐斤加价方式筹集到的470多万元贷给粤汉铁路公司；铁路国有化以后，北政府交通部答应按约分期归还。米盐公股款的收回，"主要涉及三个方面：一是米盐公股如何保管；二是怎样促使交通部按约兑现还款；三是这些款项如何使用"①。辛酉旱荒时，北政府交通部只归还了少部分到期米盐公股款，议定由湖南慈善总公所保管。在大部分米盐公股款仍未到期归还之际，省内各界就米盐公股款的使用问题，争议不休。

辛酉春荒时期，米盐公股款用途争议主要聚焦于是用作教育基金还是民立银行资本金。民初湖南教育不兴，主因在经费短绌。"现在湖南教

---

① 向常水、吴仰湘：《民国时期湖南纷乱的公共领域：基于米盐公股问题的考察》，《湖南大学学报》（社会科学版）2008年第6期。

育，真是衰颓已极。推其原因，无非是由于经费缺乏，以致现状不能维持，进步更不消说了。"为此，湘省教育界要求"以米盐公股，提作教育基金，而图教育振兴"。教育界听闻米盐公股款"经省议会议决，拨作教育基金，是消耗的事业，应该创办民立银行"①，遂要求复议，由赵恒惕以米盐公股作为教育基金复议书咨交省议会。1月11日，省议员"游如龙以此案本会尚在审查中，并未议决咨去，省长何所据而交复议，殊属不合。主张将原文退回，并教训省长以后注意"②。尽管"全省教育界一致力争"，但省议会坚持"作为民立银行资本"；不过，考虑到教育的现实困难，将米盐公股款的"银行余利，全作为教育基金"③。折中之法，各得安抚，米盐公股款的用途争议算是暂告一段落。

然而，比春荒更烈的旱荒接踵而至，迫使米盐公股款的用途变化为购谷备荒。辛酉年十月，西路旱荒已现饿莩，华洋会善款筹措无门，只能"电请熊凤凰借款二十万元，预购谷米存储长沙常德两埠"。22日熊凤凰复电称，"借款非抵押不行。望速商省会将到期之米盐公股寄京，以便筹借。"④ 对此购谷备荒提议，因涉及米盐公股款用途改变和权属问题，省议会交由财政内务两股审查，并经与华洋会代表袁家普和欧本麟商议，决定两条办法："（一）此项到期米盐公股，约计六十余万元，定为拨借，其用途等以购谷分配各灾区备荒，不得移挪他用。限一年期满，由华洋筹赈会负责如数归还，但无息金。（二）此项公股领到后，所有保管采买分配散放收回归还各方法，由华洋筹赈会拟具详细条约，交本会核定，以便照约施行。"⑤ 因涉及米盐公股款的所有权，省议会只能把划拨改为拨借，且由华洋会承担由此造成的股款损失。为此，湖南推派"省议会议员胡迈、慈善总公所总董龙绂瑞、华洋筹赈会干事欧本麟三君为请领该款代表"⑥，于12月2日出发，6日到京；结果"正值中交挤兑风潮发

---

① 《邓履平：米盐公股作教育基金评议》，《大公报》1921年1月12日第7版。
② 《省议会讨论米盐公股案：退回省长公文》，《大公报》1921年1月12日第6版。
③ 《省议会对于米盐公股之坚持》，《大公报》1921年1月13日第6版。
④ 《熊凤凰复华洋会要电》，《大公报》1921年10月30日第6版。
⑤ 《米盐公股购谷备荒之办法》，《大公报》1921年11月19日第6版。
⑥ 《请领米盐股款之要电：三代表昨日北上》，《大公报》1921年12月3日第6版。

生,证券信用薄弱之时,三代表分谒国务总理、交通总长,均答无款可筹,惟可于长短期之内国证券内设法。屡次复电,非云以交议会核议,或云正在催议中"。"现纵领得公债到手","以三成抵变现款尚难觅受主","预计可得现款不过十余万元,甚为失望"①。办赈之米盐公股请领难,变现更难,而待哺灾民望眼欲穿。然因北政府金融紧张,米盐公股抵押借款无门,获取铁路支付债券失败。直到辛酉旱荒壬戌春荒之交,华洋会仍未将大部分到期之米盐公股款领回,购谷备荒终成泡影。

华洋会着手争取米盐公股款用于工赈。在任寿国先生代灾民请命书中,提出了"以米盐公股款一部建筑道路,兴修水利以工代赈"②。函请省议会议决,"对于贵会所拟办法,极表赞同。"③ 省议会深表赞成。

米盐公股款用于工赈,法律上已无阻碍,但省内异议纷起,股款赈路前景并不明朗。辛酉年底省议会议决米盐公股款用于购谷备荒之后,省内各公团异议纷起,"湖南工业总会、湖南省农会、长沙县农会总干事等函电"交通部,"均以此项米盐公股,未经湘省人民公决以前,不得处分等情,向部声明"。财政本就窘迫之交通部,就坡下驴,"既经一部分人民反对动用此项公股,则前议用抵借款之案,亦应取消;似与来函请拨现款或债一节,不免抵触。且以本部财力而论,近来愈加困难,目前即有破产之虞,恳拨大宗款项,亦实属维艰。"④ 交部借词省内存有异议,取消米盐公股,意图赖账。股款未领到,华洋会只能函释各公团,认为"各公团如不能表示赞同,应请愿于省议会",而不应"直接向部阻止",否则"过期不领,债权将发生危险",以致"救济工赈,收回债权"失败,并提议"开各界代表联席会议,共同讨论"⑤。有异议可以理解,但若因去函交部阻止请领而使湘省失去股款,这一责任谁都承担不起。眼见到期股款可能打水漂,在18号上午召开的各公团代表联席会议上,去函交部阻止请领的三公团代表"工会叶之卫、农业总会杨凤藻、长沙县

---

① 《米盐公股灾赈之失望:韩理生回湘报告》,《大公报》1921年12月23日第6版。
② 《任福黎替灾民请命之恳切》,《大公报》1922年1月13日第6版。
③ 《筹赈会工赈大计划进行记》,《大公报》1922年2月6日第6版。
④ 《米盐公股又发生问题:交通部取销办赈》,《大公报》1922年11月1日第6版。
⑤ 《筹赈会协商米盐公股事》,《大公报》1922年11月16日第6版。

农会黄觐光",均表示股款办赈"并无何种意见"。华洋会代表袁家普务实提议,"本省各公团一致再电交通部协力争回",但"商会代表陶铸及教育会代表方克刚等均谓此款问题颇大","须俟各回本会讨论办法,再开联席会议"①。21号长沙总商会开会董会议,"佥谓此款无论如何,自应先行领出,交妥当机关保存,再议支配办法;请愿省议会,再开大会讨论,方为合法";并向各公团提议,于"23日在商会再次召开联席会议"②。是日,"农工商教四法团代表,随集商会讨论",议定如下办法:"(一)由农工商教四法团,各派代表一人,与慈善总公所、省议会交涉。(二)领款手续,由各法团派人与慈善总公所及省议会代表,同赴北京领款;领款后,储存汉口银行,其存折归慈善总公所保管;领款存款取款时,均需四法团盖章。(三)上列办法,即分别函电筹赈会及北京交通部,表示意思。"③ 各公团总算就领回股款达成一致意见,但撇开华洋会,突出公团在股款保管与使用中的地位,以表达对股款工赈用途的强烈异议。四法团今欲变更股款办赈成案,省议会不答应,"应请各公团仍照前案办理,并电部取消前电,以便派员赴京请领时,交部不致授为口实,故意延搁"④。尽管赴京领回股款意见一致,四法团也承认省议会有股款处分权,但因之前省议会股款决议的不民主、不公开,甚至与省议会打起了笔墨官司。

部分股款领回来了,办赈用途也确定了,但真正使用起来却并不容易。省路潭宝线收用土地办公处主任谢国藻,自湘潭去电省务院内务司,并转咨省议会,称"潭宝路工赈购地,需款万急",提议借用"权运局应还省议会十九万元内之""淮商公所征存偿还米盐公股口捐洋四万元"⑤。为此,2月9日省议会于正式讨论该案之前,部分议员先开协议会,均同

---

① 《关于米盐公股之会议:筹赈会请各公团一致电争,各公团再须开会讨论》,《大公报》1922年11月19日第6版。

② 《商会讨论米盐公股事:主张先领出再说》,《大公报》1922年11月22日第6版。

③ 《各法团对于公股会议:主张先行领出,由法团保管》,《大公报》1922年11月24日第6版。

④ 《四法团与省议会之笔墨官司:争领米盐股款》,《大公报》1923年1月24日第6版。

⑤ 《潭宝路拨借米盐公股:现款四万,咨商议会》,《大公报》1923年2月9日第6版。

意"潭宝路收用土地办公处请借用慈善总公所领管米盐公股项下现款四万元,以济购路还价急需"①。但省议会最终讨论结果,是"于湘岸榷运局所欠米盐公股项下公债变价十九万元内,暂如内务司缄请,拨借四万元,由收用土地办公处谢主任具印借领用"②。工赈购地款暂时有了部分着落,轮到负有米盐公股款保管之责的慈善总公所为难了。无奈之下,慈善总公所为避免保管失职嫌疑,由总董沈克刚于3月7日致函省议会,将六年保管期内的米盐公股款开支情况"详细开示"③。

所领部分米盐公股款只够潭宝路一半之购地费,因工赈路界争议甚大,后续米盐公股款办赈争议仍在持续。6月30日,西路县议会代表芷江向南勋、晃县姚维诚、靖县黄衍、汉寿高柏镒、龙山陈坚、会同杨仁溥、大庸龚玉润,南路县议会代表耒阳杨华、衡山谭铁耕、永明陈春暄、资兴黎间、东安易达等,在西路省议员杨亮卿和彭定钧、南路省议员黄铖与唐陶的介绍下,请愿省议会,认为潭宝路的修筑违反了省议会因"美款、械款、米盐公股款"用于赈路,"中西南三路应同修"的决议,要求"将米盐公股设法变成现金,限两月内将芷黔衡永两路分别兴修"④。《大公报》也慨叹,"何路界观念之深也。"

潭宝路修到一半即告无款,熊凤凰等只得以米盐公股款作抵,与美商上海亚洲建业公司签订垫款包修潭宝赈路后半部分合同。潭宝赈路修到湘乡永丰桥,只及原计划之一半,赈款即将告罄。美款不敷,械款无着,米盐公股款领不回,只得另筹他法。袁家普详细解释了垫款包工合同签订经过,"十一年春,由筹赈会函请省政府咨交省议会,议决将到期之米盐公股证券九十万零三千元拨与湖南华洋筹赈会充作赈款",案定

---

① 《省议会昨日协议会纪》,《大公报》1923年2月10日第6版。
② 《潭宝路借拨米盐股款之周折:省议会变通赈拨》,《大公报》1923年2月10日第6版。
③ 详见《慈善公所函报保存米盐股情形》,《大公报》1923年3月8日第7版。沈克刚,字让溪,长沙人,大约出生于1860年代,卒于抗战前夕;1889年任沅水校经堂(原址现在芷江县一中校内,已无遗存)山长,并因与学生熊希龄同年中举而成就一段师生佳话;1914年参与组建中美合作的湘雅医学专科学校,是该校的中方董事。沈克刚胞兄沈克诚,字愚溪,后改名沈荩,是近代中国反清烈士。
④ 《湘西湘南竟又争分米盐公股:何路界观念之深也》,《大公报》1923年7月1日第7版。

后，交部拒付。"后经欧君及旅京湖南筹赈会诸君叠次交涉，始得定案。由湖南华洋筹赈会向资本家商借赈款，由部负还本付息责任。"一年过去，尚无一资本家愿意垫款。"至十一年冬，美国救灾协会所捐以工代赈之款建筑潭宝路只修至永丰，仅达该路之半"之际，"由江苏交涉员杨小川先生介绍"，"上海美商亚洲建业公司总经理卫琛君"愿意"垫款包工"，但"以筹赈会所受省议会之交通部到期证券九十万零三千元作抵，由建筑公司垫用路款五十万元，包修由永丰至宝庆之汽车马路，以工代赈"。"其垫用之五十万元，由交通部自十三年四月起，每两个月还五万元，分作二十个月还清。并请熊秉老代表湖南华洋筹赈会及旅京湖南筹赈会，用公缄与交通部再次交涉，始得吴总长承认。部案定后，旋由湖南华洋筹赈会推派家普及马瓣翼君、欧本麟君、饶伯师君为全权代表，与建业公司商订垫款包工合同。"①潭宝路才有续修资金着落。

沅陵人欧本麟作为垫款包工合同的全权代表之一，却拒绝在合同上签字，可见西路对赈路首修潭宝段之不满。6月25日欧致电省议会，"闻湘省电来京，因工赈筹款事，嘱麟等回湘，马（振吾）已首途，麟未见此电，但此案麟未签字，原因前电达。现京沪同乡会，今麟保存证券，未经正式解决，不得汇交，并请转达省政府。"②西路之不满，路见之深，可见一斑。

第二节　辛酉工赈预期路款之"美款"

华洋会赈路目标资金之一的美国华北救灾协会赈灾余款，终成湖南辛酉赈路项目的启动资金。辛酉年底，熊凤凰查得"美国红十字会向居留我国侨商募集赈款，出储天津者不下数百万元，尚无用途。特电美国红十字会代表，请念湘灾奇重，拨款若干"。美红会复电，"该款原作慈善之用，但应就近由驻华美使支配动用。"后秉公得美使函复，"如美红

---

① 《湖南华洋筹赈点与上海亚洲建业公司订立以工代赈垫款承包永宝路工合同之经过》，《大公报》1923年6月16日第8版。

② 《永宝路垫款包工尚有问题：欧本麟作梗》，《大公报》1923年6月26日第7版。

会同意，即可拨用。"熊随即与驻京请款之韩理生干事探得，"该款在我国内作一次拨用，经营预防灾荒事业。（如山东筑路等事）勒刊纪念碑亭，以免消费无形"。韩干事回湘报告后，华洋会"已拟请胡美医士与湖南美红十字分会窦白朗二氏晋京，商拨作为修路或他种以工代赈之用，现正筹议进行"①。这是湘省赈路美款的最初消息，也是以工代赈修筑潭宝路议题的来由。之后，熊凤凰探得美国华北救灾协会北五省赈灾余款一百二十万美金，当即与华洋会在京干事袁家普商量，以华洋会名义致电美国，请拨给湘省作为赈款。美回电称，余款中"一百万已汇归美国，二十万尚存北京。美国对于此款既已捐出，必无意再收为己有；惟不愿无偿消耗，当须选定一兴利事业，兼以代赈"。美国愿意捐出，湖南有望获得，但此款"须取命于北京美公使及友华银行总理阿美利，因华北救灾协会系二人主持"。得知美方大意，"熊凤凰当即草拟一修筑土路计划"②，并迅告华洋会。华洋会遂派与阿美利和北京赈务处美人爱德华颇有交情的胡美干事赴京争取。经过旅京湖南筹赈会和华洋会诸君的努力，胡美报告，"美国公使及各主要人业经首肯，嘱咐将该项工赈事业之详细计划书寄来北京，以凭核夺。"得此消息，华洋会迅速制订工赈计划书，"乃于本年（1922年）一月十七日干事会议决组织特别工赈调查会，推胡美饶伯师曾约农三君为该调查会委办；旋经该委办等会议商妥办法，于一月二十四日提交干事会议公决，全案通过"③。并将计划书送京，且获得美方同意。2月17日饶伯师电请爱德华尽快拨款，"请汇款至汉口友华银行，长沙友华银行现停止汇兑。此间需款甚急，望即日汇寄。闻胡

---

① 《熊凤凰筹赈湘灾情形》，《大公报》1921年12月23日第6版。"山东筑路等事"是指美红会出资修筑的德临公路，以及同由美红会出资修筑的山西平辽公路等八处赈路，同时期还有筹资交通附捐修筑的沧石路和烟滩路。

② 《筹赈会工赈大计划详志》，《大公报》1922年2月9日第6版。美方首付二十万美金（约华币三十四五万元），后因湘省路款用尽，再加拨二十万华币，美方总计拨款约五十余万元。潭宝路修至一半即至湘乡永丰桥时，此项经费就已耗尽，潭宝路余下路段，只好联系美国亚洲建业公司垫款包工修筑。详见：《马振吾昨日到省访闻记：垫款包工之内容》，《大公报》1923年6月20日第6版。

③ 《筹赈会工赈大计划进行记》，《大公报》1922年2月3日第6版。

第六章　辛酉工赈其他预期路款与使用争议　/　163

美君明日带报告及方案送上矣。"① 4 月，湘潭湘乡路工开始测量。5 月底，美国华北救灾协会委派美国红十字会会长柏（贝）克来湘考察，同意以二十万美金拨作湖南工赈，但因此款只作修路之用，要求湖南妥筹能够保证路成和持续作用的购地和护路等经费，协定保路办法。6 月 3 日，"贝克与华洋会及湖南省政府"三方，"订立以工代赈修筑由湘潭至宝庆汽车马路契约"②。尽管辛酉湖南首笔筑路资金交涉得手，但购地与护路经费只能仰赖械款和米盐公股款的索请了。

此时，美款有望，械款可期，华洋会着手拟定工赈路线宏伟蓝图，争取到米盐公股款用于工赈。在任寿国代灾民请命书中，除催促快速领出"米盐公股及粤汉铁道欠湖南银行款"，"以便购买谷米，迅运重灾区域，或作平粜，或为借贷"外，还提出了"仍以一部建筑道路，兴修水利以工代赈"。③ 美款械款有望，为争取省议会将米盐公股款用于赈路，西干事饶伯师遂着手拟定"以工代赈大计划"："修一土路，由长沙经益阳、安化、溆浦至芷江，再经武冈、宝庆、湘乡至湘潭，与军路衔接。共计长二千一百六十一里。"④ 此一工赈路线图设想，是基于工赈资金全部到位的理想状态下提出的。此计划经 1 月 24 日干事会议决通过，函请省议会议决。省议会复函，"贵会函送处理到省荒民以工代赈办法二项"，"对于贵会所拟办法，极表赞同。"⑤ 省议会深表赞成。美款到手之后，省署也表态赞成，"将米盐公股十三万六千元拨作省路购地经费一案，业经大会议决，准将该款拨交潭宝路为购地之用，由慈善总公所派员，会同各该县知事申请监视发给。"⑥

---

① 《筹赈会与爱德华之往来函电：关于工赈与赈款》，《大公报》1922 年 2 月 18 日第 6 版。
② 《湖南华洋筹赈会与上海亚洲建业公司订立以工代赈垫款承包永宝路工合同之经过》，《大公报》1922 年 6 月 16 日第 8 版。
③ 《任福黎替灾民请命之恳切》，《大公报》1922 年 1 月 13 日第 6 版。
④ 湖南华洋筹赈会编：《湘灾周报第十七号》（1922 年 2 月 12 日）：文电，载国家图书馆古籍影印室编《民国赈灾史料初编》（贰），国家图书馆出版社 2008 年版，第 465 页。
⑤ 《筹赈会工赈大计划进行记》，《大公报》1922 年 2 月 6 日第 6 版。
⑥ 《米盐公股拨修省路之确定》，《大公报》1923 年 2 月 1 日第 6 版。

结　语

预期赈路资金之泰平械款，几经努力，并未成功。械款高达日元五十三万元之巨，泰平公司如能按时退还，潭宝赈路必能修成。然因外交公使团之武器禁运协议，致使军械未予交付；而日方陆军省和外务省在对外政策上的二元外交，意见不一致；泰平公司希望交械，但不得不听命于日本政府和军方；而且，械款交涉牵涉中日外陆两部、张敬尧、湖南政府、日本驻华使馆、泰平公司八方，日本政府交械或还款都会处于尴尬不利境地，所以日方干脆选择拖延，既不交械，也不退款。械款修筑赈路，成了黄粱一梦。

十拿九稳的到期米盐公股款，变成煮熟的鸭子飞走了，又一赈路资金泡汤。米盐公股款数额更为巨大，如能取回，在中路和西路同时修筑湖南省路，谅必能成。然而，正值金融紧张的北京政府，以湖南省内意见不一为由，拒绝兑付；当省内意见协调一致之后，又以金融紧张为由，湖南只能要求北京政府担保，自筹资金，但应者寥寥。赈路修到一半至湘乡永丰桥，无奈停顿。

唯有美国华北救灾协会的赈灾余款，经熊希龄、胡美等的努力，获得二十万美金，先于其他两宗巨款到位，赈路才得以筑修。正因如此，导致辛酉赈路路线图和首修段，由美方择定，并附带有护路等赈路修筑条件。而以上诸端，又成为湖南赈路路界争议的缘由。

第 七 章

图赈还是图路：
工赈路界争议

辛酉旱荒灾重，华洋会筹募有限，赈务难于维持；美款先于泰平械款和米盐公股款到位，成为湖南尤其是灾重西路灾民的救命稻草；洋干事以路款来自外国，单独把持赈路主动权，中干事和评议会无从置喙。因此，赈路修筑一开始，湖南就已丧失了话语权，致使三路及湖南政府围绕赈路修筑，与干事会争议不断。

第一节　重赈还是重工——首修段择定争议

工赈首修段的择定是主要的争议话题之一。确定工赈首修段，即确定赈路从何处开修的问题，得依据筑路宗旨来判定。在辛酉旱荒背景下，如获得械款和米盐公股款等省款，其修路宗旨当属赈灾无疑，即重赈。而在只有美款的情况下，得先看出资方的要求。在熊凤凰与胡美交涉美款之初，美国华北救灾协会就已提出"事案须永远与注重防灾"[①] 要求，并明确阐释，"须指定一兴利事业，兼以代赈"，"于中国留一永远纪念"[②]。经熊凤凰与华洋会再三权衡，河工太小，修路可行，最终决定筑路。依据美方要求，其筑路宗旨兴利兼代赈，即为重工。

---

① 《胡美报告在京请款交涉：械款尚无影响，美款颇有着落》，《大公报》1922年3月2日第6版。

② 《筹赈会工赈大计划详志》，《大公报》1922年2月9日第6版。

一 各方设计工赈路线图方案

当记美款交涉首功的熊凤凰，其辛酉工赈路线图方案单以赈灾为宗旨，主张中西两路之芷宝首修。在美款交涉之初，熊凤凰就已提出过筑路草案，主张芷宝先修，"由芷至宝至潭，美款二十万实不够用，往商美公使加拨二十万"；① 在饶伯师潭宝首修方案出来后，4月27日熊凤凰电致华洋会，"湘省灾重之区，以西路芷麻、中路宝武为最；拟请将此美助赈款二十万元，各提十万；先从芷麻奠工，庶可就救活灾民；而会加助之款，即可接至长沙，以省出灾重区催运灾民之路费，较为合算"②，再次强调从灾情极重之芷麻、宝武同时首修，重赈宗旨明确。

工程师首传堂提出的"四干线六支线"工赈路线图，是评议会提给华洋会工赈部的建议案之一，主张中西两路首修，强调重工宗旨。"四干线六支线"方案认为，"干线中，长晃最宜速修，长永长郴次之；长常既通小轮，似可从缓。"长晃速修，赈灾意图明显，但强调，"以上所拟路线，不仅顾及灾荒，尤以开关内地交通邻省，以溶收入为主旨。"中西南三路都修，既是地方利益博弈的结果，也是"以溶收入为主旨"，强调重工宗旨。

"三干路七支线"工赈路线图，是评议会九位代表审查并提给华洋会工赈部的另一建议案，同样倾向重工。三路各推三位审查评议会工赈线图代表，在2月13日评议会讨论工赈路线图方案的第二次临时会上议定，路款无虞时，应"分三干线兴筑，酌加变更"。"于赈款不资敷布时，先择灾情较重，或出产最富不便交通之处，先行起修。其水陆便利之区，则暂缓修筑；俟先成之路所得余利，即按照路线次第接修。庶按部就班推行尽利，交通赈务均得其宜，一视同仁，咸沾实惠。"③ 路款足够时的三路同修，即重工；或不资敷布时的灾重之区先修，即重赈；明显也是

---

① 《省署昨日之工赈保路会议：决定设立省路局，米盐公股指定为保路费》，《大公报》1922年6月2日第6版。
② 《熊凤凰之工赈计划》，《大公报》1922年4月28日第6版。
③ 《筹赈评议会第二次议事纪：关于修路代赈之讨论》，《大公报》1922年2月14日第6版。

三路妥协的结果,但评议会倾向重工无疑。

受灾相对较轻的南路,立场微妙,既不愿中西两路首修,更担心与赈路无缘,遂大力支持谭前督制定的"三干路六支线"方案,要求三路同修。南路受灾非重,所得华洋会赈济相对不少,在工赈问题上,主要担心被漏脱。"雷君孟强(即雷铸寰,东安人)复称谭前督所定一案,系三干路六支线,中西南三路分配均匀。政府此次建议,亦约略相同,故南路人多主张参照原案。"① 担心被漏脱,主张三路同修。在评议会 2 月 13 日会上,吴静(宜章人)认为,"惟此事须顾及两面,一方面为省道,一方面为灾区。我意先定省道大计划,而依灾情之轻重为标准,分最要次要,举行修筑。"吴静更明确,先定省道,南路肯定不会漏脱;在此基础上,再依灾情重轻,先后修筑。"谓依省道大计划,就通达之地,与灾区相近之地为宜"②,沅江评议员石成金赞成吴静一说,因灾轻沅江虽属西路,也担心被漏脱。在干事会基本确定首修段之后的 5 月 2 日评议会上,仍在要求干事部改正路线。江华评议员黄赟认为,"以工代赈应三路同修,今中路已着手进行,而南路情形更苦,究竟何时可以开工";吴静主张,"(5 月 1 日)省议会议决以米盐公股修省路,似可请干事会三路同修。"中路并不赞同南路主张,长沙方永元认为:"现在工赈之款只二十万元,熊理事之主张,系中西两路同修,西干事则以湘潭一带,为通商要地,应先修。如照熊理事所说,则款少工大,路终难成。原因款由外国得来,暂时无权过问。今既有米盐公股,则中国亦有款项,自可成立工赈部,协议执行。"浏阳刘善泽也支持方之说,"三路同修,款或不足"③。方永元观点由之前重赈到重工的转变,却是主张首修潭宝路之部分中路灾县意见代表。因此,南路青睐的谭前督方案,主张三路同修,希冀达避免被工赈漏脱之重工目的。

湘岸榷运局长胡学绅(湘西人,田应诏部下)从盐政出发,建议

---

① 《昨日省署工赈大会议详志:路线缓议,购地办法大致确定》,《大公报》1922 年 2 月 10 日第 6 版。

② 《筹赈评议会第二次议事纪:关于修路代赈之讨论》,《大公报》1922 年 2 月 14 日第 6 版。

③ 《筹赈会评议会之会议》(续),《大公报》1922 年 5 月 4 日第 6 版。

"修筑郴州至粤省平石道路，以接韶州至乐昌一道"，降低盐价，以图赈济灾民；明确反对干事会方案，严厉批评干事会"只知运监方便，未计灾民死活"①，虽名义上重赈，但实属政府而非华洋会应谋划之事。

长沙《大公报》总编李抱一也提出了工赈路线图建议案，其漏脱南路、中间横截新化与安化南境的中西两路圈形方案，明确道出了筑路的两大目的，即"救济饥民发展交通"②，因未涉及首修段问题，所以不明其赈灾兴利宗旨何为首重。

干事会饶伯师筑路代赈计划书所拟的中西两路圈形方案，重工在先。饶氏筑路计划书提出了首修条件，"能使偏僻未发达之地方交通便利，商务繁盛，减少将来之灾荒，急救目前之苦痛"，"决定各项如下：（a）路线宜经过不通水道之区域；（b）宜取道富于天然物产之地方，以期出口便利；（c）开发荒僻之土地；（d）利用现有之道路，因其价廉易购，且不过略事推广而已"。据此，潭宝、芷麻、宝武、新安（新化安化）都符合首修条件，重赈重工筑路宗旨不明。继而明确提出潭宝首修及其理由，"倘路款不能筹足，则应修何段之路为最有利益，必须研究。兹拟定三段路线如下：一为宝庆至湘潭之路，其应筑之理由有六：（a）经过最富之地段；（b）无便利之河道；（c）邻近灾荒之区域；（d）可与长潭军路直接联络，可行汽车，与省会交通；（e）此路商业上运输事业最多；（f）工程上之计划甚易。次为由芷江至武冈或辰溪之路，此系灾区，尽可即日开工，将来即为运米入口之路。再次为由长沙至益阳长六十英里之路，其理由则为切近长沙，可即日修成，以通汽车，且可就近受筹赈会对于工程上之指示，再延长至安化，长八十英里，实为湖南最富之矿区"③。明确提出潭宝段首修，其筑路宗旨即为重工。在2月9日为争取美款而召开的省署工赈大会上，饶氏才道出其重工真实想法，"自湘潭至

---

① 《胡学绅条陈工赈办法：只知运监方便，未计灾民死活》，《大公报》1922年2月21日第7版。

② 李抱一：《我对于修路代赈的末议——主张修改路线》，《大公报》1922年2月4日第2版。

③ 湖南华洋筹赈会编：《湘灾周报第二十号》（1922年3月5日）：专件，载国家图书馆古籍影印室编《民国赈灾史料初编》（贰），国家图书馆出版社2008年版，第601页。

宝庆，本非一等灾区，每英里须洋六千余元，以全线计算，需费甚多，只能从一部分下手。湘潭至宝庆计百余英里，统计不过二十余万元，所以可修。麻阳一带灾情本重，然路线以行汽车为主，亦不能扩至该处。其救济之法，可移灾民前来修路。"路款有限，为保路成，实非得已，可以理解，但首修潭宝段，无疑把裨益交通列为首要宗旨，而非重赈；退一步讲，即使首修潭宝，在救灾即救死的当下，可选择从更接近灾重之区的宝庆或湘乡开始，可更早且更好地兼顾赈灾与兴利。对饶氏赈路重工宗旨意见，干事会内部也不一致。干事会由华洋各六名干事组成，在首修段问题上，重赈之中干事意见显然异于西干事，甚至西干事内部也不尽相同。在同次会上，听闻零陵籍省议员伍坤力争南路不被漏脱之后，西干事任修本情绪非常激动，"谓此款只能作赈灾之用，不能替湖南修路"①。既然如此，筑路当以赈灾为首要宗旨，而非兴利，中西南三路非议麋集，在所难免。

二　赈路首修段的择定

关于筑路宗旨，省内赈路相关各方依据自身利益所在，选择各有偏重。灾重西路重赈，坚持芷麻首修；灾重之中路宝武新安，希望重赈，也不反对潭宝首修；担心被漏脱之南路重工，主张三路同修；何处首修都是修省路，省府无异议；干事会作为美款直接交涉者，自应考虑路成与尊重美方意见，只能重工。

省内各方争议不止，但随着美款代表柏克到湘，工赈首修段与路线图正式确定。在得知美方首重兴利，兼以代赈之工赈宗旨之后，干事会饶伯师就开始考察工赈路线，"该会现已派夏义可②偕童恩炯、欧阳圻赴

---

① 《昨日省署工赈大会议详志：路线缓议，购地办法大致确定》，《大公报》1922年2月10日第6版。

② 夏义可（1888—1934），挪威人，毕业于挪威奥斯陆大学建筑学专业，在本国获工程师职称，世运会游泳亚军。1912年到中国，为长沙基督教青年会体育干事；修建了湖南第一个室内游泳池于长沙小四方塘，教授部分学生游泳技术；1934年5月29日在益阳龙洲师范游泳课上做示范表演时，不幸溺亡于资江。

宁乡、益阳、安化一带，饶伯师偕赵某等赴湘潭湘乡一带，实地考查"①，饶伯师亲自带队考察了潭宝线。2月17日赈务处美人爱德华电饶伯师，要求详细示知"路工代赈计划，如长宝线等如何进行"，饶伯师回复"胡美君明日带报告及方案送上"②。可见在赈路具体方案送交之前，饶伯师等西干事已将潭宝线作为首修段，推荐给美国华北救灾协会。有了美方的支持，饶氏于3月初公开在筑路代赈计划书中，将潭宝路作为首修段。同月，华洋会在致省署函中明确告知赵恒惕，"本会现已组织工赈委员会，准备即日开工。所有路线议从湘潭至宝庆一段，先行着手。"③ 5月29日，西干事在华洋会上向来湘调查的美国华北救灾协会代表贝克报告，"关于乙条路线，由湘潭起向宝庆进行。"会后，柏克到湘潭实地考察。6月3日，在美国驻湘领事的见证下，湖南省政府代表吴景鸿、美国华北救灾协会代表贝克与华洋会工赈部代表，三方签订《工赈修筑湖南潭宝马路协定》。其中第二条规定，"湖南华洋筹赈会之工赈部，承认以此款以工代赈；自湘潭起，向宝庆方面建筑，并修补汽车马路；如有余力，得向芷江方面延长之"④。潭宝段首修正式确定，筑路重工而不重赈。

贝克一锤定音，并不意味着争议息止，相反，路界争议愈烈。干事会心知肚明争议甚烈，只得在签约后，再次阐明潭宝段首修理由。"首段应最先开工之理由如下：一、宝庆现无通行水道；二、此路经过新化安化所属灾区附近地方，而至宝庆受灾县份；三、此路线本为全省巨大商务孔道之一；四、此路与湘潭军路衔接，即可直达省城，汽车转运可期实现；五、沿路县属为湖南物产最富之区，如铁锑木料等皆是；六、工程问题最为简单，监察亦最易，故湘潭宝庆段可视为实验区域，庶几路线延至内地时较有经验；七、当决定湘潭宝庆段为首段时，除美款二十万元得有确实消息可以作用外，别无他款，如在内地另筑一路，不与通

---

① 《筹赈会工赈大计划详志》，《大公报》1922年2月9日第6版。
② 《筹赈会与爱德华之往来函电：关于工赈与赈款》，《大公报》1922年2月18日第6版。
③ 湖南华洋筹赈会编：《湘灾月刊第一期》(1922年4月)：文电，载国家图书馆古籍影印室编《民国赈灾史料初编》(叁)，国家图书馆出版社2008年版，第23页。
④ 湖南华洋筹赈会编：《湘灾月刊第三期》(1922年6月)：文电，载国家图书馆古籍影印室编《民国赈灾史料初编》(叁)，国家图书馆出版社2008年版，第187、142页。

河大埠相衔接,反觉徒劳无益,不得不脚踏实地,从湘潭一段着手。"①理由貌似充分,并强调潭宝段首修为试办,但重工而不重赈,与以工代赈之重赈本义相悖。

三 重赈还是重工:筑路宗旨争议

灾重西路首先"发难",认为以工代赈,理应重赈。潭宝首修,使多次强调从芷麻、宝武灾重之区同时首修的熊凤凰,颇感失落。6月5日,应湘西灾县之请,熊凤凰去电质问华洋会。"查前议以工代赈,建筑马路二条,一从芷江至麻阳,一从宝庆至湘潭;宝庆业已动工,芷江尚未着手。此次美国救灾会如果再拨赈款二十万元,应请从最重灾区之芷江等处开工,庶可就近救济将死之民;由宝庆长沙修起,非仅招集耗费,且恐缓不济急。"熊凤凰虽已认可潭宝首修现实,退而求同修芷麻;在表达对潭宝首修不满的同时,依然坚持赈路重赈宗旨。11日干事会复电解释,"路工本应从芷江宝庆分途着手,惟迭与各工程委办商议,金以现时款项无多,若分段修筑,恐款尽而路不能成功;若先从长宝开工,既可以节节前进,又可以衔接长潭马路,便于行驶车辆。前经北京华洋救灾总会代表贝克君来湘勘察,亦以此议较为便利",仍然强调款少所限之兴利宗旨,但似又难服人,只得搬出贝克,以图撇清责任。"至尊裁所议办法,一俟美款再有增加,或本会要求陆军部及交通部各款能早成熟,可以补助时,仍当设法变通办理。"②既成事实,惟待加款续办,以此安慰熊老与西路。几乎所有辛酉旱荒募款,全恃熊凤凰的争取;美款的获得,熊凤凰应记头功;工赈路线图,也是熊凤凰的率先草拟。首修何段,却未听取熊凤凰建议,实于情理不合,秉公与西路之不满不难理解。而且,"为当时湘灾特重,美国救灾协会募款廿万金元(约合华币三十四五万元)赈济湘灾。旋因灾情稍松,美人好为义举,遂即以二十万元华币,总数五十余万之华币,初意以为可修抵宝庆,不料修至永丰,款即用

---

① 《筹赈会规定之筑路计划》,《大公报》1922年6月6日第6版。
② 湖南华洋筹赈会编:《湘灾月刊第三期》(1922年6月):文电,载国家图书馆古籍影印室编《民国赈灾史料初编》(叁),国家图书馆出版社2008年版,第142页。

馨"①。可见，即使美方后续再次追加路款二十万元，继续用于湘潭至湘乡段，宝庆也并未开修，更谈不上同修芷宝，干事会重工态度坚定。

除托秉公质问外，湘西籍议员直接去函干事会，质问重工宗旨。6月湘西籍省议员吴伦徽去函评议会，"至以工代赈之款，在秉三先生与美公使交涉之初，因湘西交通不便，又辰州以上各县灾情较重，原议修路工程由芷江起点。原案可稽，自应照办，庶灾民可作工就赈，而实惠得以均沾。今忽变更改修潭宝一带，是只以路线工程为重，遂抛却代赈两字，全不念及西路之灾黎。"西路对首修放弃芷麻感到非常愤怒，斥其放弃赈灾，只为兴利。"刻下条约将订，木已成舟，势难中止。试问贵会对于辰州以上灾重各区，能否别有良法，使芷江各路工同时兴办，借以活养一般灾民。"②事实已成，除质问干事会外，再次要求同修芷麻，回归重赈。

不仅西路，中南两路也开始一起质问干事会，重工而不重赈于势不合。26日评议会第十五次临时会，要求请中干事就工赈路线及首修潭宝线进行说明。宁乡评议员胡曜质问欧本麟，"美款如何签约；筑路权限及保管方法如何；湘西灾情惨重，对于工赈路线，为何改修潭宝路；对于用人及一切行政，是否由中干事全体签字赞同？"首修潭宝段，使同处长晃线上的宁乡也深感不满。南路吴静质问，"工赈部如何组织，需要公开，否则请勿用华洋会名义；路线系分三路修筑，抑系仅修潭宝路？"以赈务机构华洋会名义争取来的赈路美款，却重兴利而不重赈，名实不符。永顺评议员郭庆寿也质问，"工赈部系华洋会之一部分，如何组织？"华干事袁雪安解释，"工赈部有三坐办，饶伯师、韩理生、曾约农，现会因事实上不能兼办，故推我担任；而我从北京回湘未久，其中情形，完全不知"，此事与我无关。中干事欧本麟无奈地回应，"西干事因工赈款系由美国汇来，对于工赈事宜，中干事不得过问。后经我等力争，谓美款系以湖南华洋筹赈会请求，应由中西干事合同商量办理，故才组织工赈部。现在已修有十余里路，然内中情形很乱。中干事对于工赈如何组织

---

① 《马振吾昨日到省访闻记：垫款包工之内容》，《大公报》1923年6月20日第6版。
② 《湘西议员质问筹赈会》（续），《大公报》1922年6月18日第6版。

办法均极隔阂；而西干事对于工赈进行等事，均在外函商量，并未报告我等。"原来中干事在干事会无发言权。永绥评议员杨大章认为："以华洋会各事，应中西合办。兹中干事报告，对于工赈各事一概不知，殊不成事体。限中干事于三日内将情形询明，答复本会。"郭庆寿批评"中干事对于工赈各事不知，系自丧失主权"。何衡评议员批评"中干事太放弃责任，应极力争持，切实干涉"。西路愤怒之情表露无遗。评议员欧谷出面圆场，"中干事并不是放弃责任，盖恐争持太烈，则电致美国停止汇款"。圆场并无效果，南路反应更为激烈，郴县评议员陈叔伟甚至警告，"如三日内不答复时，评议会全体辞职，解散评议会①。"华干事颇感冤枉，方永元早在4月24日评议部第九次临时会上就坦言，"款由外国得来，中干事无权过问。②"首修潭宝段，不仅西南两路，就连与赈路无缘的中路县份也开始反对，并以解散评议会相威胁，去函质问干事会。注重兴利轻视赈灾之潭宝段首修，使干事会成为众矢之的。

评议会质问干事会重工宗旨函，直指要害，难掩愤怒。27日评议会去函干事会，"捐款及请款双方之初意，原以灾情极重与极不交通之区，开始修筑，庶于工赈二字，名实相符。乃现由湘潭开工，致灾情重于湘潭之各县，均抱向隅之戚。缓急倒置，无可讳言。回溯此项赈款，系用芷麻泸溆之饿殍图及新安等县之惨重灾况呼吁而来。胡请款若此，而修路又若彼，不惟现在灾重之零祁等县咸感偏枯，即原用以请赈芷溆新安各县，亦感漏脱。工则有之，赈则未也。且查贵干事会工赈计划书所持，首由湘潭兴工之数种理由，无非偏重交通，并未顾及饥黎"。评议会严厉指责干事会只顾兴利，放弃赈恤。"现虽木已成舟，势难遽予变更。究竟对于灾重向隅之各县，能否有其他良法兼筹并顾，俾救其弊，而补其偏。"③ 评议会要求干事会亡羊补牢，明确补救之策，回归重赈正途。

干事会复函回避了重赈关键问题，评议会极不满意。7月12日评议会第十六次临时会，耒阳评议员蒋育寰认为，"此案前以中干事出席答复

---

① 《昨日筹赈会之评议会：质问干事会》，《大公报》1922年6月27日第6版。
② 《筹赈会评议会之会议》（续），《大公报》1922年5月4日第6版。
③ 《筹赈评议会质问干事会函：指为少数人所把持，修筑潭宝路之非是》，《大公报》1922年6月28日第6版。

不得要领，故改用书面质问。今其答复书内，只附《路工办法》《工赈部草案》《计划书》《筑路全线》等件，对于主权谁属及路线规定等事，仍属不得要领"，干事会态度敷衍。伍坤首先发言，"外国人每借此款系美款，故独断独行，不知二十万美金是否敷用。今来米盐公股已作为路款之用，则湖南人应有主权。应函询西干事，如金不需中款，路可修成，则我们可以不必过问。否则须照省路路线，择灾重之县，同时并修。"南路还在强调省路三线同修，并进而要求赈路话语权。沅州籍评议员刘家正认为，"其计划书内不对之点甚多，以言工赈，则须由灾重之处先修；以言交通，尤应先从不交通之处着手；若交通本便，何必再修。至若为矿产问题，则全湘矿产，当以西路为最富。"西路认为重工而不重赈，非以工代赈，坚持首修芷麻。南路主张并修，西路主张首修芷麻，西南两路对干事会回避筑路宗旨之回复颇为不满。就在此次会上，评议会讨论了湘西公民周树棠等，就"支配粮款不公及工赈路线不合等情"二次质问华洋会问题，西路不满不言自明。评议会再次要求干事会解释，以便回复。

干事会对三路关于首修段的质问，敷衍搪塞，促使评议会采取进一步应对行动。7月29日评议会第十七次临时会，南路永兴省议员李仙培指出，"工赈路线原计划由益阳、安化等县直达芷江，干事会因经济关系，难于实行，暂由湘潭修至宝庆，似较容易，但所招之工未必全系饥民。谓为修路则可，谓为工赈则不可"，见路不见赈，要求"如将来赈款发达，应请择灾情较重之地同时兴工，方符名实"。长沙评议员陶铸也持同样看法，并将责任归咎于中干事。"以潭宝一路于赈字上收效甚浅。此种计划成立之时，中干事未免放弃责任，使吾湖南灾民空负受赈之名，并无受赈之实。"评议员唐虞认为，"工赈主权路线案，本会讨论多次，迭将议决情形函请干事会逐条答复；而干事会所答复本会者，实属文不对题"，指责干事会敷衍搪塞，"所谓（工赈）司账监工等职，全系套袭腐败官僚位置私人办法，本会实认与慈善事业之主旨大相径庭"，并认为有假公济私之嫌。由此，唐陶二人提出应对之策，"同人等受全湘父老之托，既无旁贷进行，又不能不将屡次建议及质问不得要领情形，及以后万难继续负责之理由，通告全省父老、各机关、各法团，宣告解除责任"，建议通告全省，解除评议会的责任，争取全省支持，反对干事会。此外，评议员还论及反对西干事独裁，如临澧评议员侯文化，依据西干事逻辑指出，"湖南既担任购地费，则修路并非全数外款，且外款亦系捐为中国办慈善事业之用，何得全取独裁式之办法，殊为不解"。会同评议员陈克刚要求"积极力争，不得任西干事一意主持"①。三路要求赈路话语权。

在各方的质问下，干事会迟至9月份才由工赈部做出解释，但并无新意。"本会对于工赈，接到第一次建议案，系熊希龄主动由北京寄来，附寄地图一张；拟有路线，从长沙至芷江，经过益阳、新化等县；另一路线从湘潭至宝庆。当经筹赈会组设委办会，审查此项建议案，并复议增入从宝庆至芷江路线一条，使全路成为圈形。筹赈会对于此案，表示同意；嗣因款项太少，不足以修筑全路，提议首段先由潭宝段修起。"对工赈首修段择定潭宝路的解释，避而不谈重赈还是重工这一关键问题。

对西干事的不满，并不会因潭宝路的动工而停止，三路仍在抗议。潭宝路计划从湘潭城经马托铺、湘乡城、虞塘，至湘乡西之永丰桥，延至宝庆，全长五十七英里。路款无虞，潭宝路才能修成；然恰如最坏之假设，械款索还和米盐公股款变现不成，致款尽工停，"现时路工已达致湘乡永丰桥，所得美款，已将馨尽"②。路工只及一半，首修潭宝路成了烫手山芋，洋干事们骑虎难下，只得另筹他法。宝庆人马鄰翼终在上海觅得美商亚洲建业公司，愿意垫款包工修筑永宝段，但需以湘省米盐公股券抵押获款五十万元，并由交部一年之内逐月还清。袁家普、欧本麟、马振吾三人代华洋会签订垫款包工意向合同。然而，1923年6月25日，欧本麟致电省议会称，"此案麟未签字"，且"今麟保存证券，未经正式解决，不得汇交，并请转达省政府"。西路沅陵人欧本麟既不签字，也不交出米盐公股券，可见地方灾县对洋干事首修潭宝路、重工而不重赈之怨气未消。

---

① 湖南华洋筹赈会编：《湘灾月刊第四期》（1922年7月）：本会纪事，载国家图书馆古籍影印室《民国赈灾史料初编》（叁），国家图书馆出版社2008年版，第257—259页。

② 《筹赈会电请王儒堂协争械款》，《大公报》1922年12月21日第6版。

筑路宗旨，单就兴利而言，尽可从发展交通方面考虑，从交通便利之地首修，至富产之区，兴利地方，期能有效避免或缓解灾荒；单就赈灾而言，尽可从受灾极重之区肇始，招募灾民做工，以工代赈，以赈就工，赈救灾黎；如要首重赈灾、次为兴利，在湘省出具大头资金的情况下，就应于更接近长潭之灾重富产之区首修，如宝庆新安等；如要首在兴利、次为赈灾，只需湘省不出资或出小头，重工重赈之争料将不大。美款是在辛酉旱荒背景下，以芷麻、宝武等灾情，通过华洋会这一赈务机构而取得；更重要的是，湘省所出修路购地经费和保路经费远多于美款，在美方也明确要求以工代赈的情况下，自然应以赈灾优先。以工代赈美款的到来，在当时湖南灾荒语境下，灾县自然认为赈灾首位。洋干事尊重美款要求，理所应当，但未能站在湘省尤其灾重县份的立场考虑，积极争取工赈话语权，甚至不尊重中干事的意见，一意孤行，重工而不重赈。如平江籍评议员方维夏所言，"外人重工而不重赈，本席主张重赈而不重工"[1]，可为三路之代表。华洋会以工代赈首修潭宝路，招致路界争议也就不意外了。

工赈首修段只是争议焦点之一，因工赈路线图关系地方利益甚大，无疑是争议重点和关键。

第二节　赈路还是省路：工赈路线图择定争议

湖南辛酉工赈路线图，从熊凤凰为争取美款草拟开始，各方提出了多种指向设计省路的方案，但各有侧重。

一　各方路线图设计利益考量

熊凤凰长芷潭宝中西两线工赈路线草图，重在赈灾，附带省路设计色彩。熊凤凰交涉美款之初，为急于获得赈济，应美方要求，快速草拟了路线设计图。从熊本人及他人陈述来看，秉公设计图虽较为粗略，但属重赈无疑。美款交涉之初，"由李（昌）君带省，交饶伯师君"的

---

[1] 《筹赈评议会议事纪略》，《大公报》1922年6月18日第6版。

"熊秉三君路线计划书"①为"于长沙宝庆及长沙芷江间筑路"②，可为辛酉省路设计雏形。从《大公报》消息可知，"熊凤凰拟修土路计划中，略提及芷江、武冈、宝庆、新化、安化各主要灾区"③，当属赈路设计无疑。秉公致华洋会电报中，"湘省灾重之区，以西路芷麻中路宝武为最。拟请将此美助赈款二十万元，各提十万，先从芷麻奠工，庶可就救活灾民，而会加助之款，即可接至长沙"④。熊希龄在为西路争取路赈致华洋会的电报中，强调赈路主张，"前议以工代赈建筑马路二条，一从芷江至麻阳，一从宝庆至湘潭"⑤。在潭宝工赈着手实施及终定干事会方案之后，秉公仍在坚持修筑赈路意见。在省署工赈保路会议上，袁家普报告"在北京与熊凤凰氏计议省路线，拟由芷至宝至潭"⑥。华洋会也证实，"由长沙至宁乡、益阳、安化、溆浦、辰溪、芷江转洪江、武冈、宝庆、湘乡至湘潭，此路系根据熊希龄提议干路两条，一由湘潭至宝庆，一由长沙至芷江"⑦。华洋会工赈部第一次工赈公报也可佐证，"本会对于工赈，接到第一次建议案，系熊希龄主动由北京寄来，附寄地图一张；拟有路线，从长沙至芷江，经过益阳、新化等县；另一路线从湘潭至宝庆。"虽然依据秉公重赈本意，华洋会颠倒了将宝庆至湘潭的顺序，还是可勾勒出秉公湖南辛酉工赈路线图：从长沙至宁乡、益阳、安化、新化、溆浦、辰溪、麻阳，终至芷江为一路；另一路为宝庆至湘潭。这一突出以工代赈赈灾宗旨的省路设计图，成为湖南辛酉工赈路线图的最初版本，也是之后众多设计图的参考。

对于美款以工代赈筑路，全省无不赞成；然基于美款、省款等赈路资金全部到位的筹划，不同工赈路线图版本却各有偏重，各方在省路设计框架下，做出了能使自身利益最大化的倾向性选择。其中影响较大的

---

① 《筹赈会工赈近讯：候取代款项后悕议进行》，《大公报》1922年2月16日第6版。
② 周秋光编：《湖湘文库·熊希龄集》（七），湖南人民出版社2008年版，第530页。
③ 《筹赈会工赈大计划详志》，《大公报》1922年2月9日第6版。
④ 《熊凤凰之工赈计划》，《大公报》1922年4月28日第6版。
⑤ 《熊凤凰为西路灾黎说项》，《大公报》1922年6月10日第7版。
⑥ 《省署昨日之工赈保路会议：决定设立省路局，米盐公股指定为保路费》，《大公报》1922年6月2日第6版。
⑦ 《筹赈会规定之筑路计划》，《大公报》1922年6月6日第6版。

主要有以下五种。

基本覆盖中西两路灾重之区的干事会"圈形"工赈路线图，是在省路框架下设计赈路。依据之前熊凤凰的拟修土路计划，后"经筹赈会组设委办会，复议增入从宝庆至芷江路线一条，使全路成为圈形"①。旋筹赈会公推饶伯师、胡美、曾约农为调查委办，拟定一简单路线；并依据邮政路线，形成工赈干事会方案，"长沙经宁乡、益阳、安化、新化至溆浦、辰溪、芷江，再折由芷江至武冈、宝庆，再经宝庆、湘乡、湘潭，终与长潭军路相衔接"②。此一版本与秉公重赈省路设计原意相符。

与干事会方案所见略同的，还有更为完善的李抱一省路设计民间方案。《大公报》李抱一提出"由长沙，经宁乡、益阳、桃源各县境地，再经沅陵、辰溪，至芷江，转经武冈、宝庆两县境地，横截新化，安化南境，经湘乡、湘潭，衔接军路，长约二千二百余里"。并陈述了主张完善干事会方案的理由，"（一）此路所以横贯沅资两流域，无非要切近重要灾区，使多数饥民得便工作；但是湘西重要灾区，不能算脱永保龙桑各属，使各属饥民都须来溆浦、芷江一带，似乎相距太远；如果展开至沅陵、桃源，惠恩就普遍许多了"。但经此修改，第一等灾区新安就会遗落，所以"将宝庆方面路线北移若干，横贯新化和安化之南部（蓝田桥头之间）"。"（二）原定路线南北距离太近，究不足收发展交通的效果。"理由是"辰州上下，滩高水险，交通极不便利；使路从溆浦东折，芷洪一带固可左右两达长沙，辰溪以下势将等于弃坏，常德亦难免要变成废港。这于交通上实有偏枯的弊病"。所以"沿沅而下，转入益阳，或由桃源县境东折入益，或由桃源经常德、汉寿入益，湘西的交通就可大发展了"③。此方案出于"救济饥民、发展交通两大目的"以及"扩张两大目的的可能性"，将重工与重赈两大目的并重。

与圈形设计不同，评议会工赈路线图方案为"三干路七支线"设计，

---

① 《筹赈会宣布工赈之真相》，《大公报》1922年9月6日第6版。
② 湖南华洋筹赈会编：《湘灾周报第二十号》（1922年3月5日）：专件，载国家图书馆古籍影印室编《民国赈灾史料初编》（贰），国家图书馆出版社2008年版，第601页。
③ 李抱一：《我对于修路代赈的末议——主张修改路线》，《大公报》1922年2月4日第2版。

是三路利益兼顾平衡的结果，可谓名副其实的湖南交通发展蓝图。2月4日评议会第二次常会，议决三路各推三名代表，即"中路方永元、傅作楫、吉光勋，南路伍坤、雷铸寰、陈应森，西路杨凤藻、王正鹏、傅庆余"九人[①]，会同协商工赈路线图方案。13日评议会第二次临时会，提出了工赈路线图草案；23日第二次临时会，正式议决通过"三干路七支线"工赈路线图"九代表"方案。即"（一）由长沙经湘潭湘乡至宝庆为干线，又由宝庆经武冈城步至桂省界为一支线，由宝庆经东安至桂省全县界为二支线；（二）由湘潭经衡山衡阳为干线，又由衡阳经祁阳、零陵、道县、永明出龙虎关至桂省恭城县界为一支线，由衡阳经常宁、桂阳、临武至粤省界为二支线；（三）由长沙经宁乡、益阳、汉寿至常德为干线，又由常德经慈利、桑植至鄂省界为一支线，由常德经桃源、沅陵、辰溪、黔阳、会同、芷江至贵州界为二支线，由沅陵经泸溪、凤凰至贵州界为三支线"[②]。三路各有一干线并延伸二或三支线，在既有粤汉铁路通车之长武段和长株段勾连鄂赣两省的情况下，"九代表方案"算是湖南交通事业发展蓝图，但兴利多于赈灾。

比九代表设计之干线+支线方案更细更全面的是首传堂的"四干线六支线"方案，也是评议会的建议案，可谓湖南交通事业发展蓝图的加强版。13日评议会第二次临时会，工程师首传堂提出了呈放射状的"四干线六支线"方案："（一）长晃干线：自长沙经宁乡、安化、新化、洪江、黔阳、芷江至晃县，与贵州镇远大路相接。二支线：（甲）自新化经溆浦至沅陵（或更延长至乾州，使近川境）；（乙）自洪江经武冈、新宁至零陵与长永干线相接（或自洪江经武冈至宝庆，与株钦路相接亦可）。（二）长永干线：利用粤汉铁路长衡段（此路迟早必成，不成即利用湘江），自衡阳经祁阳至零陵，与株钦路相衔接，上达桂林，下通宝庆。支线：（丙）自零陵经道县江华至永明；（丁）自衡阳经常宁、桂阳、嘉禾至临武。（三）长常干线：利用长晃自宁乡经益阳汉寿至常德。支线：

[①] 湖南华洋筹赈会编：《湘灾周报第十八号》（1922年2月19日）：本会纪事，载国家图书馆古籍影印室编《民国赈灾史料初编》（贰），国家图书馆出版社2008年版，第507页。

[②] 湖南华洋筹赈会编：《湘灾周报第十九号》（1922年2月26日）：本会纪事，载国家图书馆古籍影印室编《民国赈灾史料初编》（贰），国家图书馆出版社2008年版，第547—548页。

（戊）自常德经大庸、永顺、保靖、乾州、凤凰、麻阳至芷江，与长晃线接；（己）自常德经慈利、桑植、龙山达鄂境仪凤。（四）长郴干线：利用株萍铁路暨醴攸军路，自攸县起，经茶陵、酃县桂东境，资兴至郴县，与粤汉铁路相衔接。支线：自长沙经浏阳平江桃林至岳州。"① 此方案在当时所有方案中，属最为完整的湖南交通事业发展蓝图。

2月23日评议会章程审查会议决，对"九代表方案"与"首传堂方案"，"佥谓案情重大，本评议会对于此两起意见书，未便加以可否，只能均作为建议案，函送干事会。俟将来工程委员会成立时，将此两案并交该委员会，请其采择施行"②。评议会干线+支线的两省路设计方案，不分灾轻灾重，兴利而不赈灾，实为真正意义上的省路设计，是三路博弈妥协的结果，因而得到担心被漏脱的南路的支持。

南路更倾向于支持突出南路利益的省府"三干路六支线"工赈路线图方案。湘政府"三干路六支线"方案，是谭延闿督湘时拟定的湖南交通建设方案，基本为赵恒惕政府所沿用。评议会在讨论工赈路线图方案时，伍坤认为"南路不宜漏脱，应参照谭前督议案及此次政府所定路线为主，或由武冈至零陵转衡州，或由宝庆转衡州再由衡州至桂阳"。雷孟骏也表示认同，"谭前督所定一案，系三干路六支线，中西南三路分配均匀。政府此次建议，亦约略相同。故南路人多主张参照原案"③。省署在复华洋会工赈函中，提出政府对工赈路线设计的希望，"于原定路线似宜兼筹并顾，俾符原案。兹将修筑省路计划书函送贵会，请烦查照原案。所定线路，酌量各县被灾轻重，分别缓急，逐次兴工"④。省府方案立足于全省交通建设考虑，既能借赈款修路之名，成省路蓝图事竣之实，又能得到利益凸显之南路的极力推崇，但不见首重赈灾考虑，惟余兴利。

---

① 《筹赈评议会第二次议事纪：关于修路代赈之讨论》，《大公报》1922年2月14日第6版。

② 湖南华洋筹赈会编：《湘灾周报第十九号》（1922年2月26日）：本会纪事，载国家图书馆古籍影印室编《民国赈灾史料初编》（贰），国家图书馆出版社2008年版，第549页。

③ 《昨日省署工赈大会议详志：路线缓议，购地办法大致确定》，《大公报》1922年2月10日第6版。

④ 《省署对于工赈之函复》，《大公报》1922年2月19日第6版。

胡学绅工赈路线图之"粤盐运路"方案，意在以此降低盐价，减轻民众疾苦，当属盐政部门职责，实与赈灾关系不大。湘岸榷运局长胡学绅条陈华洋会，认为粤盐运湘不便，致使盐价高企，提议修筑"吾湘自郴州至粤省坪石"一道，以接业经兴工之"韶州至乐昌"马路，"以利交通"，终达"盐价减轻，人民称便"之目的。较诸以上方案，胡条陈从政府部门职责考虑，明确提出修筑"仅有一百二十华里"① 之省路，貌似可款尽路成，利可兴，困可纾，应为政府民众所乐见。然而，这一盐政应行之事，不仅偏离辛酉旱荒西路灾重实情，而且有违灾赈"救死不救穷"宗旨。

除上述五种设计之外，高舞也提出了自己的工赈路线设想，乏善但甚合饶伯师意，影响不大。华洋会在回复高舞致饶伯师函中提到，"前接琅函条陈路政，尽思而笔，擘画周详，至深钦佩。所云衔接宝路一节，经本会采择实行；至其余各要点，或谋经久，或求美观，在在有研究之价值。"② 除为干事会工赈路线图方案作注之外，高舞条陈并无多大新意。

以上设计，相关各方原则上都不反对，但对赈路与省路有不同理解。然从自身利益出发，却对省路有不同理解，干事会和美方从路权角度来界定，只修路代赈；省府及中南两路从路款角度来定义，省款购地保路，当然修省路；西路灾重，当然首应路赈救灾。因此，支持赈路者有之，支持赈路下之省路者有之，支持省路下之赈路者有之，支持省路者也有之。争议由此而起，愈演愈烈。

二 省路还是赈路：路线图择定争议

干事会工赈路线图设计草案公布之后，争议接踵而至。2月9日在赈路各方云集的省署工赈大会上，各方争执不休。饶伯师、韩理生、任修本三西牧师强调了工赈路线设计的宗旨，"此款只办兴利事业，兼以代赈"。伍坤将此宗旨理解为修省路不应遗忘南路，即使修赈路，南路也有

---

① 《胡学绅条陈工赈办法：只知运监方便，未计灾民死活》，《大公报》1922年2月21日第7版。

② 《筹赈会对于路政条陈之采择》，《大公报》1922年5月25日第6版。

灾区，遂提出要求"南路不宜漏脱"。任修本情绪激动，大声强调是从赈灾出发修省路，"此款只能作赈灾之用，不能替湖南修路；替湖南修路，可以四处修遍；若作赈灾之用，只能顾及灾区及不兴利地方"，意即赈路只能修在不兴利的重灾之区，南路不在此列。中干事袁家普出面圆场，"此案应迅速决定，前南路诸君为路线具有条陈，我劝先以筹款及购地为主，路线且留在后议，以免妨碍进行"。吴静以退为进，"路线本可缓议，惟既以赈灾为主，湘南二十余县有已列一等或二等灾区者；路线既不能扩充，湘南灾区当必另有赈济"。吴政务厅长主张修省路，"至路线，省署原订有详细计划，可交筹赈会参证"。钟财政厅长表示认同省路主张，"至路线不能推及全省，亦宜研究妥善。可于数天内酌定，以书面交省议会通过"①，即使不是全省遍修，也得通过省议会。各方争论不休，工赈路线未能达成一致。在接下来召开的没有西牧师参加的商酌购地办法会议上，钟财政厅长再问，"此路是否为省路之一，购地应否用政府名义"。袁家普解释，"各牧师主张美款只修路，不购地者，即表示抛弃路权之意。当然由政府名义购地，因决议出示保护及派员调查等事均由政府负责"。袁干事从路权而非路款的角度理解省路。西干事要修赈路下之省路，南路主张修省路下之赈路，当然最好是修省路，省府主张修省路。

就评议会工赈路线图设计，三路评议员在省路与赈路问题上争执不休。13日评议会第二次临时会，讨论九代表方案与首传堂方案。伍坤支持首传堂的省路设计方案，"此项路线建议极为妥当，想诸君意见必同，不多讨论"。吴静也持相同观点，"现九代表议案、首传堂所提出之两案，均系根据前此省议会议决之案。就两案说，其第二案与铁路轮船衔接，较第一案尤为周到"，修省路对南路最为有利。吴静进一步提出，"惟此事须顾及两面，一方面为省道，一方面为灾区。我意先定省道大计划，而依灾情之轻重为标准，分最要次要，举行修筑"。先定省路，后定赈路，可以保证南路不被漏脱。与南路命运相似，"依省道大计划，就通达之地，与灾区相近之地为宜"，沅江评议员石成金赞成先定省道，试图争

---

① 《昨日省署工赈大会议详志：路线缓议，购地办法大致确定》，《大公报》1922年2月10日第6版。

取。中路刘善泽有所顾忌，"此案须交工赈委员会讨论。若由本会议决，有窒碍难行之处"；中路方永元赞成刘善泽，"议案适宜不适宜，不能议决。如以灾区为主，而过了两三月，灾区轻重又不同，标准亦不能确定，且路线应视款项为转移；美款能否筹得若干，亦难预料；但两案虽不能打消，可交工赈委员讨论"。中路之浏阳与长沙省路赈路都有份，不过更倾向于省路下之赈路。古丈籍评议员傅庆余认为："筹赈会所定路线，未必尽是灾区；西干事移民之说，中有困难之处，未必可行。"灾重西路主张修赈路。评议会讨论良久，议决"均作为建议案，函送干事会"①。西路主张修赈路，南路主张修省路，中路县份有的支持赈路下之省路，有的支持省路下之赈路。

省府当然选择修省路。在18日省署将修筑省路计划书函送干事会的复函中，明确坚持省路主张。"此项修筑街路，虽为举办工赈，然关系全省交通，仍属省路之一部。查修筑省路前经谭前省长划定在案，现因举办工赈固应酌量各县灾情，逐次兴工，然于原定路线似宜兼筹并顾，俾符原案。"② 强调此一省路工赈路线图设计，并非毫无依据。

面对省府与南路的要求，干事会不得不暂时退让，试图缓解压力。20日左右，华洋会及各公团在致纽约美国华北救灾会电中，"经湖南华洋筹赈会特备工赈调查干事，拟定此项路线，应允由长沙转宁乡、益阳、安化、新化、溆浦、辰溪、芷江，折由武冈、宝庆、湘乡、湘潭至长沙，再由湘潭转衡永郴桂一带，沿途经过，均于灾务交通有至大之关系"③。此方案新增南线，是干事会承压下的权宜之策。

并无工赈路线图最终决定权的干事会，饱受争议，只得拖延，等待美款代表来湘决定。在5月2日评议会第十次临时会上，吴静仍在坚称，"（5月1日）省议会议决以米盐公股修省路，似可请干事会三路同修。"既然以米盐公股款作为路款，那就肯定是修省路，省路当应三路同修。5

---

① 湖南华洋筹赈会编：《湘灾周报第十九号》（1922年2月26日）：本会纪事，载国家图书馆古籍影印室编《民国赈灾史料初编》（贰），国家图书馆出版社2008年版，第547页。

② 《省署对于工赈之函复》，《大公报》1922年2月19日第6版。

③ 湖南华洋筹赈会编：《湘灾周报第二十号》（1922年3月5日）：文电，载国家图书馆古籍影印室编《民国赈灾史料初编》（贰），国家图书馆出版社2008年版，第572页。

日干事部复函,"路工一案,关系重大。本会现经组织工赈部,管理该项路工事务;所有贵会建议路线案,及各方面关于路工之陈述意见者,均交由该部审核;俟定办法后,自当另案函复贵会,并分报各机关,以资公布"①。工赈路线图的审核,由工赈部负责,干事会试图拖延回避。议定米盐公股款作为路款之后,省议会提出应划分赈路与省路的界限,并于10日将西路石门县省议员覃遵典的此项提议函送干事会。29日干事会复函称,工赈委办会"佥以此项审查报告,划清工赈与省路界限,本会极表赞同"。但是,干事会需声明两点:"既曰省路,则工程处当隶属之于省政府";不归省府的话,"应请(将工程处)改为本会所设之工赈部字样";"既名工赈,则此项工役,当然带有赈恤性质"。②省路与赈路并不冲突,干事会坚持赈路下之省路观点。6月3日贝克签订《工赈修筑湖南潭宝马路协定》,干事会中西两路"圈形"工赈路线图设计正式定案,赈路下之省路设计胜出。路线图设计争议虽能暂缓,但无法暂缓与赈路无缘之各方的失望与不满。

更令各方失望与不满的是,意味着立场转变为省路下之赈路的干事会首修潭宝段决定,质问与愤怒接踵而发。干事会版本胜出,西路望赈兴叹,南路担忧兑现,中路新安与赈无缘,评议会开始质问干事会。7月12日评议会第十六次临时会,就干事会答复评议会工赈主权路线质问案讨伐干事会。南路评议员蒋育寰对干事会答复不满意,伍坤认为,"今来米盐公股已作为路款之用,则湖南人应有主权。应函询西干事,如佥不需中款,路可修成,则我们可以不必过问,否则须照省路路线,择灾重之县,同时并修,不能因区区二十万元,即操纵我八百万之米盐公股"。南路仍在强调应修省路。西路沅州评议员刘家正在主权问题上倒与伍坤稍有不同,"米盐公股之动用与否,须省议会议决,方能施行,此刻可不计及","即请让步,亦只能以美金二十万用完为限。倘将来械款及有他项款到时","须齐心努力,据理力争。如再不得要领时,当以省议会为后盾。"强调"惟其计划书内不对之点甚多,以言工赈,则须由灾重之处

---

① 《筹赈会干事部函复评议部》,《大公报》1922年5月6日第6版。
② 《筹赈干事会关于路工之答复》,《大公报》1922年5月30日第6版。

先修；以言交通，尤应先从不交通之处着手。若交通本便，何必再修；至若为矿产问题，则全湘矿产，当以西路为最富"①。西路一直坚持修赈路。

省议会对干事会工赈路线图也颇有微词，要求修省路。1922 年农历年关之际，因购地无款，潭宝线收用土地办公处主任谢国藻呈请内务司拨米盐公股款，内务司函商省议会批准。省议会在复函中严肃指出："经于本月九日报告协议会，金谓米盐公股全数，虽经前省议会议决拨充省路经费，系指对于全省省路具有详细计划，兴工修筑时，得以此项米盐公股充之。此次兴修潭宝线系属以工代赈，并未具有全体之规划，特就外人捐款为工赈之资。收用土地经费，则经由本会议决以米盐公股项下矿砂变价十三万六千元充之。二者虽同为修筑省路，情形迥然不同，不可混而为一。"② 省议会批评干事会工赈路线图在省路设计上不周全，对未修省路早有嫌隙。干事会版本的胜出，各方本已万分失望；而潭宝首修，又让赈路不像赈路，以工代赈不像以工代赈，省路不像省路，各方非议不断。

各方虽都不反对赈路与省路皆应修，但对赈路与省路之理解不尽相同。干事会主张修赈路下之省路，而潭宝首修又招致修省路下之赈路误解；西路支持修赈路；中南两路支持赈路下之省路；利用赈款促成全省交通事业的大发展，是省府主张省路的动机，也是担心被漏脱之南路最佳选择。

修筑省路，耗资巨大，可谓全省交通兴利事业，当属省府之责；修筑赈路，耗资有限，可谓赈灾济民之善举，可为华洋会谋划。本不冲突之省路与赈路，在以区区五十万华币善款，谋修长达两千多里、敷布中西两路几十灾县甚至全省六十余灾县的省路大交通之间，华洋会作为少米之巧妇，救灾赈路不保，重工省路又无力，何能不招致争议？干事会尤其是洋干事们陷入四面楚歌的境地，原计划四个月完工的潭宝路，断

---

① 湖南华洋筹赈会编：《湘灾月刊第四期》（1922 年 7 月）：本会纪事，载国家图书馆古籍影印室编《民国赈灾史料初编》（叁），国家图书馆出版社 2008 年版，第 257—258 页。

② 《潭宝路借拨米盐股款之周折：省议会变通赈拨，已自淮商公所拨得三万元》，《大公报》1923 年 2 月 10 日第 6 版。

断续续修了近五年才完工。

结　语

　　潭宝赈路美款本由熊希龄等以草拟芷麻潭宝两干线工赈路线图争取得来，西路灾黎满怀期待。既可就地招募饥民工赈，也可带动地方经济社会发展，缓解甚至避免今后可能发生的饥荒。而洋干事们把持赈路设计及柏克终定潭宝首修，使西路希望落空；而未获赈路修筑益处的中路个别县份以及被漏脱的南路，也同样愤愤不平；借此机会筑成省路的省府，其美好设想也被排除。干事会成为各方非议、抱怨甚至攻击的焦点。

　　贝克来湘签约择定首修段，以及潭宝段开工之后，重工还是重赈、省路还是赈路等图赈还是图路的争议已无多大意义，但三路均不满意，以施赈不公为由质问干事会，要求查赈账和精简机构，以图削弱后续路款到位后洋干事们的工赈话语权。

　　湘省辛酉旱荒，恰逢耗费民脂甚巨的湘鄂战争与意图南阻北拒的湘省自治运动，灾重异常，内耗巨大，外援募集维艰。争得工赈美款，于旱赈意义着实重大，三路争赈也实属无奈。预期充作路款的泰平械款与米盐公股款，又使湘省地方在工赈首修段与路线图择定问题上，有了争议的底气。以地域分野的赈路利益争夺背后，有意图打破外人垄断湘省工赈话语权的民族主义冲动，但更多的是在不资敷布的有限路款上，谋求更多的路界利益。激烈嘈杂的辛酉赈路路界争议，是军阀割据时代湘省自治运动背景下，湖南无序公共生活的缩影。

　　关于华洋会辛酉施赈的路界争议，不仅是公共生活无序的表现，更是旱荒在社会层面的病态表现。在华洋会工赈路界争议中，西路尤其是湘西灾县甚为不满；这一病态的根源，表面上是辛酉旱荒，实质上是旱荒背后因湘西兵匪毒灾、苛税、教育破产等所致的湘西整体深度贫困。

第八章

湘西整体贫困

从构成辛酉旱荒的自然条件来看，湘西灾重不应甲于全省。单就旱荒致灾而言，湘西并非全省最重；就人口密度而言，湘西应小于平原其他各县；就饮食结构而言，湘西民众主粮和杂粮各半，而耐旱性更强的杂粮，如红薯、玉米，其山地作物栽种面积应大于主粮，杂粮收成相对不算少，抵御旱荒能力应更强。

自然条件并非构成辛酉湘西旱荒的主因，社会病态才是。自然条件肯定是旱荒的一个成因，但并非主要方面，"穷究灾荒形成之最后原因，或促发严重灾荒之基本因素，则知驾乎自然条件之上，尚有最根本之认为社会条件存焉！盖如前所示自然条件虽为构成灾荒原因之一，而实非终极唯一之原因"①。湘西因灾死亡或逃荒人数为全省最多，旱灾后果明显更重，实因社会病态所致。就兵灾而言，同时期的平江、浏阳、醴陵等县，兵灾更甚；就匪灾而言，全省各地皆有匪患，只不过湘西土匪作乱稍多而已；就民国九年提征十年田赋而言，并非只在湘西提前征收，全省皆然；就荒年米禁而言，防止谷米外流力度偏弱，虽然导致长期仰给邻封的湘西，可购买的粮食来源减少与粮价增高之外，与他路灾县别无明显二致。然而，当本就脆弱的湘西拥有众多社会病态时，其灾重成因就不难理解了。"民国时期，新旧军阀混战，反动统治阶级对人民的战争和帝国主义侵华战争连年不断"，"战争除了用去财政的大部分，大肆搜刮军费抓丁拉夫、社会不稳定与土匪蜂起等等引起大批难民、饥荒外，

---

① 邓云特：《中国救荒史》，河南大学出版社2010年版，第66页。

还人为地制造了灾害",使"国家更加贫困,人民更加处于水深火热之中,在饥饿与死亡线上挣扎"①。此诸种社会病态,共同造成了湘西的整体深度贫困,且无法摆脱。

第一节 湘西因兵致贫

湘西地处边陲,壤接黔川鄂等省,历为西南要冲。边地湘西,滇黔川鄂等外省军队持续滋扰,本土驻军虽为数不少,但治安难靖,民众生活艰难,贫困日深。"每次战争,直接间接遭殃的都是老百姓。他们要么被拉去充当炮灰,要么供应军需,要么流离远逃。""军阀混战,更使农民苦不堪言。"②

外军滋扰甚至盘踞湘省边境县份,尤以滇黔两军为甚,假道湘西,搜刮民脂民膏,边民苦不堪言,贫困加剧。

一 滇军假道湘西

滇军李烈钧部假道湘西图桂,坐食洪江。1920年6月唐继尧发动川滇战争,妄图称霸西南。滇军顾品珍、赵又新部联合黔军王文华部,攻击川军熊克武部;被唐授予四川靖国军总司令的川军吕超占领成都,通电就任川军总司令,兼任川滇黔联军副总司令,但并未接受唐继尧开出的被熊克武拒绝的条件。8月靖川战争爆发,9月成都失守,10月川军三路进攻重庆,顾品珍率领滇黔残部返滇。"政学系当权,图吞并驻粤北滇军,派李根源为滇军总司令。但该部(张开儒、朱培德部)官兵始终拥护李烈钧,故远走湘西。"③李烈钧所率滇军道经湘西,勒索供养。客有自常德来者,"称李烈钧所部军队,已于日前由洪江取道贵州边境,进窥广西"④。"辰州通讯云,李烈钧率所部军队,道经湘西,请求供养";且数目巨大,"前据芷黔各县传来消息,有说李军在芷黔各县,拟筹二百万

---

① 吴德华:《试论民国时期的灾荒》,《武汉大学学报》(社会科学版)1992年第3期。
② 池子华:《中国流民史·近代卷》,安徽人民出版社2000年版,第74、75页。
③ 姜克夫编著:《民国军事史》(第1卷),重庆出版社2009年版,第78页。
④ 《湘西形势之客述》,《大公报》1921年1月9日第6版。

元，以为援助军饷；有说李军在芷黔靖会四县，共要军饷八百万"。在洪江一地，"称李军某日到洪江，即函商会，请借军饷六十万元"，但因"比时该商会以商业艰难拒之。惟商界非军界敌，嗣经商会约集各店会议，议决暂筹招待费五万元"。相差甚远，李大为不满，"李以商会筹饷不易，特于某日亲往洪江万寿宫，集会江西同乡数十人演说"，旨在筹款。"称鄙人（李自称）此次由四川归来，志在驱逐陈寿（指陈光远），以苏赣人困苦，图达赣人治赣目的。当此自治鼓吹最盛时代，想各同乡无不表赞同。惟是饷糈不裕，进行颇难，拟向同乡诸君处，请借这个万寿宫，以为军饷之用"，目的在苏赣人困苦，军饷无着，只得借卖万寿宫。"军队过境，致欲勒卖同乡会馆，斯亦天下稀有之事业。"①

绥宁知事高柱鳌电林支宇省长，请示滇军提拨税款，如何处置。"前日奉滇军杨司令益谦训令，提拨税款。知事业将征收各税，按月报解省署。属县欠缴田赋，除删日专员批解三千元，及坐支行政司法鉴于各经费计约五千元外，现无存留。惟提征十一年田赋，已向各殷实借垫。但滇军现驻洪江，相距咫尺，将来必派员坐提。究应如何办法，迅电示遵。"林省长回复，"滇军请拨税款，应由杨司令呈请赵总司令核办。该知事未奉令，不得擅行提拨"。对于滇军在湘境各县自由行动一事，赵林两公曾有电致其代表王隆中等，嘱与李协和交涉。"惟兵灾之余，民力调敝，欠饷尚巨，罗掘已穷，实有自顾不暇之苦。前接绥宁、会同、芷晃、黔麻等县局来电，得悉友军有任用官吏、勒筹军费、强提税收之举。非特主客之界不明，且于尊重民治之道，亦有未合。窃谓协公大计，关系全局。实行之际，所需饷械，非由军府担负，万难应付裕如。其如何兼筹并顾，以策万全之处，仍盼明教，并希商请协公特派委员会同诸公来湘，而商一事为盼。"② 可见驻湘滇军掠夺之重、湘西边民受痛之深。即使如此，赵恒惕除希望与滇军协商之外，并无有效护民举措。

应赵林二当道的邀请，李协和派代表来省协商。1921年1月29日李协和特派参谋张鲁藩、杨化中到省，30日"分谒赵林二公，面陈李氏亲

---

① 《李烈钧在洪江之行动：欲勒卖同乡会馆作军费》，《大公报》1921年1月22日第6版。
② 《滇军自由行动之对付》，《大公报》1921年1月28日第6版。

笔函件及其意旨。闻其措辞，谓滇军援桂，不过为扫清内匪之一种消极政策；然欲为巩固西南大局计，自当恢复武汉，控制长江，方能保持南北均衡局势。湘中拥数万之众，又属惯战之师，刻下政治中心集于长沙，执事睦邻救国，必有远谋。兹特派本部张参谋鲁藩前来，面承方略，奉达近情，即希进而教之。"① 程序性的客套，并未涉及问题实质，只是表明李协和并不拒绝谈判，目的不过是想获得更多脂膏而已。

2月3日，李烈钧通电致湘省各军队长官，予以解释。"滇军假道，本无恶意，只须问题解决。朝能解决，夕即退去。"湘省总部派往面商之代表王隆中，"已于一日起程回省，并带有李烈钧之条件四项，须待面商。但李氏所谓问题，既未说明，所谓条件四项，亦不知其内容谁属"②。

除军政两方协商外，湖南省议会也于2月6日去电唐继尧，请滇军刻日开拔离湘。"李部长烈钧率领滇军假道湘西，地主之谊，本不容辞；为湘省连年兵燹之余，又值多方罗掘之后，满目疮痍，伤心沟壑。近因军饷支绌，又复提征田赋，加收税厘，同胞虽着急公之忱，小民苦无聊生之计，正在忧甚鸿嗷，何堪再加重负。兼查滇军入境之初，经政府电商缓进不许，电商路线又不许，贸然长驱，迹近欺凌。吾湘为顾全邻谊起见，屡令防军节节退驻，实已委曲求全；不顾滇军又复逼逐官吏，代以部曹；强拉民夫，视同奴隶；供之不足又继之以苛派，纳解之不足又继以监提。种种行为，直视吾湘为征服地、战利品。湘人何负滇军，而予人难堪一至于此。再者滇军避难来湘，奉调赴蜀，数日之间，先后由湘政府给付洋数十余万元，沿途各县给养尚不在内。湘人对于滇军可谓仁至义尽。"滇军所为，实属恶意，西路民众苦矣。"今以假道于虞之名，励行喧宾夺主之实。主权横被蹂躏，感情何凭维持。"本会"惟有恭恳军政府唐总裁俯鉴下忱，速令李部长暨所属各军，尅日开拔离湘，以顺人心，而全友谊"③。

假道湘西滇军赖着不走，除湖南省各界要求刻日离湘之外，四川与

---

① 《李烈钧代表到省》，《大公报》1921年1月31日第6版。
② 《李烈钧来电之难解》，《大公报》1921年2月4日第6版。
③ 《滇黔军碍难驻湘境》，《大公报》1921年2月14日第6版。

广东的湘籍将领也予以谴责。川边镇守使陈遐龄2月1日来电声援,"窃查协和前自重庆退去,不无残余部队。此次相率入湘,现驻洪江,究将何往。吾湘连年兵燹,人民哪堪受此,万望一致力阻。如协和个人单独过境,自当一体护送,以尽主宾雅谊。其所部务宜商饬出境,俾老幼稍得安息"。广东陈嘉祐于2月9日也来电声援,"吾湘刻正在自治筹备期间,一线曙光,岂容再行堕落,至陷吾三千万人民于万劫不复。诸公为全湘人格计、治安计,务恳嗣后仍发扬正论,协力主持。祐本武人,对于责任所在,断不稍存隔岸观火之心,致负湘人寄托。惟同属护法区域同在护法期间,既互结联治之精神,自应统筹以兼顾"①。

唐继尧败退云南,滇黔军队才被迫离湘。返滇的顾品珍部,在川军的支持下,于1921年2月8日进入昆明,唐继尧通电辞职,流落香港。假道湘西之滇黔军队失去靠山,腹背受敌,只好退出湖南,以求自保。黔陆军第一混成旅步兵第九团团长毛埦宽17日来电称,"敝军此次入湘,原为追击王逆华裔,清理该逆透漏黔省公款。师次洪江,王逆闻风远遁。嗣探闻该逆尚密有存款,因暂驻洪江处理。故当敝军初抵湘境,贼恐湘中人士不悉底蕴,妄相揣拟,曾经宣布宗旨。以敝军入湘任务,原为讨逆清款,并无其他企图,一切饷糈皆系自给"。师驻洪江,原为讨逆清款,非为脂膏,把罪行洗脱得一干二净。"诚以湘黔切唇齿,同属西南范围,王逆前省盘踞洪江,破坏黔局,即是破坏西南,亦即为西南之公敌。微特不容于黔,并且不容于湘。诸公信使往还,当所共喻。"且以湘黔唇齿关系甚或西南关系大计为说辞,为24日离湘清障。"现敝军清理完竣,准于敬日完全开拔回防,驻扎黔边。国难方殷,后患堪虞,振兴扶危,端赖群策。此后关于西南大计,尚冀诸公时赐伟略,以便追随。"②

李烈钧也于巧日(18日)致电湖南军政各界,予以辩解。"烈钧驰骋戎马,廿载于兹,未获卫国之名,先蒙害民之消,回环自省,惶悚莫名。"出于卫国,落得害民之名,惶恐不安。"然所奉以淬励周旋者,厥惟共和政治。年来跋涉西南,罔不尊重民治精神,加以扶植。邦人君子,

---

① 《电请滇黔军出境》,《大公报》1921年2月15日第6版。
② 《黔军定期离湘》,《大公报》1921年2月20日第6版。

或有鉴诸。矧在湘中志士辈出,且多交好;往岁北军驻湘,烈钧戴罪部中,戚然不安,曾为补充饷项,尽力虽微,聊以见意。所部滇赣各军,不敢宁处,效命疆坞,过蒙优遇。长岳克复,何敢言功;衡山之役,要亦无罪。嗣后得贵省接济,鞍马未息,分援川粤。此烈钧所感念不忘者也。"陈述本人志向与同湖南的友好过往,进而解释,"烈钧忝握戎权,此次遵政府命令,经过湘境,同属护法区域,本当闻令即发,只以尊重贵省主权,先事妥商,在黔边载更寒暑,虽负愆尤,未敢或辞。迨接谭组工、赵总司令、蔡督办先后赐电恭迎,始敢入境。因大计未决,复遵照湘政府意旨,暂停待商。敝军本旨显然,细在洞鉴。"并非赖着不走,实则受邀入湘。"贵省当南北要冲,开民治先河,以爱国精神楷模天下,内相团结,外得强援,恢复自由,正达民治,现贵省固渐见天日矣。然伪廷之卖国如故,北部与中部各省之黑暗如故。揆诸决志护法之初心,谅必更有进者。诸公蒿目时艰,知必能本饥溺之精神,推救国之大义,引领湘滇。时兴驰念,往还商榷,信使不绝。最近贵省代表来此,肝胆相照,情同已通,区区之意,想必谅解。至敝部入湘之日,对于军纪已经三令五申,不准干涉政治,骚扰地方,乃由谓为不善自处以为省会诸公忧,此则烈钧不能不引咎自责者也。闻命之后,又已严令训饬,派员查办,必不再负盛意。若来电所示奴隶人民,逼迫官吏诸事,或为道路传闻。然钧亦当以有则改之,无则加勉自期。敝部困顿频年,士不宿饱,马无余刍,兵夫给养,多赖供亿。贵省兵燹之余,岂忍重贻负担。近日迭电军府,商议筹还。诸公深谋远虑,高视遐瞩。西南护法数载,劳师百万,死者未朽,民治不伸,旋转乾坤,乞共努力。"① 仍以民治大义,一再否认部下恶行,辩白洗诬。

虽有开拔离湘之说,但滇黔余部仍盘踞不走,继续盘剥湘西百姓。"滇军入湘,驻扎洪江一带,所提军饷,为数甚巨。湘省以财政穷窘,屡劝其离湘,李部长不让步,时有侵越范围之举。昨据辰州某军官来函,略谓滇军驻湘以来,举动狂妄;续提军饷,自唐继尧由滇出走后,该军知势单独,

---

① 《李烈钧来电之辩白:尚望言行相顾》,《大公报》1921年2月21日第6版。

最近已有离湘确耗云。"① 滇军临走之前，还得筹措开拔费。4月省公署东电（1日）赵恒惕云，"李部长所部杨旅长开拔费，应筹拨光洋二万元，已电令洪江分金库、榷运分局、厘金局及托口厘金局会商筹拨。"②

条件满足后，滇军虽已开始陆续开拔，但仍不大情愿，直到3月19日始交还洪江厘局。"财政厅前委杨毅为洪江厘金局长，于二月二十五日抵洪。待洪江厘局由滇军杨司令委肇□为临时管理员，并另发关防厘票等件征收厘税。经杨局长切实交涉，允即交出。适有清理员瞿阳□恳刘司令迭电杨司令交渠缓办，有此一层波折，遂致迟滞未交。旋由总司令电达杨司令，始饬该管理员于三月十九日截止征收，交杨局长接办。杨毅已于二十日到局开始征收。"③

直到第二次粤桂战争爆发后，滇军才于七月底离湘攻桂。六月，"滇军现据湘西之晃县、靖县、会同、黔阳、通道五县，师长杨益谦驻洪江"，"闻滇军口虽时言开拔，实无闻开拔准备"④。七月底滇军才正式开拔，退出洪江。"原驻洪江之滇军胡旅张莫各大队业已率数开拔援桂，其前队已抵古宜长安一带；又驻洪杨旅所属之王团及驻安江之保营，亦确定于日内开拔。"⑤"广西自受粤军攻击，沈鸿英等宣布独立，主张联省自治，桂局已有解决之机。惟李协和以沈等事出被动，恐非诚意，仍需监视进行，迭电杨益谦总指挥官早日出发，所有各局所各军饷局人员亦须随军移驻，以便交还湘军防地。"至于迟不开拔的原因，"据杨益谦布告云，滇黔赣联军援桂第二路总指挥布告，为布告事，照得本军援桂，已经陆续开拔。本总指挥部亦早经定期于七月二十八号由洪出发，而所以解订日期迟为开拔者，以湘西一带土匪充斥，劫寨打城，时有所闻。本军分防驻扎各县地方，久已安事。所有各县地方治安秩序，概由本总指挥完全负责维持。今奉令统率全军援桂，诚恐地方无兵，各地匪徒乘间抢掠，扰害治安，是不独有关总指挥维持地方保护人民之本心，亦非宾

---

① 《滇军有离湘说》，《大公报》1921年3月29日第6版。
② 《筹拨滇军开拔费》，《大公报》1921年4月5日第6版。
③ 《滇军交出洪江厘局》，《大公报》1921年4月5日第6版。
④ 《辰州通信：洪江滇军近况记》，《大公报》1921年6月26日第6版。
⑤ 《辰州特约通信：滇军确已开拔》，《大公报》1921年7月26日第6版。

主酬答之美意。当经电商湘省政府派兵接防，以重地方"。其冠冕堂皇的理由是，维护湘西地方治安。湘军终于八月一日接防，"本军即定于八月一日起，即将防务陆续交由蔡镇守使接防，地方治安有人负责，本指挥即统率全部启行。"①

滇军假道湘西，坐食长达近十月之久，湘西民众痛之已极。滇军盘踞湘西，虽未激起大的事端，但恶行并不少。据辰沅道尹李苾2月4日电报省府称，"滇黔两军，现在洪江异常专横。洪商晋泰祥号，原与王小珊司令稍有往来，黔军毛团借端报复，将该号经理拘禁马房，勒索至四十万之多；而滇军则代掠洪江银行，指为筹饷处；百端胁迫，商民受其蹂躏者已先后逃走。不惟银行停滞，凡所有税收亦均被截，以致黔滇两军驻军之处，几成为化外区域。饷源枯竭，实为可虑"②。"洪镇除李协和筹饷二十万元外，其所属及其他各部尚有在洪镇及各县勒索者。其数目如下：（一）胡若愚筹饷十万元，计江西帮五万元，九馆四万元，梁湘帆一万。（二）王团在黔阳筹饷三万元。（三）靖州共筹饷三万，军米八百石。以上捐款均勒令限期缴齐。"③综上，滇军在洪罪行，无外乎两条："（一）垄断财政。现虽由湘政府设立洪江分金库，以前辰州厘金局长黄君传麒为金库经理，但滇军视金库为其外府，每月责以饷款六万元，并广布耳目；一闻金库少有收入，即行派库员提出；滇军又自设一军饷局，盘踞金库房舍，几至喧宾夺主。其军饷取出自保商局，所谓商者，鸦片烟贩子也；每月不知抽税若干。故滇军饷项甚为裕如。（二）干涉政治。滇军常有干涉地方行政司法之事，试举最近一事，即可以概其余。杨师长之副官王某，前兼洪江警察厅长，有潘彭二人因钱债案构讼；王某因受一方运动，竟将债权者加以委屈。近来省城警察处以熊君亨瀚继任营长，债权者因不甘屈服，控于会同县知事公署。公署派法吏二人追传债主，行至中途，为王某所知，即派卫兵将法吏捕入司令部，各加刑责，受有重伤。适公署第二科长潘某在洪，闻讯，至司令部与王交涉；王并

---

① 《驻洪滇军开拔之详情》，《大公报》1921年8月17日第6版。
② 《滇黔军碍难驻湘境》，《大公报》1921年2月14日第6版。
③ 《辰州特约通信：滇军确已开拔》，《大公报》1921年7月26日第6版。

将潘收押，现不知如何解决云。"①

客军名为假道，实则入侵，使地方罗掘俱穷，民众困苦日深。辛酉旱荒之前，除滇军假道之外，粤军、北军等假道无时不有，因此，之后《湖南省宪法》第八十九条明确规定：省外军队永远不得驻扎或通过本省境内。由此有了辛酉旱荒之后，省议会和湘西地方各界强烈反对徒手黔军假道湘西往汉运械。

二 徒手黔兵假道湘西

以北洋军阀为靠山的袁祖铭，组织"定黔军"入主黔省，成为意图再组"滇黔联军"以圆"大西南王"梦的唐继尧的眼中钉。范同寿认为，所谓"黔军"者，"历史上籍隶贵州人士组成或以贵州人为主体，由贵州籍将领统率，以驻防贵州为职能之军队也"。而李祖明认为，"黔军，系中国近现代史上清末迄抗日战争时贵州地方军队的统称。"② 不管怎样，黔军当为贵州地方军队不假。早已投靠北洋军阀的袁祖铭，在王天培、彭汉章等的支持下，以"拥刘（刘显世）定黔"为旗号，组织定黔军，从洪江入黔，控制黔省。唐继尧意图再组"滇黔联军"，联合被袁祖铭排挤出黔的刘显世，得黔望蜀，成就其"大西南王"美梦，颠覆黔袁政权遂成为其目标。

为此，经湘往汉购运军械是黔袁惯常所为，不仅能示好于北洋政府关系，更能巩固自身政权。袁祖铭入主贵州之后，就大力鼓励鸦片种植，运烟至汉，以换枪械返黔。经洪江、沅陵、常德入鄂，是黔袁运烟购械的主要通道，这也为不久之后的徒手黔兵往汉运械埋下了伏笔。

袁祖铭拒绝拥护滇唐，二人交恶。1922年，"唐电告袁祖铭，希望得到袁的支持。袁祖铭于护国、护法诸役，在川湘素以善战著称，名震遐迩，岂肯俯首于唐？袁对唐的要求，断然拒绝"③。袁唐交恶，滇唐以支

---

① 《辰州通信：洪江滇军近况记》，《大公报》1921年6月26日第6版。
② 贵州省政协文史与学习委员会编，李祖明编著：《贵州文史资料专辑——黔军史略》，贵州人民出版社2011年版，代序、前言。
③ 贵州省政协文史与学习委员会编，李祖明编著：《贵州文史资料专辑——黔军史略》，贵州人民出版社2011年版，第166页。

持刘显世返黔为名，计划用兵推翻袁祖铭。民国五年（1916）存于鄂省的枪械，遂成为袁祖铭御唐入黔的重要资本。途经湘西往汉运械，遂成为袁祖铭的急务。

黔兵所运军械，系吴佩孚归还黔省、袁祖铭政权用以应对滇黔战争的核心资本。军械来源，据当时黔省驻湘代表张其煦所言，"民国五年时，黔省有协款百万在京，派余化龙晋京，与袁世凯交涉发还，购买枪支。当时即运二千多枝到黔；其余运至湖北宜昌，被王占元扣留；嗣在湖北组织定黔军，即以此枪械为基本；后王占元等在洛阳开会，将其解散；所有枪支，存于汉口。吴子玉到鄂时，将此项枪支提用。现经袁省长迭次交涉，吴子玉、萧耀南均允令兵工厂制还"①。黔兵往汉搬运的是吴佩孚借用的枪械。"袁祖铭得到吴佩孚支持，准其价购汉阳造步枪一万枝、子弹三百万发（据说还有部分小钢炮、迫击炮、机关枪等是无偿支援的）。袁派许开凤旅长率该旅徒手兵背负鸦片一千担到汉口去贩卖，以价款换回这批枪械。袁认为得到这批武器后，即足以与滇军抗衡。"② 黔省此时运械，主要因为滇唐以联省自治为名，向贵州扩张。1922年冬，唐继尧与刘显世组织了滇黔联军，唐继尧任司令，刘显世任副司令，刘显潜为滇黔边务督办；唐又委任其堂弟唐继虞为东南巡宣使和联军前敌总指挥官，以恢复刘显世政权为借口，2月中旬率部入贵州。③ 此批枪械，是袁祖铭应对滇唐入黔的关键，更是袁祖铭政权命运所系。

假道湘西是徒手黔兵往汉运械之唯一选择。1923年1月16日左右，徒手黔兵行抵芷江、黔阳、会同一带，18日辰州镇守使蔡钜猷给湖南省内务司去电称，"徒手黔军三千余人行抵黔阳，声称往鄂搬运军械，回黔成军，举动奇离。务请内务司转呈省长，指示对待办法。"④ 21日左右黔兵到达沅陵，2月11日过沅陵，经水路由桃源、常德、澧县一带进入湖北，并在运械后由原路返回黔省。黔兵往汉运械之所以需假道湘西，实

---

① 黔军运械之因果：《大公报》1923年2月8日第6版。
② 贵州省政协文史与学习委员会编，李祖明编著：《贵州文史资料专辑——黔军史略》，贵州人民出版社2011年版，第168页。
③ 谢本书、马祖贻：《西南军阀史》（二），贵州人民出版社1994年版，第24页。
④ 《黔军侵入湘境警告》，《大公报》1923年1月19日第7版。

因四川内战,直系吴佩孚趁机派兵入川,与杨森川军配合,伺机夺取四川。① 鄂西川东并不安宁,黔兵往汉,除假道湘西外,别无他路。

湘西地方各县久恶客军假道,多次陈请阻止黔兵入境。黔兵假道所经湘西地方各县,不断去电省议会,恳请阻止黔兵假道。1月16日徒手黔兵入境湘西,芷江、晃县、黔阳、靖县、会同、绥宁、通道湘西七县议会去电省议会,"近有黔省徒手兵三千余人,行抵芷江、黔阳、会同一带,据云系赴汉运械,成军后仍由湘回黔"。黔兵假道,去时虽系徒手,返时却是军队。"去岁滇军过境可为殷鉴,湘西十县经灾匪之后甫获安辑,何堪复受兵祸。"湘西民众对于客军假道,苦痛尤深。"查客军假道,不独违反我省宪法,尤于地方有莫大影响。"客军假道,违宪害民,"务恳迅咨政府立予交涉,令饬退出,以保地方"②。21日徒手黔兵行抵沅陵,沅陵县去电省议会,"查阅晃绥会靖通芷各县议会铣日(16日)通电,黔省徒手士兵三千余人,行抵沅晃,假道赴鄂一案,业电钧座钧会",早有陈请,为何仍未阻止。"沅陵地当冲要,人心惊惶,莫知所措。惟黔省此举,殊妨碍我省自治,恳严军交涉,毋使入境,以安地方而维省宪。"③ 沅陵战略地位重要,再次陈请阻止。敬日(24日),驻辰湘西各县自治联合促进会和沅陵县议会再次去电省议会,"前年滇军过境,可为殷鉴;又或发生种种误会,祸尤不小"。再提滇军假道,教训深刻。"吾湘为首创省宪之区,客军假道,应请议决。事前未经贵会认许,已属抵触宪法,苟成事实,必使我劫后孑遗,疲于供给。"黔兵假道,唯有阻止,才能避免惨剧重演。"诸公代表民意,应请根据省宪咨请政府飞电黔省交涉,并一面电饬防军阻止,以保地方。"④ 湘西地方态度坚决。

省议会也坚决反对黔兵湘西假道。19日省议会开大会之前,议长林支宇报告了芷晃黔靖会绥通湘西七县议会16日电文,湘西省议员刘家正认为:"黔兵赴汉,明系运械回黔,据外报载,实系袁省长以鸦片换枪三千枝。湘省宪法明定外军不得过境,绝难任其通过。地方既不胜供应,

---

① 谢本书、马祖贻:《西南军阀史》(二),贵州人民出版社1994年版,第25页。
② 《黔兵入湘之小波澜》,《大公报》1923年1月20日第6版。
③ 《黔军过境之非难声》,《大公报》1923年1月26日第6版。
④ 《湘西各县联合会电请阻止黔军》,《大公报》1923年1月28日第7版。

尤恐不守秩序；滇军过境，招待费外，挪夫千余，死亡过半可为殷鉴。彼仅徒手三千余人，不能说湘省无武力制止；如赵省长不予制止，以人命为人情应酬即系违法。故无论如何责成政府严切阻止。"林议长谈道，"我亦接有此项电文，曾询赵省长，据云业电令蔡镇守使严切制止矣。本会可再根据来电，转咨政府迅行阻止"①。

湘西地方各县和省议会坚决反对黔兵假道，省府表态制止，实则允许，府院矛盾公开。19日林议长已得到赵恒惕命令蔡钜猷严切制止的答复，然据18日芷晃黔靖会绥通湘西七县议会再电省议会文，"昨电陈黔军假道事，计邀查照，顷见蔡镇守使布告文曰，案奉省长赵，并湘军务司长李铣电开，黔军徒手赴鄂，应准通过，希由兄处先行晓谕地方周知，免生惊惶。一面通知黔军，请其分期陆续出发，能改换便衣尤佳。兹已电知袁省长电饬该军查照矣"②。赵恒惕实于16日就已准许黔兵假道，并且提议改换便衣过湘最好。可见赵恒惕在说谎，敷衍省议会。

省府明暗两套做法，激起省议会的不满，并就此事质问省长赵恒惕。25日省议会众议员问林议长，政府是否就黔兵过境进行答复，林答称政府答复书下午就可到。下午，政府答复意见为，"黔军过境，未携枪械，既系徒手，则是商民。据宪法商民可以入境，无禁止之权"。省府准许黔兵过境理由是，徒手黔兵就是商民，假道不违宪。众议员对省府答复不满意，认为"既是人民就不能称徒手，称徒手只能是军队。所以坚持认为黔兵过境，既违宪法，又妨碍地方，更不利于湖南省自治"。湘西省议员彭定钧则更为气愤，"政府如此因循敷衍，开此先例，将来桂兵可入湘南，鄂军可入湘北，赣军可入湘东，湘省还成什么自治"③。

省议会不满意政府的敷衍态度，要求军务司长按时出席答复。26日下午，军务司长李佑文出席省议会，答复黔军假道过境一事，省议会推定议员彭定钧等三人为代表进行质问。李答复称，"黔军赴汉运枪，假道过境各情，昨省长已经咨复。此事省长交涉许久，当初本未应允，后接

---

① 《黔兵入湘之小波澜》，《大公报》1923年1月20日第6版。
② 《政府已许黔兵通过耶》，《大公报》1923年1月21日第6版。
③ 《黔军过境之非难声》，《大公报》1923年1月26日第6版。

贵会质问书，又去两电，一致袁省长，一致蔡镇使力阻。电稿具存，不难复按。现该军已经过去，如转来有械，再不准通过。已与黔代表交涉，政府当负全责，否则政府任凭贵会处分。"其意为省府交涉了，命令当地驻军阻止了，但未能成功，责任不在省府；既然都已经过去了，就不要再纠缠了，只要不允许黔兵原路返黔就行了。省府明显轻视湘西地方各县和省议会，彭定钧对此答复极不满意，逐点予以反驳，"第一，关于徒手黔兵假道湘西赴鄂运械一事，既然赵省长跟袁省长交涉了那么久，为什么不经省议会同意，竟单独允许通过；第二，世上只有徒手军队没有徒手人民的说法，政府不应借此起哄本会；第三，黔兵过境且有统带，不能说无枪就是人民"。要求省府做出保证，"虽然说黔兵如转来有械，再不准其通过，但政府能否担保黔兵践约？如果黔兵不践约，政府又如何制止？现在黔兵已经到洪江、黔阳了，政府能否负责制止？"李佑文对持械黔兵返省一事做出保证，"省长昨已电令蔡使严行制止，转身过境一节，已与黔代表并电袁省长切实交涉，当负完全责任；不是口头负责，实是切实负责；如有此事，听贵会处置"。议员徐汉彪认为："军务司长答复，甚不圆满。政府违法谋叛，前次赵省长对林议长云，准即出电制止，后未实行，任其通过；今日李司长答复之语，难保不蹈前辙。"遂临时动议，"本席提有弹劾案，请变更议程讨论，附议者十人以上"。对徐汉彪弹劾省长的动议，议员唐陶云认为，"此案关系重大，手续不得不慎重，应经过提案，列入议事日表各程序，正式开议"①。省长弹劾案因此才未开议。27日省议会因法案堆积过多，弹劾省长案也未列入当日议程，但主张保留。

　　省议会对李佑文的答复并不满意，因而再次质问省长。2月7日，省议会再次质问省长，敬电是在政府命令制止前拍发，还是政府制止命令无效，导致黔兵假道湘西成功？13日，赵恒惕答复省议会，"查此案前经敝省长于一月二十五日电请贵州袁省长，并同时电令蔡镇守使，凡属外省武装徒手兵，一律不准过境等语在案。该自治联合会来电，果系何日

---

① 《省议员弹劾赵省长》，《大公报》1923年1月27日第6版。

所发，敝省长无从悬揣"①。赵省长只说同时去电袁祖铭和蔡钜猷，避而不谈到底电报哪个在先，赵仍在敷衍。

李佑文答复不圆满，赵恒惕在敷衍，终致省议会开议弹劾省长案。3月10日省议会第三届常会第三次议事会，徐汉彪再次动议，本日将保留弹劾省长案提出来讨论，但省议会还是决定改日再议。17日省议会开会时，徐汉彪再提弹劾省长案，要求赶快列入日程讨论，议长林支宇最终答应。23日，省议会又对弹劾省长案进行辩论，决定于24日列入议程再议，但直到4月2日才终入议事日程。

湘西省议员执意坚持弹劾省长案，省议会始开议，但反对弹劾之声明显占优。4月5日省议会第三届常会第二十四次议事会，徐汉彪执意提议弹劾省长，理由是"赵省长对于黔军过境，假名徒手，不加制止；又不先取得本会同意，竟准通过，实违宪法八十九条，本席认为实属谋叛"。周天爵则认为，"弹劾省长案，不能儿戏出之。查宪法第三十九条第七项，是要犯谋叛贿赂等罪。现在省长，是否取消自治的谋叛意思，又许其通过，曾否得黔军贿赂。如仅谓违宪法八十九条，尚未到弹劾程度；况又系徒手"。刘沅葆也持相同看法，"宪法第三十九条第七款，明定须谋叛贿赂，与重大犯罪，方能弹劾省长。现在赵省长，并未推翻自治，何能指为谋叛贿赂，要有确证。至重大犯罪，尤要律有明文。此案则毫无根据，如云黔军过境，是违宪法八十九条，亦只能不信任负责之省务员，不能弹劾虚位之省长。徐议员提出此案，对自治太热心，实堪钦佩。然对于宪法是误解，根本不能成立。"刘善继主张"不讨论，付表决"②。结果以4∶126的悬殊票数未能通过，弹劾省长失败。

弹劾省长失败，并不意味着黔兵假道湘西问题的解决，有械黔兵假道湘西返黔问题亟待解决。深恐黔军运械之后复行湘返黔，湘西各县自治联合促进会在2月23日去电省议会，请求坚持遵照省宪，毋许有械黔兵假道湘西回黔，从而保境安民，维护省宪。3月8日召开省议会议事会，议长林支宇报告了湘西各县自治联合促进会请求阻止黔军携械过湘

---

① 《省长答复黔军过境案》，《大公报》1923年2月14日第6版。
② 《省议会第三届常会议事记》，《大公报》1923年4月6日第6版。

的电文，众议员一致赞成咨行政府，严切制止有械黔兵假道回黔。10日省议会召开第三届常会第三次议事会，省议员文一元，联同湘西议员彭定钧等五十三人，临时提出阻止黔军携械过湘案。众议员都赞成通过，决定以作公函形式转咨政府切实阻止。16日，赵省长咨复黔军运械问题，"查黔军过境，拟由湘假道运械回黔一事，政府现尚未接到袁省长此项请求文电。除已依省宪客军不许任意入境之限制，先行电请袁省长转饬改道，并电令沿路各驻军严加防阻"①。赵已电请黔袁改道，并严加防阻。

有械黔兵返黔，除假道湘西，别无二途。滇黔战争正在进行，黔军急需械弹；四川内战正酣，道路阻塞。假道湘西已成有械黔兵回黔的不二选择。有械黔兵假道湘西返省，黔袁驻湘代表张其煦（沅陵人）想出了一个折中办法，"黔省已赴汉徒手兵队，仍照前便衣经湘回黔，所有械弹交由湘政府沿途军队运送赴黔"②。此办法遭到湖南省政府完全拒绝，理由是："以吾湘对于滇黔战事，既取中立态度，则自不能为之运械，接济一方，致招他方之诘责；且客军不能经过湘境，宪法上并无便衣徒手可以通过之规定；故对于黔代表之要求，已决定完全拒绝。"③

徒手运械黔兵还未来得及持械假道湘西返黔，袁祖铭就已败于滇黔战争，率领残部由凤凰退入施南鄂西。黔兵回省也无所依附，此项军队"已在湖北编练新军，归吴佩孚部下某师长节制"④。最终持械黔兵未能假道湘西返黔。

外军假道是湘西贫困程度加深的一个重要因素，而本土军队的长期坐食勒派，其影响丝毫不亚于此。

三 本土军队坐食勒派

1920年11月被鄂督王占元所剿杀的本土军队张学济部，长期勒食湘西边陲地方，加重边地辛酉饥荒与贫困。前辰沅道尹张学济部，自援川失败后，一直盘踞在湘鄂边境来凤、咸丰、宣恩、龙山等地区，无恶不

---

① 《黔军运械问题之咨复》，《大公报》1923年3月17日第6版。
② 《黔省军械过湘办法》，《大公报》1923年3月15日第6版。
③ 《黔军假道运械事之真象》，《大公报》1923年3月18日第6版。
④ 《徒手黔兵在鄂成军》，《大公报》1923年4月10日第6版。

作数年。张学济部所辖"第一营营长姓刘,第二营营长即李膏池,共有快枪六百余枝"。"张学济确在湖北来凤一带,因鄂军司令蓝天蔚之招抚,已受蓝军编制。""惟前月二十八日,张因蓝之电召,即由来凤所部团长李达武带兵士一营,前往施南。讵行不二日,张李二人即被土匪围杀于途中田坎下。一说围杀之土匪,即蓝军兵士,蓝因张虽受编制,在来凤一带仍肆抢杀惯技,特授意于所部,假作土匪,以便在途截杀。""旋据龙山防务指挥官包轸翰称,张学济、吴醒汉、田品三,在宣恩被妖匪二三千人,均用刀矛攻击。吴醒汉身被重伤,田品三不知下落,吴部全数消灭,张学济溃奔来凤。"①"张学济之弟张仲桓,虽从张多年,本系无恶不作之巨匪,前在辰州,人民恨之刺骨,惟因张威及胞兄张葆元木关监督势力,仅敢怒而不敢言。现因张死,即率所部(完全为芷江土匪)在鄂湘边地肆行抢掠。"②张及其弟在湘西边地搜刮数年,民众痛苦已极。"查张吴等党众,不下数千,盘踞宣恩、咸丰、来凤,搜刮民财,骚扰治安。该三县素称瘠贫,经如此宰割烹刨,何能忍受,民情愤激,起而自卫。故一夫振臂,万弩齐发,遂将张吴等扫除殄灭。"③张部蹂躏湘西数年,民困已极,接遭辛酉旱荒,何以不致旱荒灾重甲于全省?

除张学济部之外,辰州等地驻军坐食勒派,也是与民众争食、加剧湘西贫困的重要因素。湘西驻军人数之多且复杂,为全省之冠。"沅陵镇守使兼节制九十两旅,其两旅系国军编制。镇守使直辖之军队,有曰卫队营,有曰机关营,有曰独立连,有曰招抚处;而招抚处又有大队长、小队长、游击队之分;至机关枪营,观者谓略有一团之多。"除沅陵镇守使所辖军队之外,还有陈渠珍所辖旧军新军。"(甲)旧军,曰镇箪镇,曰绥靖镇。一仍绿营旧规,但有枪者又均编入新军。官长则一官两印。兹因新旧两相关系,特为详述于左。镇箪镇:镇台田宗恕隶统领部,其直接所管马兵战马守兵共约四千余人;下分中营游击(傅鸿年)、左营游击(人未详)、右营游击(吴彰明)、都司又补前营游击(人未详)、守

---

① 《陈渠珍报告张学济被杀电》,《大公报》1921年1月14日第6版。
② 《张学济被杀详情》,《大公报》1921年1月12日第6版。
③ 《陈渠珍报告张学济被杀电》(续),《大公报》1921年1月17日第6版。

备又补后营游击（胡连隆）；按游击都司守备下又有守备，守备下有千总、把总、外委、额委等官，现均仍旧制；乾州协（向滋洪），隶属镇筸镇，直接所辖马战守各兵约七百余人，其田某所部约四百余人；沿□营游击（向明□）所部约三百余人。绥靖镇：镇台宋永祚，兼任新军第三统带，又兼任永绥县知事，直接所管马战守各兵约二千余人，辖统领部；古丈营都司永绥协保靖营参将属之，其直辖军马亦分为中左右前后五营游击，游击下守备千把外额亦仍旧制，但其人均未详。古丈营都司马战守各兵约共三百余人。永绥协台飞蜈蚣，忘其姓名，兼新军支队长，各兵共约七百余人，以左右营守备辖之；保靖营参将田义卿，兼新军第四统带，所部约七百余人。统共旧军约九千余人，自官长以至兵丁，皆为此袭；即女子亦间有之，新军亦然，平均每连约有二三人。（乙）新军，大概分为四统带五指挥于左。第一统带张子卿，下分为两支队，一支队长贺龙，二未详；第二统带戴斗垣，下分为两支队，一支队长周朝武，二未详；第三统带宋永祚，即绥靖镇台，下分二支队；第四统带田义卿，即保靖营参将，下分二支队。就防指挥包焕伦，副指挥向玉辉，下分三营；永防指挥王某，下分三营；凤防指挥□营隆，副指挥兼镇台游击田寿卿，下分二营；大庸游击司令兼指挥马绍麟，均未详；麻阳留守兼屯务军指挥向烈侯（兼镇筸守备），下分三营。此外尚有卫队连、独立连等名目四五起。"[1] 本土驻军人数众多，与民争食。

  本土驻军不但与民争食，而且害民甚烈。1921年6月13日，辰溪知事张家勋致函义赈会马筱苏称："此间荒象日紧一日，每米一升，需元钱二百三四十文，并且有钱无粜，加以沅陵、凤凰军队派员来溪强买勒逼团总。（沅陵军队极恶，向香南团总被押仓内一天，并开一枪，幸不伤人）辰溪驻军买米亦形恶劣。渠业与田旅严重交涉，如田再维持不了，弟亦无法可设。"[2] 1922年7月18日麻阳县省议员朱承璟接得该县来电云，"驻县军队现因发生误会，双方开火，互相仇杀，惨焚民房数百间，

---

[1] 《辰州特约通信：湘西军队之调查》，《大公报》1922年8月4日第6版。
[2] 《辰溪知事之一封信》，《大公报》1921年6月21日第6版。

毙人百余，尚不知如何解决。"① 8月26日麻阳各法团代表龙嗣思等，控请总部查办驻县田指挥应忠，理由是"纠匪焚掠，烧屋数百栋，惨毙数十人"②。军队征求饷糈，加剧荒情，且兵匪不分，作恶地方。

辛酉旱魃正烈之时，湘西巡防军统领陈渠珍率部参加湘鄂战争，对湘西旱荒与贫困无异于雪上加霜。7月下旬湘西旱魃为虐，致荒成灾；以假道为名盘踞湘西的滇军前脚刚走，赵恒惕26日即举行誓师大会，发动湘鄂战争，陈渠珍也于8月12日率部援鄂。"湘西统领陈渠珍来电，已将全部于文日（12日）出发，向宜昌前进。又致宋总指挥电，我湘出师，关系重大，宜迅速解决鄂事，审时度势。若由鄂西出兵，联络荆沙，不难扫除逆氛，会师武汉。敝处业派张金龙为湘军援鄂军第一路指挥，率六营，由庸来鹤峰，直趋宜阳关；派戴斗垣为二路指挥，率兵五营，由龙山来凤，直趋施南，已于文日出发。张戴军队，随时统归我公指挥。"③ 9月1日赵恒惕与吴佩孚在岳阳英舰上签署湘鄂和议，"当由英领介绍，在英舰上会话。彼此声明误会，一切涣然冰释。相约双方即日停战，商定暂行停战办法"④。历时一个多月、耗资百万之巨的湘鄂战争以湖南战败而告结束。战后军饷愈加缺乏，散兵为非作歹，唯有加紧搜刮地方，才有了1923年熊凤凰等取消辰沅属苛税的电请。"查湘省前因军饷支绌，举凡盐木百货出入于完纳正附各税外，再加增一倍，以充军费，行之未久均已取消。惟辰沅道属二十县迄未奉令停征。两载以还，商民俱困。查该属夙称贫瘠，加以近年兵匪水旱，迭成巨灾，人民痛切剥肤，何堪受此苛征；若不及时革除，将无噍类。"⑤ 湘西出兵援鄂造成的旱荒和贫困加剧，可见一斑。

军阀主义是民初中国社会的主要特征之一，也是中国尤其是边地湘西贫困的重要根源。正如贝思飞所言，"对中国来说，军阀统治是一种自身无限延续的悲剧。它破坏经济，使许多农民沦于难以忍受的贫困，甚

---

① 《麻阳驻军之大喋血》，《大公报》1922年7月19日第7版。
② 《总部查办湘西田指挥》，《大公报》1922年8月27日第7版。
③ 《陈渠珍亦出兵援鄂》，《大公报》1921年8月22日第6版。
④ 《湘鄂和议已成：即日停战》，《大公报》1921年9月3日第6版。
⑤ 《辰沅道税重于省内他县》，《大公报》1923年1月19日第6版。

至死亡，它把军人推上国家政治舞台的中心，于是一成不变的暴力成为解决问题的基本手段。"①

第二节 湘西因匪致贫

新旧政权更替的清末，军阀混战的民初，秩序破坏，是土匪较为猖獗的时期。"土匪是清末民初以来一个十分严重的社会问题，从一方面反映了半封建半殖民地中国的社会危机的严重化程度。""民国成立以后，相继登台的北洋军阀和国民党新军阀的统治，各派军阀集团之间的频繁的混战，为土匪的滋生提供了最好的温床。中国社会的军事化，又给予土匪以强有力的武装，为野心勃勃的兵匪头目开辟了发展壮大的新的大道。军阀混战和政权的分裂，使兵匪之间的互相转换成为一种不可避免的现象。"② 民初土匪成为一个全国性社会问题，"民国肇造，无地无匪，无岁无匪，国几不国，竟成土匪世界"③，以致有"中华匪国"之称。边地湘西更属典型。

一 旱荒前后湘西匪患严重

边地湘西历来匪患严重，旱荒最甚时期的辛酉壬戌冬春更替之际，匪患尤烈。"愈是生产力低下、社会经济发展落后的地方，人类控制和改变自然的能力愈弱，自然条件对人类社会的支配力愈强。"④ 灾荒致生流民，"流民谋生无门，只好落草为寇，到土匪世界里讨生活，去造就更多的流民……这种悲剧性效果，更能凸显近代中国社会病态之严重"⑤。

麻阳旱荒严重，匪患更重，民众贫困日深。麻阳知事本义龙1921年4月1日致电赵恒惕，"麻阳匪炽，大股匪首舒万钧、田疤子等，勒劫商

---

① [英]贝思飞：《民国时期的土匪》，徐有威等译，上海人民出版社2010年版，第37页。
② [英]贝思飞：《民国时期的土匪》，徐有威等译，上海人民出版社2010年版，代序。
③ 戴玄之：《中国秘密宗教与秘密会社（上册）》，台湾商务印书馆1991年版，第337页。
④ 李文海、周源：《灾荒与饥馑：1840—1919》，高等教育出版社1991年版，第12页。
⑤ 池子华：《中国流民史·近代卷》，安徽人民出版社2000年版，第73页。

船民船，势甚猖獗"，"非兵莫保"；"九区改编，余枪甚伙"，为此"恳饬田司令拨枪四十杆，发交警队，会同九区军队往剿"。① 匪患日烈下，呈请将改编余枪装备剿匪警队，以维治安。1922年初，陈渠珍率麻阳士绅致电华洋会，"麻阳前岁惨遭水患，去年春荒夏旱，又复继起，哀鸿嗷嗷，遍于全境；加之匪风甚炽，县属五六两区，与芷辰壤地毗连，被匪焚毁房屋三千余家，烧杀男女百余人；其他各区亦多被掳劫之祸，灾民流离无食，呼声动天，诚为百年未有之浩劫。现经敝处派队痛剿，匪党豕突，死亡无算，地方始安。"② 然剿匪全功未收，来年匪祸更烈。

河匪抢劫华洋会旱赈湘西款粮，因此，肃清河道以全赈务便成为迫切要求。"麻阳近来米价陡涨，每斗现至三千八百余文，其原因一由收成歉薄，一由辰麻交界地方，有所谓迷河者，土匪充斥。运河梗塞，来源既绝，价遂日昂。"匪患致使赈济上驶不畅，加重旱荒，该县旅省士绅田纵龙等呈报华洋会，转请赵恒惕"严饬该处驻防军队（沅陵镇守使蔡钜猷），迅将河道肃清"，"以利交通"③。

治标之肃清河道不能治本，土匪未灭，兵匪为恶更烈。麻阳县知事江天涵等致函华洋会，再次陈情匪状，"一三两区股匪横行，焚烧房屋数百家，杀掳人民数十口，牲口尽绝，劫掠一空"④，恳请华洋会救济。剿匪难见效果，贫苦民众被匪蹂躏愈重。陈渠珍令部下田应忠、陈运迹、向明赐会同进剿被陈统领下令解散的龙光明部（龙光明起初本绿林中人，近四五年内已经陈渠珍统领招安，因与田应忠发生冲突，并经统领下令解散）。双方"初次接战（七月初旬）尚被龙光明打败，其后龙（光明）不战而逃，窜入贵州界内。而田应忠则大鸣战鼓，统其新旧兵十数千人，由江口而上，经石龙溪、祖冲、黄垅等地（人烟稠密为麻阳最富庶之地），亘百余里，尽情掳掠，毁烧房屋千余，杀人数十，金银布帛牛羊谷米，尽为兵士所有。犹恐其有遗忘，又缚肥羊（绑架之俗称）十余人，如聂与谦、聂志珠、聂志俊、潘盛轩等并妇女数人，现缚在田应忠指挥

---

① 《麻阳匪风甚炽》，《大公报》1921年4月8日第6版。
② 《麻阳荒匪两灾之惨痛》，《大公报》1922年1月19日第6版。
③ 《总司令严令肃清麻阳河道》，《大公报》1922年1月24日第6版。
④ 《麻阳荒匪之惨状》，《大公报》1922年7月18日第5版。

营内，勒索数万元之赎金；并使人将此地田禾熟一亩获一亩，以致此地人民，畏杀之余，亦畏饥饿，联袂逃难者不可计数。田应忠既得此次胜利，又派陈运逵、杨通胡及戴营长到县公署，召集各团体，迫令捐出犒赏费六千元。初戴发出威迫语言，述彼在常德时捐款三千元，限三日内缴清，常德人不敢越过三日一时，不敢缴二千九百九十九元。各团体及县长见如此言语及抢势森森，都唯唯而已，谁敢支吾。百计搜索，以足此数，与其初到时所谓临时费调停费，共计合七八千元。"军队借剿匪之名，行抢匪之实，祸害百姓。"龙光明部下，亦有两百多人，百多枝枪，闻现后聚集绿林部下弟兄二千有余，拟反戈报复。"① 贫苦百姓既要防匪，更要防兵。为害一方的龙田兵匪，后经戴斗垣率队剿灭。12月11日知事江天涵电省署省议会称，"麻阳自龙光明、田应忠勾匪扰乱，经戴指挥斗垣率队痛剿，咸经两日龙田授首，秩序恢复"②。麻阳匪祸实情并非如所报称之肃清，匪势未减。

麻阳警察所长被匪所杀，匪势依旧汹汹。麻阳县知事江天涵电称："县属警察分所长滕代瑞，因捕匪衔恨，日前该匪党数十人，持械围杀毙命。"③

沅陵荒匪叠加，情势不亚于麻阳。在貌似战果累累的蔡使辰桃剿匪的同时，沅陵却被土匪逼攻两昼夜，颇具讽刺意味。1921年8月25日熊芜龄、刘义正等去电总司令与蔡镇守使称，"此次沅陵被股匪逼攻两昼夜，情势危急"；并邀功，"幸蒙何团长调度有方，李营长亲率士兵坚守，陈营长洪连长星夜救援，并合力击退，毙匪数十，并获匪首周玉清，就地正法，全城人民均感再造"④。作为湘西政治中心的沅陵为匪逼攻，匪氛仍炽；蔡使貌似剿匪功著，但匪势仍未见消减。1922年1月20日，新市田赋征收处征收员余少颐电称，"昨夜被匪劫去赋洋四百余元，并箱笼服物等语"⑤。新市位于辰溪、泸溪交界之地，镇守使署补充营兵环驻，

---

① 《麻阳兵匪蹂躏实况》，《大公报》1922年8月31日第6版。
② 《麻阳电告匪祸肃清》，《大公报》1922年12月15日第7版。
③ 《麻阳警察分所长被匪杀害》，《大公报》1922年10月29日第6版。
④ 《土匪逼攻沅陵电讯：已平定矣》，《大公报》1921年8月28日第6版。
⑤ 《沅陵土匪之猖獗：劫去征收的田赋》，《大公报》1923年1月20日第7版。

即使泸溪为辛酉灾重之区，沅陵新市南平两乡田赋仍被劫去，荒匪叠加。

不仅新市遭匪，辰溪中和乡同样未能幸免。1月21日辰溪知事张家勋呈文省署总部称，中和乡民众为逃避张玉庭匪徒迫害，"各村逃散脱难人民躲进村近洞孔，计十余村，老幼男女二百六十余人，耕牛三十一只，猪鸡谷米衣被金银器物文契等件约值数万元。古历十一月十三日，股匪千余复来境内，围住洞门，将遗弃未焚木料屋宇概行拆毁，和辣子数筐，堆于洞孔之中，举火焚烧，将所藏人物契据一概烟焚毙命，身化炉灰，尸骨堆山，鬼魂逼野，不堪闻者"①。中和乡毗连芷江，芷江同为辛酉湘西旱荒最重之区，匪势不亚于沅麻，以致华洋会赈粮也被匪劫去。辰溪赈粮押运员沈奎报告华洋会，"粮船于文日运往辰溪，于泸溪下四里余牯牛庵即被匪抢掠一空，枪毙搭客一名，伤一名，奎亦受微伤，所存光洋三百余元均被抢去"②。

芷江辛酉旱荒甚重，匪患更烈。土匪捉人勒索本属惯常手段，但芷江土匪常掳学生勒索，实属罪恶之极。湘西土匪掳人早有恶名。"绑架妇女和儿童在其他地方要避人耳目，但是在湖南则司空见惯，而且对待俘虏一般也很残暴。虽然中部平原农业比较发达，在多数时间尚能维持，但是与四川、贵州接壤的湘西诸县，几个世纪以来就以土匪猖獗而声名狼藉，而且迄今未变。那些居住着当地各种少数民族的茂密丛林覆盖的山区，隐匿着成千上万的土匪，他们可能来自3个省中的任何一个匪区。"③芷匪可为代表。"去腊芷江第二农校学生姚茂勋等七人、练习员舒守尧因寒假回晃县家中过年，行至城外关东地方，被股匪张实正绑去。又练习员刘弗林因投考南京东南大学，买棉料，行至途中，亦被绑去；现在该校正请知事公署行文已经招安之匪首姚匪庭，设法赎回，不知结果如何。查芷江绑匪素较他处为甚，近年因遭备荒，掳人勒赎之事日益加烈。去秋前往第二农校女子九人、男子十余人，在鸭嘴岩掳去多日，给匪巨金赎回，本报早经登载。闻至今尚有被绑去之舒某老翁因赎价未

---

① 《辰溪土匪毒恶至此耶：毒杀村民二百六十余人》，《大公报》1922年1月22日第6版。
② 《运往辰溪赈粮被劫》，《大公报》1922年7月20日第7版。
③ ［英］贝思飞：《民国时期的土匪》，徐有威等译，上海人民出版社2010年版，第46—47页。

妥，犹未返归。又第二农校去岁亦在铁王坡绑去学生两人，各以四百元赎回。其一后觅，不能再来学校。又第九团学校复绑学生尤不止一次，并有一生因家中无钱，竟被杀毙。陈诗庚前卸知事任时，其所遣二人亦于萝葡田被杀。"① 芷匪不仅捉羊勒赎，还多次攻城。杨蕴川投稿《大公报》，概述了1921—1922年间芷匪多次攻城情形。"芷邑自南北战后，萑苻满地，民不聊生。自六年九月，张海清扑城以后，愈演愈烈，迄今势如燎原，几无一片净土。然匪祸虽深，受害者不过乡区，城垣尚无恙也"；然而，"（七月）十六日下午，城东北隅有匪警，防军出击未归，次日遂乘机攻城，烧东门外一带民房，抢黄甲街龙津桥商户，盘踞数日，搜刮殆尽。二十日下午，又烧黄甲街上截民房，直至警队出击，陈营来援始退。综计此次匪灾，烧毁民房数百家，损失财物数十万，虽黔苗之乱亦不是过。此芷匪二次扑城事实也。事后匪虽暂退，而扑城之事仍不能一刻去怀，苟有隙可乘，莫不狡焉思还。今腊月四日又有三次扑城之举，虽赖防军栗营有备无患，匪受巨伤而退，然党羽尚多，蔓延各地，防范稍疏，难免不再踏前辙"②。芷江之榆树湾，素为匪盗渊薮，"前有匪首尹得胜、梁利叔、张鹤轩等，啸聚党羽数百，盘踞其间，声势浩大。蔡铸人镇守使，曾派兵前往痛剿，匪势不支，尹匪首即逃遁"。"梁张则已集合所部资源投诚，蔡镇守使已经俯允，当派员前往编制，将其调至沅陵分别驻扎。闻其人数约在三百名以外，已由蔡使呈报总部。"③ 招安是剿匪常用办法，以致兵匪不分。

旱荒甚烈，致辛酉壬戌之际永绥匪祸频繁。下九里螺丝墈灾民代表谢君恩致函永绥县华洋筹赈分会，并由永绥知事公署函转华洋会，"本年二月十三日松属匪首郑流贤率匪党数百人，蜂拥入城，烧杀遍地，杀毙居民老幼妇女七人，烧毁民房二十家，杀协巡军一名乳儿一名，掳去物件不计其数。"④ 松匪刚走，黔匪复来。接永绥县知事龙纳言去电湘西协

---

① 《芷江已非世界矣：饥民烹子充食，土匪绑去大批学生》，《大公报》1922年2月3日第6版。
② 《芷江土匪三次扑城记》，《大公报》1922年2月11日第6版。
③ 《芷江巨匪投诚》，《大公报》1922年7月28日第7版。
④ 《永绥匪祸惨闻》，《大公报》1922年4月21日第6版。

会称,"迩来黔边股匪,势复蔓延,突于二月二十八日,重窜县属与黔边相毗之上五里一带,烧劫民房,计数百起,纵横数里之遥,一片焦土。"①

黔边晃靖匪祸,无时不有,无处不有。"黔匪石敬臣蹂躏晃县,焚烧平地寨一带民房二百余家,杀毙团民六七十人,合他匪前后所烧房屋之数在千六百余户以上,杀毙人亦不下五百余名,财务之损失尚不计也。晃县所属六区一区,糜烂几遍。中惟上三区与四区所辖之岑堂乡,赖团自卫之力,从未被匪蹂躏;上三区团丁尤称奋勇,匪抢莲冲一役,歼匪三十八名;抢高梁坡一役,歼匪三十二名;抢贵州偏洞经过该区一役,歼匪二十四名;抢洒溪一役,歼匪二十六名,获喂子枪二十二支。合零星格毙及捉获匪探之数约三百余名。"② "旧历前五月二十三日,有大股匪徒一千八百余人,系芷属枌板溪巨匪纠结各帮股匪二成者,有枪千支,内有新式华刀枪二百余支。由下三区之凉柳坳芷街场,直冲上三区之晏家寨村落,沿途烧杀;耳溪被焚十余户,高小校教员杨某之母当被烧死;牵牛宰猪,行至距晏家寨三里之斗溪,被该区伏兵迎头痛击,格毙十余名,互战五小时之久。该匪不支,始将所掠猪牛财物,纷弃道左,向四区之新龙二寨逃窜。次日,清乡队长某,约齐三五六区团丁围剿。该匪得信,于二十八日早逃至后山向贵州所属之天柱县逃去。殊知至后五月初十夜半,该匪大队,又由四区转向上三区来攻。"③ 靖县匪祸惨烈,知事粟达呈电省长称:"靖县高坡寨地方,于月前十八日被寨市里地反水匪首张裕侯等,纠集糠头寨三百余人,按户搜掳,后即纵火焚烧。全寨共一百一十余家,房屋谷米化为灰烬,并烧毙老小三命。"④

湘西土匪猖獗,新任知事赴任湘西,都需军队保护。"湘西一带,匪风甚炽,所有省委知事人员,每有中途被劫情事。"胡履新赴任保靖知事,从常德开始就需沿途军队保护。为此,赵恒惕5月6日电令沅陵镇守使蔡钜猷,"新任保靖知事胡履新,业经令饬赴任。闻道途不靖,务即电知沿途防军保护。该员抵常,并希接洽为荷。"同日电令湘西巡防军统领

---

① 《永绥匪祸之惨烈》,《大公报》1922年3月24日第7版。
② 《晃县通讯》,《大公报》1922年7月26日第7版。
③ 《晃县通讯:土匪之充斥》,《大公报》1922年8月6日第6版。
④ 《靖县匪患惨状》,《大公报》1922年6月26日第6版。

陈渠珍，"新任保靖知事胡履新，业经饬赴新任，到时希予接洽，就近维持指示。"①

二 湘西剿匪无力

辛酉春旱两荒未靖，匪患更烈。1921年8月，湖南邮务总局长阿杜能因上驶邮船遭劫，函请赵总司令湘西剿匪。"湘西地方为运递往来滇黔两省邮件之要道，邮局原备有邮船十艘，以五艘为常德局管辖，由常德运邮上驶洪江；以五艘为洪江局管辖，由洪江运邮上驶镇远。乃本年五月以来，湘西土匪充斥。凡由洪江至镇远邮船，迭遭抢劫。后敝局又将由洪江邮船改驶辰溪至铜仁不料迩来由辰溪至铜仁，数号邮船，经过高村麻阳等处，尽遭抢劫。似此邮船不能行驶，则邮路交通，即行梗塞，邮务进行大有防碍。"②

湘西省议员王上仁、傅庆余等联名公函省议会，咨请政府痛剿土匪。"湘西各县土匪充斥，离城数里，即捉人勒赎；到处焚杀掳掠，十室九空，辰永一带大抵皆然，而尤以沅靖为最。荒象益紧，匪祸复炽，嗟我小民有死之心，无生之气。其至常德以上洪江以下沿河数百里，遍地皆匪。荷枪实弹，白昼抢劫，上下行旅无一幸免，其中更以桃源至辰州沿河两岸抢劫案最多，受害尤烈。"③

为湘西议员剿匪陈请，省署咨请总部剿匪。"除咨复外，咨请贵部鉴核查照。转饬湘西各区司令同各县知事，认真办理，以靖地方。"④

为此，沅陵镇守使蔡钜猷奉令剿匪辰桃。"辰桃一带，土匪乘机肆扰。昨经蔡使调派得力军队围剿，务绝根株。兹据使署补充，杨连长再杰报称，茅莉湾一带匪徒聚众劫船。奉令后，即率兵驰往该处，会同刘旅长所派之蒋营长先余分途兜剿，采得匪穴盘踞之桃境陈家坪沿河两岸，其巢穴则在唐家坪。即于二十二日率兵一连从左攻入，蒋部从右攻入；二十三日黎明，与匪接仗，蒋部攻至柳林汊，职部直入唐家坪匪巢，生

---

① 《电令保护赴任知事》，《大公报》1921年5月10日第6版。
② 《邮务局函请剿办湘西土匪：因为邮船尽遭抢劫》，《大公报》1921年8月12日第7版。
③ 《湘西议员请治匪祸》，《大公报》1921年7月31日第6版。
④ 《省署咨请剿办湘西土匪》，《大公报》1921年8月17日第6版。

擒五名，击毙四名，夺获鸟枪七枝，余匪鼠散。寻进柳林汊宿营，二更时，拿获匪探二名。匪众一帮有众五百余人，专以抢劫为事。时蒋营已奉令开拔，职部星夜率兵攻剿。直抵唐家坪，即遇匪徒多名，并死力抗捕。围七小时，匪势不支，分窜高山。计夺获九响枪二枝，单刀五把，生擒逆匪三名云云。现蔡使因桃邑何团开拔，内城空虚，特电令杨运暂时回桃接防，另调十八团洪营所部吴连润涛率兵两连，运驻柳林汊与隆街一带，肃清余匪，并切实保护商旅。"①

虽有股匪被歼，但远谈不上肃清。洪江、会同、芷江、黔阳、靖县、绥宁、通道、溆浦、泸溪、辰溪、沅陵各县知事等，联名致电省长，陈述匪状。"有兵之地虽无匪，有匪之地苦无兵，驯至匪胆愈张，抢风益炽。桃源一带，如罗密湾、柳林汊、青浡潭、铁象潭、倣溪、晒新路、河锏湾、安池等处，棋布星罗，前犹出没靡常，近更劫掠无忌，公然拒捕；至于烧沉舢板，击伤段长警兵，往来船只无一幸免。溪涧港汊，骨积尸填。陆则以芷江麻阳之匪为最著，其他蜈蚣岭、九龙山、青坡、托口等处，均系大股巨匪，枪械尤多；陷城戕官，乘机窃发；捉羊勒赎，杀人拦抢，视为故常。所遇则村落为墟，市镇半炽。知事兵力薄弱，单独剿办，亏此失彼之虞。所谓头痛医头脚痛医脚，于事何济。"由此建议湘西剿匪办法，"自非群力并举，水陆交攻，不足言肃清而策安谧。兹拟两途并进。陆路请严令各县知事就各县毗连地点，派队联防，督练挨户团丁，同时会剿；水路请责成团营长及水警署长，分途痛击，各知事亦扼要堵截，以遏窜逃。如是则饷不另筹，事无难举。河道通，边防已固，匪失根据，自无余地潜踪。而后县清其县，团清其团，族清其族，匪虽猖獗不难悉数歼除。否则长此养癣，不独梗塞全省之统一，终恐酿成流寇之隐忧"②。

为便于旱荒赈济，10月1日熊希龄也致电赵恒惕，请其关注湘西剿匪。"湘西各属山多田少，素称瘠区；大乱之后继以凶年，比户绝粮，饿殍载道，析骸易子，惨不忍言。窃救急办法在筹募赈款，购运杂粮；善

---

① 《辰桃剿匪之详情》，《大公报》1921年8月28日第6版。
② 《湘西剿匪办法之来电》，《大公报》1921年9月10日第7版。

后办法，在召集流民，广种秋粮。惟各地匪盗如麻，肆行抢劫，辰河一带，商船不通，农民逃匿，不能耕作。使匪患不清，则救善后均难着手；非举千里岩疆断绝人类不止。"5日，赵恒惕回电熊希龄，"务尊嘱切实施行。辰河一带已早责令唐旅刘团及蔡陈各部，剋日肃清，以期先安商旅，然后救急善后。各办法即着手举行，以慰悃注"①。

辛酉年底，蔡钜猷联合陈渠珍，共剿匪患。"湘西群盗如毛，遍地荆棘，已载不胜载。辰沅镇使蔡钜猷氏，兹为清匪保安以纾民困起见，拟具九十两旅联合清乡办法，呈报军民两署，举行搜剿。第恐该匪等以邻区为壑，恳饬湘西苗防屯务处陈统领等，严饬所部，联合清剿，以免窜逸，俾收全功。"② 全功未收，匪患依旧，甚至更烈。

兵干匪事，匪担兵责，兵匪不分。"凡往来货船借口检查烟土，勒逼停泊，稍扯则开枪轰击，惟有任其倾箱倒箧搜刮而去，莫敢谁问。以为匪耶，然身穿军服佩符号；以为兵耶，然驻防军队职在卫民，何至行劫。意者系逃兵散勇，或有军装符号未缴在外沟通土匪。而土匪之中，又或有冒充军队者。若不分别痛剿，窃恐匪势猖獗，愈聚愈众，为虺弗摧，为此将奈何？"③

土匪屡剿不绝，地方怨声载道，甚至要求发枪自卫，可见其失望至极。芷江县议会"历陈该县匪害惨状，请愿省议会，咨行省政府派兵平匪，否则给枪于人民，以图自卫"。不仅地方对政府剿匪失望已极，省议会回复陈词也激烈，"该县请愿历陈痛被匪害之奇惨，哀怨交深，如披郑侠流民图，不堪想象"。地方自卫，也是近代中国秘密会社兴起与农民起义的缘由之一。

湘西土匪久剿不绝，甚至越剿越多，原因在于"军队数万从未闻肃清一县或一隅之匪，独以搜刮人民之脂膏，借谋私人之富贵。保民不足，扰民有余，大都为别项作用起见者居多。该会请给枪自卫，明知军队枪支，何能给与人民，而故为是言者。其愤慨之情，由来已久，概可想

---

① 《熊赵关于湘西善后之往来电》，《大公报》1921年10月7日第6版。
② 《湘西联合剿匪》，《大公报》1921年12月24日第6版。
③ 《湘西议员请治匪祸》，《大公报》1921年7月31日第7版。

见", 并"亟应咨请省长查照切实执行"①。

三 因贫成匪与因匪致贫

除军队履职不力之外, 湘西土匪久剿不绝, 甚至越剿越多, 根源在于饥饿与贫困。"凶年饥岁, 下民无畏死之心; 饱食暖衣, 君子有怀刑之惧。"因此,"驱民为盗的最主要原因是饥饿", 从根本上讲,"是贫困使匪徒行径无法根绝, 是饥饿使人铤而走险"②。多匪湘西也不例外,"湘西匪患, 积久蔓延; 迩因饥馑荐臻, 蠢动尤众"③。"贫穷, 总是土匪长期存在的潜在背景, 而饥饿又是通向不法之途的强大动力。"④ 湘西地瘠民穷, 本就贫困已极, 一遇灾荒, 匪多实属必然。"贫困地区也就是匪徒啸聚的地区, 食物短缺的农闲季节也就是抢劫事件的多发季节。"⑤ "让生于有余, 争起于不足", 贫困亦即收入低下、资源匮乏,"任何缺乏维持生活必需物质的供应地区, 都可能产生土匪活动。在那些资源匮乏, 消费要求长期得不到满足的地方, 土匪活动也成为社会现实中的一个永久性的特征"⑥。贫困不仅驱人为匪, 而且"可行能力"不足。"既然提供享受生活的可行能力一般也会扩展使人具有更高生产力、并挣得更高收入的能力, 我们可以预期存在从收入到可行能力的单向联系。"⑦ 收入贫困、资源贫困, 以及"可行能力"不足, 湘西成为土匪世界也就属情理之事。

湘西土匪来源复杂, 散兵游勇、平民、军人、惯匪等, 以致民匪难

---

① 《芷江对于匪祸之激辞: 省议会报告亦殊痛快》, 《大公报》1923年3月13日第6版。

② [英] 贝思飞: 《民国时期的土匪》, 徐有威等译, 上海人民出版社2010年版, 第16页。

③ 《湘西剿匪办法之来电》, 《大公报》1921年9月10日第7版。

④ [英] 贝思飞: 《民国时期的土匪》, 徐有威等译, 上海人民出版社2010年版, 第27页。

⑤ [英] 埃瑞克·霍布斯鲍姆: 《匪徒: 秩序化生活的异类》, 李立玮、谷晓静译, 中国友谊出版社2001年版, 第13页。

⑥ [英] 贝思飞: 《民国时期的土匪》, 徐有威等译, 上海人民出版社2010年版, 第28页。

⑦ [美] 阿玛蒂亚·森: 《以自由看待发展》, 于真等译, 中国人民大学出版社2002年版, 第88页。阿玛蒂亚·森所指的"可行能力"即"实质自由, 包括免受困苦——诸如饥饿、营养不良、可避免的疾病、过早死亡之类——基本的可行能力, 以及能够识字算数、享受政治参与等等的自由"。

于甄别。"土匪不过是那些处于逆境的人们,他们对所处的环境尽可能做出适当的反应。辛亥革命以后,土匪活动大大增加,那些年农民生活的困苦和其他因素,使这个问题更加突出。"① 对所处逆境做出适当反应的主要为社会下层,构成了土匪来源的复杂与多样。"最容易产生匪徒的地方是那些对劳动力的需求较少,或是穷得雇不起当地所有劳力的农村;换句话说,就是农村剩余劳动力过多的地方。游牧经济、山区和土壤贫瘠的地方是产生这种剩余劳动力最多的地区。""还有一些人,出于这样那样的原因,无法融入主流的农业社会当中,被逼进了社会的边缘状态,成为匪徒。在这类人当中,士兵、逃亡者和退役军人占了很大的比例。""一个高原地带的典型的匪徒团伙很可能是由一些年轻的牧民、失去土地的劳动者和退役军人一同构成的,而有了孩子的已婚男人一般不会参与其中。"② 农村剩余劳力、边缘人群、未婚人群等成了土匪的来源,然无论构成多么复杂,都有一个共同特点,"长期的观察和不断的探究不约而同地证实了一种奇怪的现象:所有的强盗都无产无业,他们只占有铤而走险得来的随身物品"③。湘西几乎具备所有土匪来源的复杂性条件,成为土匪世界也不足为怪了。"中国湖南省西部的群山之中也有这样的地方,人们叫它'土匪村'。当政府机构崩溃的时候,比如军阀混战时期的中国,匪徒的数量相当的庞大。"④

边地湘西,秩序崩坏,成为滋生土匪的温床。"历史告诉我们,什么时候政治没落了,土匪便蠢蠢欲动。"⑤ 土匪"指那些拒绝服从的,并踞于权力可控范围之外的人。他们以自己的方式行使权力,反抗现有的政

---

① [英]贝思飞:《民国时期的土匪》,徐有威等译,上海人民出版社2010年版,第4页。
② [英]埃瑞克·霍布斯鲍姆:《匪徒:秩序化生活的异类》,李立玮、谷晓静译,中国友谊出版社2001年版,第47—51页。
③ [英]埃瑞克·霍布斯鲍姆:《匪徒:秩序化生活的异类》,李立玮、谷晓静译,中国友谊出版社2001年版,第126页。
④ 南雁:《小事化大的安徽匪乱》,《东方杂志》1924年第21卷第14号。
⑤ [英]埃瑞克·霍布斯鲍姆:《匪徒:秩序化生活的异类》,李立玮、谷晓静译,中国友谊出版社2001年版,第29页。

权"①。"匪徒浪荡于羁绊穷人的社会秩序之外，是一群无法无天的乌合之众，而不是逆来顺受的平民百姓。然而，他们无法脱离社会。他的需求、行为，以及独特的生存方式，使其与正常的经济、社会和政治秩序息息相关。"② 作为秩序化生活异类的土匪的出现，主要源于政治败坏这一环境。"政权力量的衰弱为匪徒活动提供了广阔的活动空间。事实上，即使像中华帝国和全盛期的罗马这样最强盛的王国，都把一定范围内的匪徒活动视为常事，认为在边境的草原地带和其他一些类似的地方，区域性的匪徒活动是不可避免的。然而，在政权结构稳定的地区，大批的匪徒都会投效于恩主：或是作了贵族的家将、扈从，或是作了政府的士兵、警察。所以可以看出，越是政权不稳定甚至政权崩溃的地方就越是容易出现大规模的匪徒活动。在这种情况下，匪徒活动往往此起彼伏、迅速扩展到全国境内。"③ 不仅政治衰弱易致匪患，政治腐败同样如此。"政治的腐败或官员的昏聩促使绝望但意志坚强的人民走向诱人的山区和沼泽（土匪出没的传统地方）；此外，自然的或人为的灾害增加了那些饥饿无望的人数，于是土匪活动变得蔚为壮观。"④ 农村则更容易产生土匪，"农村政治结构在滋生匪徒的条件中有两种作用。首先，它滋养、保护匪徒，并使其繁衍壮大。其次，它把匪徒纳入政治体系中。显而易见，在中央政权统治薄弱或空虚，而地方政权中心处于调整且摇摆不定的地区，这两种作用最为明显"⑤。这是因为，农村的权力结构更适合产生土匪。"要了解匪徒活动和它的历史，我们必须把它放到权力历史的背景当中去看，也就是说，要看它处于什么样的政府或是什么样的权力中心（在乡间，

---

① ［英］埃瑞克·霍布斯鲍姆：《匪徒：秩序化生活的异类》，李立玮、谷晓静译，中国友谊出版社2001年版，第15页。
② ［英］埃瑞克·霍布斯鲍姆：《匪徒：秩序化生活的异类》，李立玮、谷晓静译，中国友谊出版社2001年版，第126页。
③ ［英］埃瑞克·霍布斯鲍姆：《匪徒：秩序化生活的异类》，李立玮、谷晓静译，中国友谊出版社2001年版，第19页。
④ ［英］贝思飞：《民国时期的土匪》，徐有威等译，上海人民出版社2010年版，第14页。
⑤ ［英］埃瑞克·霍布斯鲍姆：《匪徒：秩序化生活的异类》，李立玮、谷晓静译，中国友谊出版社2001年版，第137页。

多数情况下是地主势力）的控制之下。这种控制是有地域和人口的局限的，迄今为止，还没有哪个政权——即便是最强大的帝国——不存在和周边势力的合作关系。甚至，就在他们的地盘之内，权力也受到了来自三个方面的限制：一、权力机构全部可行的控制手段还不足以达成统治目的；二、统治的效率在一定程度上取决于臣民们的服从程度和他们抗命不遵的能力大小；三、有些时候，统治者只是想直接干预臣民生活中的某些特定方面。"①

民国初年，正是政治败坏的典型时期。"民国之前，由于19世纪末期社会经济江河日下，中国许多地区已经出现大批的土匪，而民国时期绵延不断的战祸、权力之争和经济混乱，终于导致土匪活动发展为那个时代的主要特征之一。"② 此种政治败坏，实因民初社会价值观的腐化。"民国时期土匪活动的发展不仅反映军阀战争对日常经济生活的冲击，而且标志边缘地区基本上以暴力支持权力的政治价值观已经成为整个中国的价值观。与暴力制度紧密联系的土匪活动，把一个孤立的治安问题变成20世纪中国的一个中心问题。"③

政治败坏、价值观扭曲，也是边地湘西匪患丛生的原因。湘西历为盗匪渊薮，尤在秩序破坏时期。"在发生经济危机，社会贫困化日益加剧的时候，匪徒活动就很容易弥漫开来。"④ 湘西各属报灾函电当中，灾重原因无一不提到军队滋扰，匪风甚炽。"麻阳盗匪猖獗，抢劫时闻，以致坐买闭户，行商裹足，生意之衰，已达极点。"⑤ "麻阳匪炽，大股匪首舒万钧、田疤子等，勒劫商船民船，势甚猖獗。"⑥ "自民国以来，永顺、保

---

① ［英］埃瑞克·霍布斯鲍姆：《匪徒：秩序化生活的异类》，李立玮、谷晓静译，中国友谊出版社2001年版，第15页。
② ［英］贝思飞：《民国时期的土匪》，徐有威等译，上海人民出版社2010年版，第35页。
③ ［英］贝思飞：《民国时期的土匪》，徐有威等译，上海人民出版社2010年版，第51页。
④ ［英］埃瑞克·霍布斯鲍姆：《匪徒：秩序化生活的异类》，李立玮、谷晓静译，中国友谊出版社2001年版，第33页。
⑤ 《麻阳之奇灾》，《大公报》1921年1月29日第6版。
⑥ 《麻阳匪风甚炽》，《大公报》1921年4月8日第6版。

靖、桑植、龙山完全是土匪的势力范围，人民不能安业。"①"辰州职敬平乡颂平乡两处，近日来匪风甚炽，啸聚数百人，杀人放火，无所不至。"②省议会议员王上仁、傅庆余、邱才英等去函省议会，咨请省署剿办湘西土匪。"闻湘西土匪充斥，离城数里，拉人勒赎，到处焚杀掳掠，十室九空。辰水一带大抵皆然，而尤以沅靖为最甚。至常德以上，洪江以下，沿河数百里，遍地皆匪。荷枪实弹，白夜抢劫，其中更以桃源至辰州沿河两岸抢案最多，受害尤烈。"③

政治败坏，秩序无存，加以荒旱，匪患丛生，饥饿与贫困甚烈，反过来又致永保龙桑麻辰等湘西各县匪患丛生，而军队剿匪，越剿越多，瘠边湘西愈发困苦。

第三节　湘西因毒致贫

与军阀、土匪相伴而生的还有烟毒，这是边地贫困根源的标配。针对"鸦烟流毒为中国三千年未有之祸"④，历代政府也有烟禁，但效果不佳，尤其是在川滇黔以及与之相邻的湖南西部等内陆边地。"边界地区正是中国土匪活动绵延不绝的传统所在地。由于那些地方的政府管辖能力要比中心地区弱得多，这类土匪活动也无法摆脱与一些同农耕不相干行业的联系，如走私、种植和贩运鸦片。"⑤ 到民初时期，内陆边地所产鸦片已成地方政府或军阀的主要收入来源。

一　湘西成为烟毒温床

湘西是质量较好、产量较大的黔土出省的重要通道，烟税历来为滇黔川湘军阀所垂涎。早在咸丰时期，贵州就已大量种植鸦片了。"1896 年

---

① 《各县灾荒原因探志》，《大公报》1921 年 5 月 16 日第 6 版。
② 《辰州特约通信》，《大公报》1921 年 7 月 18 日第 6 版。
③ 《湘西议员请治匪祸》，《大公报》1921 年 8 月 17 日第 6 版。
④ 魏源：《魏源全集》（第六册卷三十七），岳麓书社 2004 年版，第 1078 页。
⑤ ［英］贝思飞：《民国时期的土匪》，徐有威等译，上海人民出版社 2010 年版，第 30 页。

贵州产鸦片四万担,居全国第三位,仅次于四川、云南,十年之后的1906年产量增至四万八千担。"① 民国初年,鸦片种植有增无减,产量继续增加。黔土主要外销湘桂川三省,其路线大致如下:公开的或合法的运销路线:(甲)运湘者:由贵阳陆运至下司转船直达洪江;由贵阳经镇远、铜仁转船经凤凰直达常德。(乙)运桂者:由贵阳经独山、六寨车运达梧州;由关岭、贞丰经百层河或安龙坡脚以达百色。(丙)运川者:由息烽、遵义经桐梓车运直达重庆。走私路线有:由安顺、紫云经罗甸边境出桂;由平坝经广顺、定番至大塘边境出桂;由兴义、定龙边境绕至桂边境攀枝花一带;由遵义经湄潭、凤冈边境绕过闵家场至铜仁边境出湘;由瓮安、余庆经岑巩、玉屏边境出湘;由平越绕过黄平、镇远经三穗、天柱出湘。② 经贵州清水江入沅水到湘西洪江,是黔土运销外省最重要的一条路线,此线路运输的烟土每年约三万担③,占整个黔土运输量的四分之三,在洪江的黔省烟土运商,无不利市三倍,以锦盛隆获利最多,达20万两(白银)左右,万盛兴、毛百万等亦获利十万两以上。④ 由此也导致处于交通枢纽的洪江,每年烟税收入巨大。"至于烟禁,关乎国际,早有命令颁布。讵南北分立,战祸相寻,以致烟禁久驰,种者仍种,运者仍运,而吸者仍大吸特吸,甚且自运而禁人运,自吸而禁人吸,此种黑幕不胜枚举。近来云贵烟禁既未实行,武汉销路又未严阻,而湘西又为云贵武汉要道,每年由常运销约万担上下,每担抽规费洋二百余元,岁入可得洋二百余万元;其有私相授受卷入私囊者,尚不可甚计。"⑤ 烟税岁入200万元之巨的洪江,成了湘黔滇川各路军阀垂涎之地,也是湘西成为兵匪战乱集中地的重要原因之一。

除滇黔烟土过境洪江带动当地鸦片运销之外,同为军阀主义治下的

---

① 任可澄:《贵州通志·前事志》,第40、41页。
② 马模贞主编:《中国禁毒史资料》,天津人民出版社1998年版,第1102页。
③ 夏鹤鸣、廖国平编:《贵州航运史》(古、近代部分),人民交通出版社1993年版,第162页。
④ 《文史精华》编辑部编:《近代中国烟毒写真》(下),河北人民出版社1997年版,第279、267页。
⑤ 《湘西灾荒之状况》,《申报》1922年6月24日第10版。

湘西，种植鸦片成了军阀赖以生存的财源，造成地瘠民贫的湘西更加贫困。"军阀主义的另一些特征也促使农业衰落，导致土匪活动的增多，即使没有战争时也是如此。在例行的捐税之外军阀征收苛捐杂税，迫使农民在种植粮食作物的土地上种植更为有利可图的鸦片。"[①] 湘西山区本就山多田少，用于粮食生产的有限耕地改种烟苗，加大了粮食危机的风险，一遇收成歉薄，难逃饥荒，贫困幽灵如影随形。"龙山种植鸦片的农户占总户数的百分之九十，每年种植面积达三万六千亩。龙山种植鸦片之所以发展到如此惊人的程度，一是烟价昂贵，农民可以谋生。二是清末与民国时期历届政府的地方军政要员和后来的各种杂牌武装头目，都将鸦片烟税作为重要经济来源，支持、强令农民种植。尤其到了本世纪二十年代之后，龙山种植鸦片的发展过程，就是兵灾匪祸愈演愈烈的过程；龙山种植鸦片的历史，就是广大劳动人民水深火热的苦难史。""一九二一年的自然灾害很严重，农民的粮食收入很少，鸦片的收入更不理想。但是，'天干地开裂，税收少不得'。刘紫樑、师兴吾管辖范围内的农民一点不少地交了税，已所剩无几了。可是刘紫樑、师兴吾、瞿伯阶部下的大小头目来了个交叉地明收暗抢。结果，他们分别增加了数百人枪，而全县人民饿死成千上万，尸横遍野。"[②] 烟毒这一人祸，也是辛酉旱荒湘西灾重的重要原因之一。

二 湘西烟毒泛滥

边地湘西鸦片种植在清末民初开始兴盛，面积不断扩大。湘西地区鸦片种植面积，属龙山县最多。享有"乌金国"之称的龙山，"至清末，全县各地普遍种植"[③]。"龙山种植鸦片，约始于十九世纪中期。那时，只在明溪、二梭和大达一带小量偷种。从清末到民国初年，扩展到南半县

[①] [英]贝思飞：《民国时期的土匪》，徐有威等译，上海人民出版社2010年版，第37页。

[②] 王本亮：《鸦片烟——龙山兵灾匪祸的经济支柱》，载西阳、秀山、龙山、永顺、来凤文史资料协作委员会编《湘西文史资料》（第十三辑），1989年，第77—78页。王本亮为龙山县政协副主席。

[③] 龙山修志办公室编：《龙山县志》，内部发行，1985年，第603页。

大部分地区。一九一七年,田义卿驻守龙山时,实行征收鸦片税,牟取私利,还命令百姓普遍种植。此后,盘踞在龙山的刘紫樑、师兴吾等部,更是变本加厉,曾经在县城和一些集镇上,设立土膏栈。规定出售烟土先缴'印花税';吸食鸦片的,缴'烟灯税';有劳力不种鸦片的,抽'懒税'。于是,鸦片的种植、贩卖和吸食,都成为合法的事了。隆头、猫儿滩、靛房、洗车一带的烟税,归刘紫樑所有;里耶、内溪棚、咱果、召头寨等地的烟税,则归师兴吾所得。后来,明溪、二梭等地鸦片税,又由瞿伯阶所独占。这时期,龙山县的鸦片,已普及全县各地。"[1] "一九一八年前后、一九二八年前后和一九四八年,这几个时期,是龙山种鸦片最多的时期。据统计,全县种鸦片的达三万多户,占总户数的百分之七十;每年鸦片种植面积达三万六千多亩,严重地毒害着人们。这一时期,龙山县有'四多',即鸦片多,枪多,土匪多,人民苦难多"[2]。湘西鸦片种植并非独有龙山一县,其他县份同样种植。"民国九年后,永顺各地遍种鸦片。"[3] 乾城、古丈、大庸、桑植等地,也是遍种鸦片。

湘西鸦片大量种植,不仅鸦片成了待客送人的上品,更为严重的是,迫使湘西走向更深层次的贫困。民初凤凰"全县农村,几乎家家种鸦片,城乡上层有产者请客送礼均以鸦片为上品"[4]。鸦片不仅成了人们日常生活中的重要物品,而且加剧了辛酉旱荒的严重程度和湘西的贫困。"种鸦片贻误粮食生产,烟苗成长要经秋冬春三季,到次年夏初收割。但收完鸦片,已经误了种粮的季节。一九二一年,(龙山)因粮食严重减产造成大饥荒。加上发生自然灾害,全县饿死上万人,尸横遍野,无人掩埋。洛塔等地田土荒芜,农民离家外逃者甚多。"[5] 种烟误粮,吸烟害人,鸦片害国。烟土成为军阀和土匪争相夺取之物,兵灾匪祸挥之不去,一遇

---

[1] 王本亮、田绍文、张联绪:《龙山鸦片危害纪实》,载湘西州政协文史资料研究委员会编:《湘西文史资料》(第四辑)1985年版,第128页。

[2] 王本亮、田绍文、张联绪:《龙山鸦片危害纪实》,湘西州政协文史资料研究委员会编:《湘西文史资料》(第四辑)1985年版,第129页。

[3] 《永顺县志》编纂委员会编:《永顺县志》,湖南出版社1995年版,第588页。

[4] 《凤凰县志》编纂委员会编:《凤凰县志》,湖南人民出版社1988年版,第331页。

[5] 王本亮、田绍文、张联绪:《龙山鸦片危害纪实》,载湘西州政协文史资料研究委员会编《湘西文史资料》(第四辑)1985年版,第129页。

荒歉，既无余钱，更无存粮，加剧灾荒与湘西贫困化。

第四节　湘西整体贫困

一　苛税繁重

赋税纷繁苛重，出卖劳力所得收入难敷一餐之饱，作为命根子的耕地，属于农民者少得可怜，诸上致使湘西百姓食物权利极大受损，贫困与饥饿在所难免。

民国初年人民税负较重全国普遍，"人民负担之重，超过当时美国的四倍，印度的十四倍"[①]。突出表现在田赋预征和多如牛毛的捐税。

政府预征田赋，致饥饿与贫困加剧。民初提前征收田赋虽属普遍现象，但毕竟大多是在民国十年之后，而湖南算是走在前列。民初"田赋预征数不等，有多征一年者，亦有多征至三十一年者。民国二十二年，四川成都县征至民国六十八年，最多者为广元县，竟征至民国一百年，预征了七十八年"。"湖南郴县于民国十三年春，预征了民国十九年的田赋。"况且，田赋征收，"不管旱灾水灾，只知要钱。至于田赋多寡，极不平均，有特殊势力者，田多而粮少，否则，田少而粮多。有年年纳粮而不知田在何处者，名曰'飞粮'，亦曰'飞田'。此特殊势力者所缴纳之粮，名曰'特粮'。伟人缴纳之粮，名曰'伟粮'。总之，力不能抗粮，则有力者所抗之粮，即所谓特粮伟粮，皆摊在不特不伟者身上，所以究竟多少田应纳多少粮，田主亦无法回答。至于各县兵灾匪祸的善后，治安的维持，各项工程的兴作，上级但督促举办，对于筹款方法，每听各县自行办理。县府计无所出，取其办理方便，唯有田赋附加。以致各县呈报拟定附加，较之一年正税定额超出甚多。"[②] 田赋预征，致民食空虚，一遇荒歉，焉不成灾？湖南预征田赋走在全国前列，民国九年就开始预征，十年预征十一年田赋。1921年7月在省议会咨复省长所呈交的民国

[①] 戴玄之：《中国秘密宗教与秘密会社》（上册），台湾商务印书馆1991年版，第314页。
[②] 戴玄之：《中国秘密宗教与秘密会社》（上册），台湾商务印书馆1991年版，第314—317页。

十一年度预算案中，虽然政府民国九年提前征收十年田赋，"原系一时权宜之计，以后本应按忙开征，不再提前催收"，但因"十年度预算收不缴支，势非增加收入，不足以谋适合"，省议会仍以"据为成案"，"实于无可如何之中，求一彼善于此之策。当即照数编入预算书"。旱荒与"政府提征十年田赋也有几许关系，有许多人前此拖欠都要一并偿还，一是增加几倍，哪里有钱，只好把谷不作算了；人民盖藏尽虚，一过天灾，安得而不大荒？"① 湘西民众本就积贫积困，遇荒即灾，贫困日甚。

提征田赋尚遍于全省，而倍于中南两路的杂税则是湘西特色。除需与中南两路共担正税外，西路还需承担各种带有地域特色的杂项捐税，饷捐就是其中之一。"姜财政厅长近因财源枯竭，拟于湘西各税关厘局前附加军事特捐一案，仍行照旧征收。"② 湘西特捐照旧征收尚在其次，"湘西前当张学济驻辰时，因军饷无着，于厘金项下，每正厘十串，加征军事附捐一串，人民负担已重"。"去年省议会议决厘金加征四成案，系筹全省划一办法，当局惟对于湘西未加征四成，仍旧多征一倍附捐。"西路较中南两路已然多征六成，但"湘西军官，现以厘课短收，电请总部，于军事附捐外，再实行加征四成"。湘西较中南两路多征收一倍。为此，湘西省议员王上仁等提出紧急议案，"拟请政府于军饷一项，应全部统筹规划，不宜于一隅重重加捐；并请议会咨催财政当局施行加征四成，免除一切捐税办法，以维议案。"③ 之后，省议会致函总部，"林（支宇）前省长交处加征厘金一案，经本会议决加征四成，并声明湘南湘西一带厘金局，因筹护法军饷特别增加之饷捐，一律免征，以恤商艰。业经省长公署，通令各属遵照办理在案，乃昨大公报登载财政厅长呈请总司令部，令饬湘西厘局，将从前饷捐，仍旧征收。本会议决加征四成，暂从缓办。""如谓军饷不符，每月短收至三万有零，然应统筹全省财政计划，何忍使湘西一隅，独罹暴敛横征之苦；即或万不得已时，应咨交复议，

---

① 以上分别引自《关于提征十一年田赋之咨复》，《大公报》1921年8月6日第7版；《各县灾荒原因探志：总因有二，一天灾，一人祸》，《大公报》1921年5月16日第6版。

② 《湘西特捐照旧征收》，《大公报》1921年4月10日第6版。

③ 《湘西议员请免捐税》，《大公报》1921年4月18日第6版。

以便加则全省俱加，减则全省俱减，而昭大公。"① 湘西饷捐额外加征，致使商民俱困。1923年1月16日熊凤凰等致电湖南府院，"查湘省前因军饷支绌，举凡盐木百货出入于完纳正附各税外，再加增一倍，以充军费，行之未久均已取消。惟辰沅道属二十县迄未奉令停征。两载以还，商民俱困，务请即日明令取消。"② 熊凤凰等旅京湘人旱赈西路，湘省却仍于西路倍征；省外赈，省内征，本已荒唐，在辛酉旱荒肆虐之际，更具讽刺意味。正税本就浩繁苛重，外加各种杂项捐税，使本就收入低下之湘西百姓，困顿日增。

二 收入歉薄

湘西税负苛重，土地占有情况极大地削弱了百姓的收入能力，其食物权利基本不保。乾嘉苗民起义之后，凤凰厅同知傅鼐修建苗疆边墙，筑堡修碉，划分民苗界址，并于嘉庆四年（1799）在凤凰厅均田屯勇，"各户存留养口之外，有余之田，始令均出"③。嘉庆六年（1801）"均屯"之制在乾州、永绥、古丈坪、保靖、泸溪和麻阳等厅县全面推行，由此奠定了湘西田地多为公有的基本格局。"（傅鼐）把苗地都收归公，作为屯田。永绥差不多全县都是，凤凰却为军七民三，乾城却为军三民七，屯田收的谷米专养军士。"④ 作为农民根本的土地，湘西百姓少有或没有，丰年尚无余粮，荒歉之年必然成灾，削弱或丧失了其食物权利的基础。

不惟以上，湘西地方收入歉薄，地方经济发展与人民生活日益困顿。苗民地少人多，一遇天灾，立马荒歉。"永绥凤凰乾城古丈四县，乾县一县只有饷银四百两，古丈更加可怜，尚不到一百两。"⑤ 为数不多的雇佣就业职位收入微薄，终日难敷一餐之饱。泸溪劳动工资，织工、弹棉、

---

① 《请取消湘西军事特捐》，《大公报》1921年4月25日第6版。
② 周秋光编：《湖湘文库·熊希龄集》（七），湖南人民出版社2008年版，第606页。
③ （清）傅鼐：《禀乾州厅应办均田屯勇守边》，（清）但湘良：《湖南苗防屯政考》卷六《均屯二》。
④ 《各县灾荒原因探志》，《大公报》1921年5月16日第6版。
⑤ 《各县灾荒原因探志》，《大公报》1921年5月16日第6版。

成衣、制靴、制皮等制造服用品业，供食日工资一角左右，不供食工资二角左右；木匠、瓦匠、石匠、制砖瓦等建筑业，工资水平与服用品业持平；碾米、磨坊、酿酒、酱园、制茶、制烟草等制造饮食品业，工资水平更低；制造器具业与各项杂业的工资水平只低不高。① 保靖县档案馆藏档案《管理兼教员一览表》中可知，民国十年（1921）二月，"保靖县第七区学校教员薪俸表，县立小学教员石正祥，每月薪俸1264文；县立小学教员龙德忠，每月薪俸2200文。"② 按1921年5月保靖县米价斗米四千计算，教员每月薪俸只够买半斗米；按"古丈各区斗升，以西英区斗升为最大，冲正区、本城区每斗米重二十八斤"③ 计算，月薪合计只够买十四斤米。民国二十二年（1933），教员工资有所增加，但难以应付物价上涨。从民国二十二年保靖县教育局长余镒铭呈赍给保靖县长汤肇基的《保靖县立女子小学校民国二十二年十一月份各项支出预算书》中可知，"1933年保靖教师月薪也只有8—12元，校长月薪14元"④。终日劳动难于糊口，遇到荒歉，如何不能日益贫困，乃至辗转沟壑。

三 教育破产

教员薪酬低到不能糊口，湘西教育濒于破产的现状确实令人担忧。清末兴办新学的永绥厅同知吴传绮（安徽怀宁人），于1903年在永绥兴办一批小学堂。他认为："僻地瘠区，生计艰难，唯有教育濡染，自有致富奇才挽回地运。兴学为自强之要政，只要虚心而不自是，勤阅报章，借以周知时事，见解自然通达开明。"⑤ 教育如此重要，但辛酉旱荒正值湘西教育破产之际。1922年11月23日，李云杭午后赴陈统领宴，"同席

---

① 《泸溪劳动工资调查记》，《大公报》1922年6月21日第7版。

② 《管理兼教员一览表》，1921年2月，保靖县档案馆馆藏档案，资料号：全宗号10目录号1案卷号8。

③ 《古丈米价之调查》，《大公报》1922年6月6日第7版。

④ 《保靖县立女子小学校民国二十二年十一月份各项支出预算书》，1933年11月23日，保靖县档案馆馆藏档案，资料号：全宗号10目录号1案卷号95。

⑤ 刘善述：《清末永绥厅兴办新学》，载湘西州政协文史资料研究委员会《湘西文史资料》编辑部《湘西文史资料》（第十一辑）1988年版，第130页。

有吉生谷生两县长伯奇参军,樵仲宗汉两兄","宗汉樵仲①言湘西路见之颇重,教育界旧人太多,劝学所长非廪生即秀才"。湘西教育管理所托非新式教育者。"二十四日午后回看王县长及樵仲,樵仲介绍至劝学所,会新旧两所长,叩以本县教育状况。伊云,县立学校为男女高小各一,女高附和小国民学校二,劝学所、教育会皆无定所,讲演所阅报所皆极腐败。"②教学条件极差,教育破产并非虚言。

草拟《湘西教育进行计划》之一的侯厚宗并不承认湘西教育破产,但其说难圆。根据李云杭1923年《湘西十县教育调查述要》所载,"湘西十县学校之概数,保靖共九校,大庸共五十二校,凤凰共三十六校,永顺共三十三校,龙山共二十五校,桑植共十校,乾城共十四校,永绥共二十六校,古丈共十七校,麻阳共二十五校。"③单从学校数量上来看,"湘西教育破产"之说实有危言耸听之嫌,以至于侯厚宗并不完全承认。"有人说湘西的教育,完全破产。这句话,我虽不敢完全反对,也就不敢遽信为真。因为湘西教育上,应改良之点固多。若说完全破产,未免言之过甚。"④然而,随着对保靖教育的逐步了解和对湘西教育的深入调查,侯厚宗也不得不承认,湘西教育确实到了破产边缘。从侯厚宗自己对保靖的教育调查情况来看,"保靖的学校,纯系初等普通教育,县城内有县立高等小学校、高初两等女校、第一国民学校、第二国民学校,里耶有高初两等小学校,十五区有第一国民学校、第二国民学校,踏梯有第三国民学校,水田仓有第四国民学校,隘口有第五国民学校。总共是十个学校,学生约有四五百人。这些学校的编制,都系多级制。对于教授科目,也能按照部章"。保靖学校教育参次不齐,教学模式陈旧,而且,"不过教育书一层,因地处边陲,交通不便。所采用教本,都是长沙等处已弃而不用的。研究教材的人说,'教材要使能适应本时本地的社会环境'。试问这种人所弃而不用的教本,如何能适用呢?"教材陈旧,不能

---

① 胡宗汉,四川人,时为湘西国语传播专员,晚作《南俗游记》。侯厚宗,字樵仲,与李云杭合著《湘西教育之曙光》。
② 《湘西游记》(续),《大公报》1922年11月9日第9版。
③ 《湘西十县教育调查述要》,《大公报》1923年4月7日、4月8日第9版。
④ 《保靖的教育观》,《大公报》1922年7月6日第9版。

适应时代需求。"除县城几个学校外,其余都是区立——没有一个是私立的——由知事委托各区区长去办,概不征收学费。但学生人数,很不发达。"没有私立学校,全为公立学校,人数极少,教育难以维持。教育经费方面,捉襟见肘。"经费一层,是教育上一个重要的问题。保靖县教育经费,前次劝学所有一个详明的调查表。""查保靖县县立高等男小校、高初两等女校、第一国民、第二国民学校四校薪俸工资、杂费及设备费等费,均由劝学所在固有学款,暨杂款项下分配给费;区立高等两学校,一校由该区学款征收员在杂款项下按月拨给国民学校,五校由各区学款保管员在公积金额子息项下拨给。""固有学款791.99元,杂款共1996元,薪资工资共1911.323元,设备费262.54元,杂费共191.235元,金额共1024.5元,田价格6520元,房屋价格20元。"教育经费总量少且匮乏。师资方面,教师人数少且水平参差不齐,"各学校的教员,约摸有三四十人,以常德师范毕业的占多数,普通学校毕业的,有二三人,其余便系曾充小学教员二三年之资格了。校长方面,多属师范毕业生。县立高等小学校校长于(应为余姓)鑑铭,高初两等女校校长麦顺贞,第一国民学校校长余焕彪,第二国民学校校长薛介祺,对于教育上的经验,也还不差"。生源质量方面,学生暮气沉沉。"学生方面,对于新文化以及各种应自动的事业,注意得极少。我曾住各校参观,觉得他们都带几分暮气。县立高小校的学生比较最多;讲秩序,新班比旧班还要好点;两等女校,办理较完备些,对于教材、训育,都有满人意的地方。不过学生都是羞答答的,不敢抬头;和我们长沙的学生比较,相差甚远。我很望那位校长先生,对于解放上,注点儿意,别只陶养些'深闺静质'式和'授受不亲'式的人材。"① 无论从哪方面来看,不管是保靖还是湘西,教育已到破产边缘所言非虚。

上述问题并非湘西教育现状全部,李云杭还在《湘西十县教育调查述要》中,发表了披览感想二十二条,既较为全面地分析了湘西教育存在的问题,也对问题产生的根源做出了中肯的分析。"(一)各县小学,

---

① 《保靖的教育观》,《大公报》1922年7月6日、7月7日、7月8日、7月9日,皆在第9版。

为数太少，距普及义务教育期间，为时尚远。（二）某高小学校，尚有读经钟点，国民班尚有国文钟点，并有完全未教语体文者，于现代思潮，大为被谬。（三）各校所授教科书，多系商务出版，几全体一致。此亦交通不便，文化迟滞之故。（四）教员薪金，大都为数甚低。（保靖第二国民学校校长告予，教员薪资菲薄，达于极点，稍可过活着，皆不顾就职）古丈某校教员年薪仅五十八串，永顺第四国民学校教员年薪只元钱五十余串。其苦如此，生活维难，多不安心教授，亦教育改进上一大阻碍。（五）各县学校，有固定产业者甚少；永顺私立竟文国民学校学生，每名收费七八串不等。教职员每年薪资，专就学费开支；此种办法颇类私塾，恐非富家子弟不能入。（六）设备一项，大都简陋。国民学校多半仅有黑板讲桌（多写作号桌）、校铃，凤凰某区小学仅有黑板一块，桌凳均学生自备。保靖高小，并无风琴，书报多未定购。国民学校即时钟亦以香代之，即此可见旱灾匪患之余，人民痛苦极矣。（七）永顺莲蓬学校、麻阳第一高小，对于贫苦学生不收学费，此举甚有益于社会。（八）各校校舍，固定者少。借用民房，既非永久之计，就旧式庙宇改作校舍，又大都简陋狭小，不敷应用。至于迭遭战祸，校舍焚毁，尤可悲也。（如保靖第二国民学校，竟因房屋狭小，不能分班。发生学生自请退学之举，亦属可痛。）（九）保靖所设之简易识字学校，办法尚好，用费不多，收效颇大，能推广改为平民补习学校更好。（十）地方民智未开，对于学校多不信仰，私塾林立，亦一原因。以后宜一面整理原有学校，开办模范小学，以新耳目；一面宜注意通俗教育，增进平民智识。如此救济，庶几有改良希望。（十一）各县师资极为缺乏。龙山县某校调查表附记有云，'查该地虽系乡市，而河通舟楫，商务繁盛，人烟稠密，学童众多，最宜设学。惟须特聘良师，加意整顿，方可日臻完善。'观其所言，殆亦实在情形。师资之宜从速养成，毫无疑义。（十二）龙山某学校附记内又云，'该地人户稠密，学龄儿童甚众，且多殷实之家，筹款招生，均属易事。惜一般富绅，不知注重教育；若得有力者出而提倡，则该地学校可望发展矣。'教育衰微，亦因无人提倡，确是实情。忆予前数年在浏东署期讲习会时，会晤该处巨绅李君，渠对于教育积极提倡。一乡为之感化，教育进行，无往不利矣。此亦一证。（十三）各地学校，对于技能科目多不甚注重，如龙山城区第五校，科目仅修身国文算术，此宜急求改良者也。（十四）麻阳第一国民学校及区立第一国民学校，科目已有英语，此可注意者。（十五）麻阳县立第一女校第四班女生仅有五人，似见女子求学，必有困难。（十六）麻阳小学时停时办者甚多。又第二区区国立第一国民学校附记内有云：'该校附近，土匪出没无常，民不安枕。稍有资产者，多远避他方，学校万难发达'，十县匪患，似以麻阳为甚。（十七）设备中载有木枪者，以麻阳小学为最多。可见该县以前各校，很提倡尚武主义。（十八）麻阳县立五区区立第五及第十四国民学校开办以来，均未举行毕业，办理似有不完善处。（十九）薪金一项，似桑植一县较佳，如区立第一国民学校校长，年薪亦有洋百元。（二十）据调查表所载，惟大庸小学有五十二校，十县之中，较为发达。或者该县财力较富。（此次到保研究学员，如解锦章、刘赞襄、雨君，颇能好学深思）（二十一）大庸小学多有学生二十余人，而课桌仅有六张或八张者，此殆私塾变相。（二十二）各县教育经费，以古丈为最少，师资缺乏（高小毕业生占多数且有肄业四学期者），亦该县为甚。地瘠民贫，至可悯也。"[1] 各县教育问题严重，乏善可陈，再不拯救，完全破产可期。此种教育现状，湘西人民如何能不贫困。正如森所说："可行能力与收入的这种联系对消除收入贫困可以是特别重要的。更好地教育和医疗保健不仅能直接改善生活质量，同时也能提高获取收入并摆脱收入贫困的能力。教育和医疗保健越普及，则越有可能使那些本会是穷人的人得到更好的机会去克服贫困。"[2] 教育是摆脱贫困、提高"可行能力"的重要手段，认识到这一点，主政湘西的陈渠珍针对辛酉旱荒惨状与湘西贫困，力图提高湘西民众的受教育程度，从根本上改变湘西贫困现状。

四　湘西十县教育改进及其失败

为此，在统领部迁到保靖后的1922年，陈渠珍开始实行保靖息民，

---

[1]《湘西十县教育调查述要》，《大公报》1923年4月10日、4月11日，皆在第9版。
[2] ［美］阿玛蒂亚·森：《以自由看待发展》，于真等译，中国人民大学出版社2002年版，第88页。

筹建湘西十县自治，着手振兴教育。

第一，礼聘教育专家，拟定教育计划，组织成立教育机构。礼聘长沙尚德女校校长李云杭、侯厚宗等教育专家来保，传授单级教授法。"我是民国十一年八月间到保靖的，到十月间，才返长沙。往返时间计算起来，共有三个月的光景，我在保靖却只住了四十天。"① 依据李云杭在《大公报》上所发《湘西游记》，"五号午前，劝学所陈镇襄君来谈；午后参观县立高小女子职业学校、演说所。六号午前，参观女子演说部、第二师范；午后辰州戴指挥派来调查长傅继说君，迫予赴保，与之交谈甚久。是时朗江水大，船不能行，予异常沉闷。军粮处在城外小街，麻阳贫户，集居于此，一出头门，臭气难当"②，能推断出李云杭最早是在8月4日到的常德。"二十一日晨，过渡起行，约行四十五里，至柏青关，高坡极陡，循石级下，汗流浃背，不啻重登衡岳矣。此处为兵事要冲，六时抵保靖。"③ 可见，李云杭从常德经沅水至沅陵，转溯酉水到保靖，现时三个小时的车程，彼时耗时18天，可见湘西之交通险阻与闭塞。李云杭来保后，立即着手湘西教育调查，制定调查表格，摸清湘西教育底子。从收入、支出、基本、财产四大方面，分区调查各级各类学校的经费、师生数量、教员薪酬、教科书等基本教育信息，从姓名、履历、就职年月、经费俸给等方面调查各县知事、劝学所、视学员、教育会、学董、学务、委员等教育行政管理机关基本信息，结论为上文李云杭《湘西十县教育调查述要》所发表的披览感想二十二条。结果显示，湘西十县高等小学有学生1359人，学校数量为26所；国民学校学生有7808人，学校数量为225所。教师总共533人；女生入学人数只有594人，不到学生总数的7%；此外还普遍存在学校校舍残破、设备简陋、教职工人员待遇菲薄等情况，如凤凰县34所国民小学中的49名教职员，其俸薪全年共计光洋520元，人均不到11元。面对这些情况，陈渠珍叹息说："教员

---

① 《湘西教育之曙光》发刊辞，1922年9月，保靖县档案馆馆藏档案，资料号：全宗号10目录号1案卷号9。本节下文中未标明出处者，皆出自该卷宗。

② 《湘西游记》，《大公报》1922年11月1日第9版。

③ 《湘西游记》（续），《大公报》1922年11月8日第9版。

工资如此菲薄，饿着肚子怎能安心教学？"① 湘西教育已到破产边缘。

针对以上问题，陈渠珍派员外出学习，拟定教育计划。在进行教育调查的同时，陈渠珍派遣侯厚宗等人前往江浙一带，学习外省先进经验。他们在考察结束后完成了《江浙教育考究记要》《教育典范》，为兴办湘西教育提供借鉴。此外，派员参观省垣学校，以资借镜。据亚陆通讯社报道，"陈统领渠珍注重教育，特电派参军长陈声骏在省参观各学校，以资借镜。陈参军长已三日参观完毕。第一日参观周南女校（考察幼稚园办法）、明德中学（注重新学制）、衡粹女学（注重职业）。第二日参观第一师范福湘女学幼幼学校。第三日参观农业学校（注重农业）、楚怡小学等。闻陈参军长已编订参观记，以资返县创办各校之模仿。"② 陈渠珍委托李云杭、侯厚宗、胡宗汉三君，草拟教育进行计划，制定《湘西永保龙桑凤乾绥古庸麻十县乡自治联合筹备教育案》，具体有《湘西永保龙桑凤乾绥古庸麻十县联合教育改进会简章》《〈湘西永保龙桑凤乾绥古庸麻十县乡自治联合筹备教育案〉说明书》《推广小学单行规程》《湘西十县教育施行计划大纲》《湘西十县视学单行规程》《小学教职员组织规程》《小学组织法纲要》《对崖厂小学补充条例》《单级教学法法规》《教育改进会章程》等。

在此基础上，组织成立教育机构。成立湘西十县联合单级教授研究所，以陈渠珍为所长，李云杭负责教授，杨通湖负责管理，梁凤岐和向明经为庶务。乡自治联合筹办处设立筹办十县教育事务机构，即湘西十县联合教育改进会，在下属各县、乡的自治筹办事务所中，以县长、所长负责具体的教育事项。

第二，保障教育经费，增建校舍，加强教学硬件设施建设。对于教育经费的筹集，除正常的拨款外，陈渠珍还千方百计扩大税源，下令抽收烟馆捐作为本乡各小学校常年经费。③ 这项政策虽能解一时之渴，但却给予本该被查禁的鸦片烟馆以某种合法性。除烟馆外，针对各地盛行的

---

① 鲁岚：《陈渠珍》，湖南人民出版社1989年版，第91页。
② 《陈统领派员参观省垣学校》，《大公报》1923年4月6日第7版。
③ 《首乡乡长为抽取烟馆呈决备案由》，1924年3月17日，保靖县档案馆馆藏档案，资料号：全宗号2目录号1案卷号60。

崇拜土地神现象，陈渠珍下令将土地祠的香火钱提作教育款项。①

在湘西各地广筑校舍。规定"凡原无小学的乡村，从1923年2月18日起，必须新办一所"②，并斥资十二万元购置各种教学仪器。两年间，兴办了模范小学、湘西十县联合中学、湘西十县联合女子职业学校、女子小学、湘西十县联合保姆养成所、凤麻乾三县联合乡村师范学校及附属实验小学、湘西十县联合茶业学校等。据统计，到1922年，小学数量就从71所上升到229所。其中私立11所，女子小学8所，学生7820余人（女生349人）。到1936年，又在乾城县创办"湖南省立湘西特区师训所"，同时分配苗区5个县办短期义务小学班170个。1937年，创办湖南屯立联合初级中学，在凤凰、永绥各设省立边区小学1所。1940年陈渠珍离开湘西时，湘西地区短期义务小学已经达到了1512所之多。③

第三，从长沙购买图书用具，礼聘长沙教员，培训本土教师，加强教学软件设施建设。湘西教育迟滞落后，教材图书资料以及教学设备既是其表现，也是其原因。陈渠珍"委托代表陈参军长声骏聘请，并购办学校用品"，"闻购买各物，约用万元。赵省长并特捐五十元，以示提倡"。除延聘李云杭、侯厚宗之外，聘请在乾城传授国语的中央特派湖南国语传播员胡英来保靖。此外，在省城聘请大量教师，执教保靖。"陈统领又派参谋戴鸿懋，庶务曾绊林来省欢迎各教员。故受聘之男教员高介棠、□乐□、张世英、李振华、贺月印、曾□凡、周易礼、□英□、唐盛、杨万正、熊科莒、陈炳先、熊铭国、□□□；女教员易家燦、易家栽、张璇、□锦裘、彭乂□等；并其他靴鞋、制革、竹木、印制技师多人，连同各种图书用具，于昨二十九号，偕同戴参谋等乘轮返上。"④ 另有任寿彭、余醒波、童颐、周止戈、朱容野、余露沙等十多位教育界知

---

① 《指令各土地祠经费提作教育款项由》，1924年3月23日，保靖县档案馆藏档案，资料号：全宗号2目录号1案卷号60。
② 鲁岚：《陈渠珍》，湖南人民出版社1989年版，第92页。
③ 熊晓辉、向东：《湘西历史与文化》，民族出版社2008年版，第290页。
④ 《陈统领聘请大批教员西上》，《大公报》1923年3月30日第7版。

名人士来湘西执教。①

以李云杭及其单级教授法为主，培训湘西本土师资。"因小学教员，关系甚大，特令各县推送四人至五六人，来保研究。其规定之资格为：师范毕业生或中等学校毕业生；现任教职员，曾在师范或相等程度之学校毕业者。"② 十县联合教育改进会、十县联合单级教授研究所和十县联合师范讲习所，分别负责师资培训工作。各县选送单级教授研究所培训的学员，加上沅陵、辰溪、酉阳三县慕名而来的教育局长，共有68人，与联合师范讲习所毕业的389人一起，成为湘西发展教育事业的骨干教师队伍。③ 各县选送单级教授研究所培训的学员总数应为67人，"湘西巡防军陈统领，在保靖设立单级教授研究所，令永保龙桑乾凤绥古庸麻十县，各送学员，来所研究，已志前报。兹该所学员姚复纲等六十七人，组织一十县联合教育改进会，发有通启"④。这67人分别是：永顺六人：谢流芬、陈启彧、曾绍文、李岳斌、杨正荫、潘楚錬；保靖十四人：周天垣、李朝拔、向尊贤、李永模、胡伟民、张国瑞、张国辉、余焕彪、姚复纲、刘春煊、刘民显、余鑑铭、张熙如、胡先荣；龙山三人：黄凤仪、易良渊、向玉林；桑植四人：彭德门、雷正冠、彭学愚、龚明玺；凤凰五人：龙腾汉、高德权、田儒将、田应晃、田炤儒；乾城四人：杨零、段仕绅、段家驹、杨通奎；永绥六人：瞿庆辉、朱维燧、吕振岳、胡举贤、石秉军、汤世馨；古丈五人：何树藩、刘敦德、向嘉泉、张名湘、张名腾；大庸五人：解锦章、范尚弼、刘赞襄、胡德星、崔长杰；麻阳四人：龙翔、田达致、滕代美、龙宏范；永顺一人：沈作霖；永绥一人：艾水鑑；沅陵一人：张承澍；酉阳一人：郭德慧；乾城一人：王文忠；辰溪一人：刘际有；凤凰二人：田儒书、田高福；保靖一人：姚复绪；凤凰二人：朱树屏、刘官禄。小学教育最为重要，单级教授研究所培训的67名学

---

① 孙锡华：《我所知道的陈渠珍》，载《湖南文史资料选编》（第二十四辑），湖南人民出版社1987年版，第204页。
② 《湘西教育之福音》，《大公报》1923年9月7日第7版。
③ 张黎：《陈渠珍教育思想研究》，硕士学位论文，吉首大学，2010年，第25页。
④ 《保靖通信：十县联合教育改进会之成立》（红星于民国十一年十月三日下午四时发），《大公报》1922年10月5日第7版。

员,成了湘西教育的希望和种子,为湘西教育的发展打下了较好的基础,如保靖学员余鑑铭,30年代长期担任保靖县教育局局长。

第四,命令军官学习注音字母,勒令单级教授法学员和各校学生入学,实行强迫教育,并资助学生入学或外出深造。"湘西文化向称迟滞,军民识字无多,欲求教育普及,非从法简用宏之注音字母入手,万难试用。中央特派湖南国语传播员胡英传授至乾城县,渠珍聘来保城,先行躬率高级军佐,开班教授。一面召集防区各县学员,开办各县国语讲习所,以造师资,回县设立,传播教授,并抽各处驻防中下军官分班研究。"并于10月6日电致赵省长,请求嘉奖胡英。"计自本年二月开办以来,寒暑无间,半载于兹,成绩昭著,非该员胡英毅力热忱,何能克此。计其勤劳,似应加奖。仰恳钧座可否照办学校成绩优条例,将该员胡英酌予奖励,以激励之处,出自逾格鸿施,禀后示遵。"[①]躬亲示范,先从军官开始学习。

勒令单级教授法学员和各校学生入学,实行强迫教育。"闻亦设暑期学校,分派军队勒令所属各县教职员及教育行政各员如期聚集,讲授教育",而"此次永、保、龙、桑一带应省教育会暑期学校之召者甚少"[②]。强迫湘西教育人士参加暑期师资培训,导致参加省教育会暑期学校的湘西教师甚少。为各级各类学校布告招生并规定各县招生名额,强令学生入学。"昨出有布告招生,学生名额,规定中学为永顺十六名,龙山、大庸各十四名,保靖、凤凰、永绥、麻阳、乾城各十二名,桑植、古丈各八名。女子职业学校与中学同。保姆养成所,永顺十二名,龙山、大庸各十名,桑植、古丈各四名,保靖、凤凰、乾城、永绥、麻阳各十二名,均由各县知事考取申送。保靖一县目下报名者,极为踊跃。至女子职业学校,则绝无一校。此次忽行举办,实能适应各县学生之要求。二由以前中学办理不良,无甚成绩;此次创办之各校,则教员均聘确系学识优长者,且采用新学制,故学生皆极希望入校云。再陈统领为培植人材起

---

① 《陈渠珍极力提倡教育:躬率军佐学习注音字母》,《大公报》1922年10月16日第6版。

② 《陈渠珍实行强迫教育:以军队勒令学员就学》,《大公报》1922年7月16日第7版。

见，拟于湘沪各报，遍登广告，凡属十县内学生，自同有相当资格。"① 除公开招生以外，强令学生入学。陈渠珍强令学龄儿童入学。儿童从6岁起入学，不肯入学者，先劝导，后罚款，直至强迫入学。1924年陈以统领部命令的形式，宣布各县推行《义务教育章程》，规定凡有守旧分子暗中阻学者，一律以军法处置。甚至在苗乡中，每乡亦设小学六所，凡适龄儿童，劝令就学，违者罪及父兄。② 并应湘西十县联合中学校校长尹乐道的呈请，以"湘西巡防军统领本部指令"的名义，于1925年3月18日发《勒令韩仲文刻日来校受课的指令》③ 文，勒令凤凰籍学生韩仲文刻日来校受课。"民十，陈统领渠珍驻防保靖，整军之暇，竭力提倡教育。除资送苗民优秀子弟游学外，更于苗乡中每乡规定设立小学五所，已达学龄之儿童，劝令就学，违者责其父兄。当时弦歌之声，遍及苗疆。"④

免收学优家贫学生学费，资助学生外出游学。成绩优异但家贫不能入学的学生田绍翰，陈渠珍以湘西巡防军统领本部名义，于1925年3月22日发出指令，同意湘西十县联合中学校长尹乐道所请，"该校学生田绍翰成绩甚优，家境贫苦，谅亦实情。惟值此学款困难达于极点时，碍难将膳费免收。姑准免缴学费，以示体恤。"⑤ 为培养人才，陈渠珍私人资助外出游学之湘西学生。"有投考大学或专门学校者，其旅费可由陈氏赠送；考取之后，其学杂费书籍费者，一概由陈氏负担，以免资质优长者，困于经济，不能升学。现在北京中国大学及唐山工业，有学生数名，其求学费用，均系由陈氏私人备赠云。"⑥ 而且，陈渠珍每年挑选6名品学兼优而又无力升学的苗、汉子弟，派往国内外高等院校继续深造。已考入大学而无力继续求学者，"由公家供给其学膳各费"，毕业后鼓励其归乡建设湘西。最富代表性的属大家沈从文，他曾于1917—1923年在湘西

---

① 《保靖通信：十县教育进行概要》，《大公报》1923年3月10日第7版。
② 陈同初：《忆先父陈渠珍》，载湘西州政协文史资料研究委员会《湘西文史资料》第二辑1984年版，第58页。
③ 陈元吉：《陈渠珍遗著》，湖南人民出版社2008年版，第599页。
④ 石宏规：《湘西苗族考察纪要》，长沙清泰街飞熊印务公司印刷，民国二十五年七月重版，第21—22页。
⑤ 陈元吉：《陈渠珍遗著》，湖南人民出版社2008年版，第599页。
⑥ 《保靖通信：十县教育进行概要》，《大公报》1923年3月10日第7版。

地方部队"从军",后调入统领部任陈渠珍的书记。1922年,沈从文意图北上求学,"当他忐忑不安地说出自己去北京读书的想法时,陈渠珍表现得非常开明,给沈从文支了三个月的薪水"。还鼓励他说:"你在那边最好能进个什么学校,这里会给你寄钱去。情形不好你想回来,这里仍然有你吃饭的地方。"① 设非陈渠珍的资助,沈何能由"从军"变为"从文",终成大家。

第五,于学校教育之外,筹办社会教育。湘西文化上的落后,思想守旧只是其外在表现,其根源在于湘西的闭塞,民众缺乏了解新事物的机会和条件。陈渠珍主政湘西后,出于维持自己湘西统治地位和建设"新湘西"的双重目的,开始普及社会教育,成立露天学校、通俗教育馆、聋哑学校,并举办学校成绩展览,以示褒扬。群众体育方面,建立公共运动场,召开运动会。陈渠珍以湘西巡防统领和剿匪司令的名义,于1925年3月18日发布《检发运动会简章、教材的训令》,指令保靖县知事陈声骏,"查体育一科关系儿童身心之发展,至为重要,久为世界各国所公认。故观察学生精神,即可判别学校办理之良窳。吾湘素得风气之先,莘莘学子多具尚武精神,对于体育自宜多方讲求,以期养成奋斗习惯,作将来健全之国民。本统领举办乡治,首重教育,去岁曾经通令十县拟于保靖地方开一联合运动会,借以促进体育。旋因各乡学校器具大多缺乏,阻碍诸多,遂以中止。兹值春和景明,百物发育之际,自应由各县先行单独举办,为开十县联合运动会之准备。除分令外,合行检发运动会简章、教材一纸,令仰该知事即便遵照,从速召集该县各教育机关妥商办理,如有不谙运动会情形及方法者准其呈报,将来本部可遴派富于体育经验人员来县指导"②。重视体育健全国民的作用,于1924年决定在保靖地方开十县联合运动会,但考虑到地方器具缺乏,阻碍诸多,故先发运动会简章与教材,先行熟悉各项规则,要求各县高度重视,先行单独举办,作为十县联合运动会之准备。而且,还从外地引进了足球、

---

① 罗维:《湘西王陈渠珍》,知识产权出版社2013年版,第92页。
② 《检发运动会简章、教材的训令》,1925年3月18日。保靖县档案馆馆藏档案,资料号:全宗号10目录号1案卷号31。

篮球、网球、排球、乒乓球等新式体育项目,开阔湘西军民眼界,接受新事物,强身健体,促进湘西体育事业的发展。

辛酉旱荒后的几年,主政湘西的陈渠珍,在筹办湘西十县自治的框架下,采取切实措施,大力发展湘西文教事业,一定程度上改变了湘西的落后,保障了民众受教育的权利,力图使湘西从根本上摆脱长期整体贫困的纠缠。然而,"民十四五两年,川黔军各以数万之众",终因川军熊克武部过境湘西,陈渠珍战败,黯然下台,湘西文教事业的发展受到严重打击。"年来黔省内战不息,散枪败卒,伙同苗匪,蚁聚乾凤绥毗连之松铜边境,杀人越货,无所不用其极,夕发黔境,朝掠楚民以归。苗乡学校,或因经费支绌,或因地方糜烂,相率停顿,富者迁徙一空,苗民之生计日蹙。"湘西文教事业尤其是苗民教育,再次陷于停滞,"设非川黔军两次破坏,或告完成"[①]。兵灾致使湘西教育改进告败,贫困湘西复旧。

即使无兵灾,甚或即使兵毒匪全无,湘西教育改进仍会归于失败。湘西的深度整体贫困是中国边地整体贫困的典型代表,是军阀割据、地方分裂、苛税繁重等所造成,这在缺乏中央政权强大统一领导的民国时期是无法解决的。

---

① 石宏规:《湘西苗族考察纪要》,长沙清泰街飞熊印务公司印刷,民国二十五年七月重版,第22—23页。

余 论

新时代湘西整体脱贫

湘省辛酉旱荒叠接春荒，受灾最重之西路，以熊希龄和陈渠珍为代表，以及湘西灾县地方屡次请赈华洋会，多被依据洋牧师勘灾报告定等降级与把持赈务的洋干事们婉拒，始致质疑其施赈的公平性。感受歧视的西路与其影响下的中南两路，就中南两路灾县依据灾重与西路依据烟苗情事双重标准定等、赈款赈粮分等具体标准与赈济公平等问题，质问生华洋会。

除此而外，预计总额高达五百多万元的美款、泰平公司购械定款与米盐公股款，将用于湖南路赈，待赈甚殷的西中南三路力争代表各自利益的工赈路线图能得以实施：灾重之区集中的中西两路支持干事会与李抱一的圈形方案，评议会"三干路七支线"方案、湘政府的"三干线六支线"方案与首传堂的"四干线六支线"方案则兼顾了三路的利益；与之相对应的是三套工赈首修段方案，即干事会的潭宝一段首修、西路的潭宝芷宝两路同修、南路的三路同修。三路对路款预期资金总量的估计过于乐观，遂把工赈路线图作为力争的重点，轻视了首修段择定的争取；而在美款作为当时唯一到账路款的情况下，柏克敲定洋干事偏爱之潭宝段首修，使三路灾重之区争取工赈路线图和首修段的希望化为泡影。

三路关于华洋会赈济争议，遭到干事会忽视或拒绝；中南两路在早已不满的西路的影响下，一同就赈务、交通两大工赈原则与赈务决策权等疑问，密集炮轰干事会。外加旅京湖南筹赈会和北京赈务处对湘省赈务的干预，使深处争议漩涡的干事会，最后被迫裁员与部分分权于评议会，改革荒政制度相妥协。

辛酉春夏两荒的灾重西路，其贫困源于社会失范与湘西民众生活的"可行能力"的丧失。辛酉灾重之湘西，其贫困只是因外部自然灾害而凸显，其根源并不在此，也非华洋会施赈所能救治。华洋会辛酉施赈，湘西所获赈济占到施赈总量的五分之三，加上熊希龄救济凤凰的六万元和乾城的一万元，湘西受赈力度可谓空前，但仍是无补于万一，这不得不从荒旱之外来探求湘西贫困的根源。民初地方军阀林立，边地湘西既陷于滇黔川鄂军阀的争夺，也是湖南军阀难于管控之区，致使湘西迭遭兵燹匪祸；本地驻军的长期坐食，烟毒泛滥，终至湘西发展长期失速或停滞不前；而且，正税和杂捐繁重、省府对湘西地方发展的忽视、湘西文教事业的濒于破产等制度方面的安排，使湘西民众丧失"免受困苦——诸如饥饿、营养不良、可避免的疾病、过早死亡之类——基本的可行能力"[1]，是湘西贫困的根源所在。

　　湘西辛酉饥荒与贫困的产生，并非人均粮食减少这一简单原因，而是与整个社会制度安排密切相关。湘西饥荒与贫困的产生，固然是人均粮食的减少，但这只是表象，"为了在当代世界消除饥饿，关键是要以一种足够宽广的视野，而不仅仅是就粮食与人口之间的某种机械的平衡，去理解造成饥荒的起因过程"。而"饥饿不仅与粮食生产和农业扩展有关，也与整个经济体的运作有关，以及——甚至更广泛的——与政治和社会安排的运行有关，后者能够直接或间接地影响人们获取食品、维持其健康和营养状况的能力。此外，尽管政府政策能够做很多事情，重要的是，要把政府的作用与其他经济和社会机构及制度——从贸易、商业和市场，到积极活动的正当、非政府组织，以及为知情的公众讨论提供支持和便利的各种机构，包括有效的新闻媒体——的高效率运行结合起来"[2]。不仅饥荒如此，作为饥荒表现的贫困更不例外。"我们生活的世界仍然存在大规模的剥夺、贫困和压迫。不仅有老问题，还有很多新问题，包括长期的贫困与得不到满足的基本需要，饥荒和大范围饥馑的发生，

---

[1] ［美］阿玛蒂亚·森：《以自由看待发展》，于真等译，中国人民大学出版社2002年版，第30页。

[2] ［美］阿玛蒂亚·森：《以自由看待发展》，于真等译，中国人民大学出版社2002年版，第162—163页。

对起码的政治自由和基本的自由权的侵犯，对妇女的利益和主体地位的严重忽略，对环境及经济与社会生活的维系力不断加深的威胁。许多这样的剥夺，都可以以这样或那样的形式，在富国和穷国观察得到。"① 可以说，社会失范使边境民族地区成了兵匪毒灾泛滥之地，人祸导致湘西民众食物权利的弱化甚至被剥夺，这是辛酉湘西灾荒的真正成因。因此，稳定的社会秩序与良好的规范是实现民众食物权利、减缓和减少贫困的前置性保障。在强大统一的中央政权出现、完善的制度顶层设计、中央大力扶持落地，以及湘西地方文教事业大力发展与民众脱贫内在动力产生之前，湘西贫困无法摆脱，更非华洋会这一民间组织或湖南一省地方所能解决。

湘西贫困并不仅仅是简单的收入贫困所能解释和消除的。收入贫困只是说明了贫困的表象，正如马尔萨斯在《人口论》中所言，人口数量和粮食产量的增长速度难以匹配，如果不控制几何级数增长的人口数量，则必然会导致贫困。然而，这是一种停留在经济问题表象上的过于片面的归纳，无法完全解释湘西贫困的真正成因。阿瑟·刘易斯在《劳动无限供给条件下的经济发展》中所提出的"二元经济"理论，常被用来解释发展中国家或地区的贫困及其经济发展问题。所谓"二元经济"，是指传统部门和现代部门两个劳动生产率存在巨大差异的行业或产业。按照其理论，一些国家和地区陷入贫困和低水平发展的主要原因是大量劳动力沉淀在劳动生产率很低而其边际值接近于零甚至是负数的小农经济、简单零星的商业和服务业等传统部门中，无法进入高生产率的制造业、近现代商业和服务业等现代部门中。故而，基于"二元经济"理论提出的解决贫困问题的策略，就主要体现为促进工业、服务业部门的扩大，而减少农业部门人口，同时提高农业生产率。② 整体来看，"二元经济"本质上只是建立在商品不平等交换之上的一种理论，只是从价值交换的角度解释了财富的流失所导致的贫困，而未能深入探索财富创造效率高

---

① [美] 阿玛蒂亚·森：《以自由看待发展》，于真等译，中国人民大学出版社2002年版，第23页。

② [美] 阿瑟·刘易斯：《二元经济论》，施炜等译，北京经济学院出版社出版1989年版，第45—46页。

低的深层次原因以及所带来的贫困现象,侧重于收入贫困的"二元经济"理论也无法很好地解释湘西贫困。美国经济学家舒尔茨对贫困问题的研究是从对传统小农经济的研究开始切入的。经过对传统农业和现代农业在经济增长中的作用和贡献进行对比和分析,提出只有通过引进现代化生产要素,才能将"贫穷"的传统农业改造为现代化农业,并为经济增长做出重大贡献。同时强调在要素引进的过程中,对农民进行人力资本投资的重要性。[①] 舒尔茨理论对农村贫困问题的认识,既有建设现代农业、增加农民收入的传统经济学视角,也有强调通过"人力资本"投资来摆脱贫困的多维视角,但其对外来生产要素输入的过于侧重,一方面忽略了不同地区、不同文化下传统农业的差异化特征;另一方面也忽视了传统农业通过自我创新孕育现代化要素的可能性,更不能对缺乏经济机会、政治自由、社会条件、透明性保证以及防护性保障等工具性自由导致的贫困做出较好的解释。

多维贫困理论是相对于从单一视角探究贫困问题的收入贫困理论较好的视角,但也不能完全解释诸如湘西乃至武陵山地区的连片特困现象。如果说前几位经济学家对贫困问题的研究,还只是停留在通过各种方式改善收入来解释和消除贫困的层次上,那么阿玛蒂亚·森的研究,则拓宽了对贫困理解的视野。他指出:"虽然收入贫困与可行能力贫困的联系之间值得重视,同样重要的是,还要看到一个基本事实,即仅仅减少收入贫困绝不可能是反贫困的终极动机。存在这样一种危险,即按照收入剥夺的狭隘观点来看待贫困,然后以教育、医疗保健等等是减少贫困的良好工具为理由,来说明在这些领域投资的正当性。这种观点混淆了目的和手段。根据上面已经讨论过的理由,根本的问题要求我们按照人们能够实际享有的生活和他们实实在在拥有的自由来理解贫困和剥夺。发展人的可行能力直接顺应了这些基本要求。"认为在收入贫困之下,还隐藏着更为本质的决定性因素。"实质自由包括免受困苦——诸如饥饿、营养不良、可避免的疾病、过早死亡之类——基本的可行能力,以及能够

---

① [美]西奥多·舒尔茨:《改造传统农业》,梁小民译,商务印书馆1987年版,第146—153页。

识字算数、享受政治参与等等的自由。"它包括法治意义的自由，但不限于权利——自由是人们能够过自己愿意过的那种生活的"可行能力"和各种"政治权益"。因此，森将此种贫困界定为"能力贫困"。由此提出消除贫困、促进发展的五种工具性自由：经济机会、政治自由、社会条件、透明性保证以及防护性保障。[①] 森对贫困成因分析的多维视角，很好地弥补了传统经济学单一视角的不足，提出了多维度消除贫困的建设性意见，但同样无法完整解释集中连片特困区在空间地理上的分布。

在分析贫困问题上，空间贫困理论不仅是对多维贫困理论的补充与发展，也能更好地解释空间地理学上的贫困分布。经过近30年的扶贫开发，中国农村贫困空间分布上由原来的"大面积"向"区域性、大分散小集中"转变。虽然中国农村贫困这种地区集中式特征在逐步弱化，相对于全国而言，少数民族和民族地区的贫困分布仍然是比较集中的。按照国家扶贫办在《中国农村扶贫开发纲要（2001—2010年）》中期评估政策报告，现阶段中国贫困人口分布呈现点（14.8万个贫困村）、片（特殊贫困片区）、线（沿边境贫困带）并存的特征，在中西部的老区、少数民族地区、边境地区和特困山区（通常说老少边穷山地区），区域内贫困人口高度集中。[②] 以"地理资本"（geographic capital）为核心概念的空间贫困理论，把教育、卫生、社会保障、政治等在城乡之间、贫富人群之间的多种差异集合在空间地理位置这一要素之中，即以空间地理位置禀赋不同来确定。[③] 就空间地理位置而言，中国大部分少数民族分布在自然环境最恶劣、地理位置最偏远的地区，其地理资本无疑是最脆弱最低级的，这也促使该地区更容易形成贫困。空间贫困理论从反贫困的角

---

① ［美］阿玛蒂亚·森：《以自由看待发展》，于真等译，中国人民大学出版社2002年版，第89、30页。

② 国务院扶贫办：《〈中国农村扶贫开发纲要（2001—2010年）〉中期评估政策报告》（2006），http://www.cpad.gov.cn/，2019年5月8日。

③ Jyotsna Jalan and Martin Ravallion. *Spatial Poverty Traps.* The World Bank Policy Research Working Paper, 1997, p. 1862.

度，提出了具体的多维衡量指标（见下表①）。相对收入贫困理论和多维贫困理论，空间贫困理论更符合湘西等少数民族集中聚居的连片特困区的现实，也能做出更为合理的解释，并对消除连片特困区的贫困更富有针对性和可操作性。

表1　　　　　　　　　空间贫困的范例指标

维度	构成	范例指标	
		状态	结果
经济	消费、收入	贫困人口指数，贫困缺口	生产性资产，房屋
社会	营养健康和家庭计划	卡路里摄入量、基本卫生保健的获得	儿童的年龄体重、婴儿死亡率
	教育	小学入学率	文盲率
	机会的获得	土地、信用的获得，决策的参与	生产性资产，从农业剩余或非农活动所得收入
	卫生设施、水	安全饮水的获得	因饮水传染疾病
	能源	电力或薪材的获得	营养或教育指标
环境	自然禀赋	农业气候变量	农业生产率和粮食安全的衡量
	地理性基础设施	市场的进入	出售农业剩余获得的收入

习近平总书记和党中央在湘西十八洞村提出的少数民族集中连片特困区"精准扶贫"理论，更富政治魄力和政治智慧，是在强有力的中央政权的统一领导下对空间贫困理论的新发展。"精准扶贫"理论既有收入贫困理论和多维贫困理论的视角，更有空间贫困理论的考量，较之更胜一筹。在此指导下，消除贫困，不仅仅致力于少数民族贫困地区收入的增长，也应于物质财产资本、社会资本之外，注重包括经济、社会、环境等在内的地理资本；而且更加强调精准，即针对不同贫困区域环境、不同贫困农户状况，运用科学有效程序对扶贫对象实施精确识别、精确

---

① 资料来源：Uwe Deichmann, "Geographic Aspects of Inequality and Poverty", Text for World Bank's on Inequality, Poverty, and Socio‐economic Performance, http//www.world bank.org/poverty/inequal/index.htm.

帮扶、精确管理，细化到村、落实到户、精准到人，扶贫效果更加精准。

辛酉湘西灾县旱荒并不比新化、安化、宝庆严重，而其灾重表现却甲于全省；即使华洋会旱荒赈济倾其全力，也是杯水车薪，难以达到预期效果。之所以如此，表面似因自然灾害所致灾重与华洋会筹募施赈有限，实际根源在于历史上长期以来湘西地区的社会失范，导致湘西地方深度贫困，削弱了民众御灾能力，非华洋会一家或湖南一省地方所能解决。因此，只有强大统一的中央政权的出现、完善的顶层制度设计、中央对贫困地区大力扶持的落地，以及大力发展湘西地方文教事业与激发民众脱贫内生动力，湘西贫困才可彻底摆脱。

2020年是脱贫攻坚的决胜之年。长期以来处于深度贫困的武陵山连片特困区，在党中央坚强有力的领导下，聚集各方合力，从各维度精准施策的脱贫攻坚战役，已经取得了历史性的胜利。

附录一

《湘灾周报》第一号（一九二一年十月十六日）：专件

《湖南华洋筹赈会续订办事章程》

第一条，湖南华洋筹赈会曾经湖南省城中外各界开会议决，继续统筹办理民国十年各县水旱虫灾赈务。

本会于必要时，得永久为湖南慈善机关，办理防灾筹赈事宜。

第二条，本会改会长制为理事制。除原任本会会长及名誉会长八人当然仍推为本会理事外，暂加推理事四人。计湖南省议会议长一人，湖南总商会会长一人，湖南教育会公推一人，本省慈善团体公推一人，统共暂设十二人。由十二人中互选一人为理事长。

本会理事得兼任本会干事。

本会理事得随时出席本会干事会议决事项。

第三条，本会设执行干事十二人，中国人六人，外国人六人，分任本会各部职务。

执行干事须于一定时间到会办事。

本会除重大事务须开执行干事会议决施行外，其他平常事件，由各部执行干事各就其职权内决定之。

本会理干评大会由执行干事会议决随时召集之。

第四条，本会设立评议会。其评议员之产出，如左之规定。

（一）省城文武各行政机关各设一人。

（二）省外各慈善团体及省城各公团各推举一人。

（三）成灾县份每县由各该地方官绅推举一人。

各县评议员之驻省伙食夫马费，各由该县地方公款项下酌量支给。

评议会开会章程另定之。

评议会议决事件，可交执行干事会通过执行，但干事会认为窒碍难行时，得陈明理由，请其再议或缓办。

第五条，本会于适当期间，得就湖南境内灾区适中之地，及北京上海汉口广州等处，分设本会办事处，委托中外士绅为委办员，办理调查散赈转运及筹款各事宜，以资灵便。

第六条，本会一切赈款，均交会计干事之手。会计发出款项时，须照执行干事会议案，由指定发款中外干事开单签名，通知会计为凭。

第七条，成灾县份由本会委托会计一人，经管该县赈款，遵照本会执行干事会议决案及公文函电，通知动用款项。

第八条，成灾县份均应由各该县官绅商学及外国教会之代表组织本会分会，名为湖南华洋筹赈会某县分会，其分会章程另定之。

第九条，湖南政府对于本会赈务行政事宜，须尽力帮助，以图救济之便捷，使灾民共沾实惠。

第十条，本章程未尽事宜，得开理干评大会，随时议决修改。

第十一条，本会原定章程仍继续有效，但与本章程抵触者，以本章程为主。

第十二条，本章程经中外各界大会通过，即生效力。

《湖南华洋筹赈会简章》（原订）

一、定名。本会定名湖南华洋筹赈会。

二、宗旨。本会以筹办急赈平粜、救济灾荒为宗旨。

三、组织。本会由湖南急赈会、湖南旅京筹赈会、省议会、省教育会、商会、红十字分会、各教会及在湖南之中外人士慈善团体组织而成。

四、会员。凡与本会宗旨相合，或出金钱，或出劳力，或出物品，以助本会事业之进行者，皆为会员；并无阶级之分，亦无国籍之别。

五、职员。（甲）本会设会长二人，一驻省内，即推省长兼任；一驻省外，名誉会长无定额；干事若干人，由各团体公举，组织干事会，均为名誉职。（乙）各部委员若干人，由干事会议决，因公费用，得由干事会议决酌给。（丙）办事员及雇员若干人，由干事会议决，酌给津贴及薪水。

六、分部。本会办事暂分下列各部，由干事会推举各部委员，其各该部办事细则，及部员之组织，由各该部拟定及推举，交干事会议决施行。

计开：（一）总务部；（二）调查部；（三）募捐部；（四）采运部；（五）放赈部；（六）平粜部；（七）编辑部。

如有其他应办事业，得由干事会议决，随时增加组织之。

七、经费。除由湖南急赈会、湖南筹赈会拨归外，其余由本会尽力筹划，其方法由干事会议决之。

八、存款。本会委托长沙美商友华银行为存款机关。

九、收款。本会委托省内外各殷实银行及慈善团体为存款机关。

十、会计。本会公举华洋会计各一人，执掌本会一切收支款项，以昭慎重。

十一、会议。（甲）全体会议有必要时，由干事会定期召集。（乙）干事会议讨论各部应办事宜，暂定每周开两次，于星期日午后某时举行。

十二、计划。本会经费充裕时，得筹办本省善后防灾及各种慈善事业。

十三、会址。暂设立湖南省长公署内。

十四、附则。本简章自公布日施行。如有未尽事宜，得由干事会议议决修改之。

《湘灾周报》第二号（一九二一年十月二十三日）：文电

湖南华洋筹赈会成立电

本会致各省各要人及本省各机关通告本会继续办赈并内部组织电。

北京国务院各部总长，督办赈务处，各国公使，辛酉被灾各省救济联合会，华北救灾协会，佛教救灾会，国际统一会，总红十字会，女界红十字会，湖南急赈会，旅京筹赈会，马振五、刘子和诸先生并转旅京同乡会诸公，天津黎前大总统，范静生、郭侗伯、刘霖生诸先生，怀素里刘伯赓先生并转旅津湖南同乡会诸公，上海谭祖安、聂云台、汪颂年、袁伯夔诸先生并转旅沪湖南同乡诸公，广州洪师长并转旅粤湖南同乡诸公，汉口何水警厅长，陈江汉关监督，中国实业银行刘艾唐先生并转旅汉湖南同乡诸公，云南何海清军长，川边陈镇守使，苏州朱镇守使，各省巡阅使、巡阅副使、都统、督军、总司令、省长、省议会、商会、总教育会、湖南会馆诸公，天津、上海、汉口、南京、广州、福州、厦门、宜昌各国领事，长沙总司令、省长公署，英美日各领事，各师旅长、镇守使、司令、省议会、教育会、农工商会、各慈善团体均鉴，本会筹办湖南本年春赈，已告终结，而各县续报水旱虫灾者，计达六十七县之多；待救方殷，怆怀倍切。经恒惕于虞日召集驻省中外各界大会讨论赈灾办法，佥以本会有继续筹办之必要。将续订办事章程，一致通过；并改会长制为理事制；照章推定中西理事、干事各职员。计推定理事为英领事赫兰思、美领事亚敦司、日本领事池永林一、循道会英牧师任修本、聂其杰、谭延闿、沈克刚、省议会会长彭兆璜、总商会会长、教育会代表何炳麟，及希龄恒惕共十二名；推定干事任修本、德牧师韩理生、青年会总干事美人饶伯师、长沙友华银行总经理美人宾伯朗、信义会挪威牧师陶绥德、遵道会美牧师邓维真、袁家普、雷飞鹏、李海、欧本麟、谢国藻、曾约农共十二员。现在会内组织暂分总务、编查两部，总务部推袁家普、饶伯师为坐办，编查部推雷飞鹏、韩理生为坐办；并已通电成灾各县官绅商学教会各界，组织本会分会，辅助进行。希龄、恒惕及本会同人等，对于前届赈务，补救无多，正内疚之未遑，应仔肩之速卸，兹以各界托付之重，灾黎属望之殷，不得不勉力从事，冀尽职责。惟念事体艰巨，更倍于前，苟无有力之应援，何能胜任而愉快。素仰诸公痌瘝在抱，慈善为怀，尚冀锡以箴规，时加督促，则不独孑遗有所托命，即本会亦拜赐无涯矣。专此电闻，统维亮察。湖南华洋筹赈会前会长熊希龄、赵恒惕皓印。

《湘灾周报》第二号（一九二一年十月二十三日）：专件

《湖南华洋筹赈会分会章程》

湖南华洋筹赈会依照本会续订办事章程第八条，由成灾县份官绅商学及外国教士之代表组织各该县华洋筹赈会分会，特定分会办事章程，以资遵守。

第一条，湖南华洋筹赈会分会由各该成灾县份县知事召集本县中外各界人士大会组织之。

第二条，各该分会均定为湖南华洋筹赈会某县分会。

第三条，各分会设名誉会长一人，由各该县知事任之。

第四条，各分会执行部由分会会长，总务、调查、放赈三部主任及本会委派之会计员共五人组织之，分会长及总务、调查、放赈三部主任，由地方各界大会公推地方中外正绅担任之。

第五条，会计员查照本会续订章程第七条，掌管各该分会一切收支簿据，并依总会命令，支应总会所发赈款。

第六条，会计员对于不属总会颁发范围内之赈款，其支配方法及数目，亦应随时报告总会备查。

第七条，各该分会职员，如有人认执行部议决某案为违反本会会章及规令时，得阻止会计发款；该会计应即停止发款，同时将双方理由电呈总会干事会，议决令行查照。

第八条，各分会设立评议会，由各界大会公推中外正绅为评议员，其评议员额数、议事规则，由各该县各界大会按照地方情形决议定之。

第九条，各分会关于散赈一切办法，除查照总会通行条例及随时令行外，各该分会得按照地方情形，提出建议案，呈候总会核夺施行。

第十条，各分会有统筹各该县地方赈务之责，并须设法筹募赈款，以期普济，毋专恃总会颁发。

第十一条，分会执行部与评议会发生争执时，得由双方将其理由陈明，总会开干事会决议判定，令行查照。

第十二条，各分会一切费用不得在总会颁发赈款内支用。

第十三条，总会所颁发各该分会赈粮及运费，直隶总会特设之施赈机关之一切用费，通由总会支给。

第十四条，本章程如该地方情形不同，有窒碍难行者，得依各该分会评议会议决变通办理，仍先行陈明总会干事会决议允行，始生效力。

第十五条，本章程有未尽事宜，得随时由总会干事部议决更改之。

《湘灾周报》第五号（一九二一年十一月十三日）：专件

《湖南华洋筹赈会调查员暂行规则》

第一条，划报灾各县分为十一区并规定调查期间如左。（子）长沙、湘潭、浏阳、醴陵、攸县、茶陵、宁乡、益阳限两月查竣；（丑）湘乡、宝庆、新化、安化、新宁、城步、武冈限两月查竣；（寅）湘阴、岳阳、平江、临湘限一个半月查竣；（卯）永顺、保靖、古丈、大庸、龙山、永绥、桑植限三个月查竣；（辰）桃源、沅陵、泸溪、辰溪、溆浦、乾城、凤凰限两月半查竣；（巳）芷江、黔阳、麻阳、晃县、会同、靖县、通道限三个月查竣；（午）澧县、临澧、慈利、石门、安乡、南县、汉寿限一个半月查竣；（未）衡山、衡阳、耒阳、永兴、安仁、酃县限两月查竣；（申）常宁、桂阳、新田、嘉禾、临武、蓝山、宁远限两月半查竣；（酉）祁阳、零陵、东安、道县、江华、永明限两月查竣；（戌）郴县、宜章、资兴、汝城、桂东限两月查竣。

第二条，每区调查员，华洋各派一员，公丁一名，分赴各区逐县调查；无论天寒路险，均须实地履勘，对于调查事项应负完全责任。

第三条，调查员每到一县，即以调查所得，于各该县市镇就近邮便，随时具报；毋得待一县完全调查，始行报告。

第四条，调查应以旱灾为主，水蝗等灾次之；推算受灾成数若干，并分别何乡何村为最，何乡何村为次；其他兵匪各灾原非本会宗旨，但得附带调查，借以测知其影响饥民之程度。

第五条，依干事会议决案，除调查灾情外，各该县有无种植鸦片烟苗，得附带调查，以免荒废粮种。

第六条，调查事实，规定主要与标准两种如下：

（主要）（甲）以各该县户口概数推算受灾户口若干。

（标准）（一）据该县县志，但年远旧志不足据；（二）据该县习惯所号称；（三）据清宣统年间筹办地方自治之户口调查；（四）据近年选举及其他历次比较可靠之户口调查。

（主要）（乙）各该县常年谷米产额。

（标准）（一）据该县田亩数推算；（二）据该县田赋额推算；（三）据该县屯租额推算；（四）据该县其他国家或地方之税捐推算。

（主要）（丙）各该县常年杂粮产额并其种类。

（标准）据平时习惯号称每年贫民食杂粮岁月。

（主要）（丁）各该县本年谷米产额。

（标准）每村或每乡每都每甲每里每境每段，各提该处头等富户二家，调查其收租额与本年收租额而比例推算之。

（主要）（戊）各该县富户、次贫、极贫数。

（标准）凡其产业或其职业能力足以自给，或并能供给他人者为富户，共若干户若干口；凡其产业及其职业能力仅能勉强支绌至若干期间无力自给者，为次贫，共若干户若干口；凡无生产并无能力刻难度日者为极贫，共若干户若干口。

（主要）（己）各该县积谷情形若何。

第七条，旅费津贴。各员每日火食川资以两元为限，仍须实报实销；津贴每月二十元，跟丁一名每月六元，购食在内；但如遇有为便利起见，另由本会特别；函托教会或地方团体指定调查时，其应给相当之费用，临时另定之。

第八条，调查员对于本章规定之外，凡有关于办理赈灾之事项，亦得用附件具报，以备采入。

第九条，调查员不得干涉地方事务。

第十条，调查员及所带公丁，不得向地方需索费用。

第十一条，本规则经干事会通过公布发生效力。

《湘灾周报》第七号（一九二一年十一月二十七日）：文电

湖南华洋筹赈会分区委员勘灾电

本会委定调查员致各县通电。湖南各县知事并转各地方团体各教会鉴：本会筹办本年旱灾赈务，对于各该县受灾情形，应先从调查入手，以求实在。业经干事会通过订定调查员暂行规则，划分报灾各县为十一区，每区委定调查员一名，即日分途出发。第一区委莫寿森，会同各该县教会外国牧师，调查长沙、湘潭、浏阳、醴陵、攸县、茶陵、宁乡、益阳八县。第二区委蒋炳焱，会同湘乡西牧师、宝庆包牧师、武冈文牧师，调查湘乡、宝庆、新化、安化、新宁、城步、武冈七县。第三区委喻庆林，会同岳阳惠牧师、平江循道会卫牧师，调查湘阴、岳阳、平江、临湘四县。第四区委彭瀛，会同永顺信义会吴牧师，调查永顺、保靖、古丈、大庸、龙山、永绥、桑植七县。第五区委杨继勋，会同沅陵复初会何牧师，调查常德、桃源、沅陵、泸溪、辰溪、溆浦、乾城、凤凰八县。第六区委张荫湘，会同洪江何牧师、芷江包牧师，调查芷江、黔阳、麻阳、晃县、会同、靖县、绥宁、通道八县。第七区委章焕，会同津市信义会柯牧师，调查澧县、临澧、慈利、石门、华容、安乡、南县、沅江、汉寿九县。第八区委周寿龄，会同衡阳长老会葛牧师，调查衡山、衡阳、耒阳、永兴、安仁、酃县六县。第九区委李树荪，会同衡阳魏牧师，调查常宁、桂阳、新田、嘉禾、临武、蓝山、宁远七县。第十区委洪勋，会同零陵任牧师，调查祁阳、零陵、东安、道县、江华、永明六县。第十一区委舒永昶，会同郴县长老会梅牧师，调查郴县、宜章、资兴、汝城、桂东五县。所有各该县查灾手续，除本会已另行规定印发，候上开各区调查员及外国牧师到县，迳与该知事及中西各团体接洽办理具报外，特此电知。湖南华洋筹赈会谏印。

《湘灾周报》第七号：专件

本会委派调查各灾区调查员一览表

区别	调查员姓名	会同教会牧师	调查地点
第一区	莫寿森	各该县牧师	长沙、湘潭、浏阳、醴陵、攸县、茶陵、宁乡、益阳八县
第二区	蒋炳焰	湘乡西牧师 宝庆包牧师 武冈文牧师	湘乡、宝庆、新化、安化、新宁、城步、武冈七县
第三区	喻庆林	岳阳惠牧师 平江循道会卫牧师	湘阴、岳阳、平江、临湘四县
第四区	彭瀛	永顺信义会吴牧师	永顺、保靖、古丈、大庸、龙山、永绥、桑植七县
第五区	杨继勋	沅陵复初会何牧师	常德、桃源、沅陵、泸溪、辰溪、溆浦、乾城、凤凰八县
第六区	张荫湘	洪江何牧师 芷江包牧师	芷江、黔阳、麻阳、会同、晃县、靖县、通道八县
第七区	章焕	津市信义会柯牧师	澧县、临澧、慈利、石门、华容、安乡、南县、沅江、汉寿九县
第八区	周寿龄	衡阳长老会葛牧师	衡山、衡阳、永兴、耒阳、安仁、酃县六县
第九区	李树荪	衡阳魏牧师	常宁、桂阳、新田、嘉禾、临武、蓝山、宁远七县
第十区	洪勋	零陵任牧师	祁阳、零陵、东安、道县、永明六县
第十一区	舒永昶	郴县长老会梅牧师	郴县、宜章、资兴、汝城、桂东五县

《湘灾周报》第八号（一九二一年十二月四日）：专件

《湖南华洋筹赈会分设办事处简章》

第一条，依据本会续订章程第五条，暂于本省境内灾区，择适中地点，组织办事处，定名为湖南华洋筹赈会驻某处办事处。

第二条，办事处委托中外士绅为委办主任各一员，由本会选公正廉明者，委托之文牍一人，会计兼庶务一人，书记一人；由主任推选呈报本会，发给委托书；俟开办后酌量事之繁简，再议增加。

第三条，办事处专以汇兑转运保管为职务，惟遇各处灾情如有意见发表，可随时呈报；俟本会开会议决，再行知照办理。

第四条，被灾各县应隶归某办事处，办理上项事宜，应由本会酌量运输之远近，分别支配，开会议决，即予指定执行。

第五条，关于办事处被灾各县区内运输及其他一切事故，得就近商请该管文武长官，随时接洽保护，以防窒碍，而利进行。

第六条，各办事处经费由本会议决支给之。

第七条，本简章经本会干事会议决施行之；倘有未尽事宜，得以随时提议修改。

《湘灾周报》第十二号（一九二二年一月一日）：专件

湖南华洋筹赈会评议员一览表

姓名	别号	籍贯	住址	推派机关
李鸣九		衡山	总司令部	总司令部
吴舜卿			省议会	省议会
方维夏	竹雅	平江	南门外总铺巷四十五号	省教育会
陶铸				长沙总商会
龙涛	云泉	长沙	工业总会	湖南工业总会
傅作楫	安真	武冈	文星桥第七号	财政厅
周培銮		长沙	学院街八十号	省会警察厅
吴家龙	鄂刚	湘乡	戒严司令部	省垣戒严司令部
蒋育寰	克诚	耒阳	省教育会西街一号	湖南省教职员联合会
陈俶		郴县	皇仓坪蚕业学校	湖南女界联合会
黄式廓	锡光	长沙	息机园积中堂	慈善总公所
韩恒	念兹	长沙	红十字会	湖南红十字会
刘玉堂			唐家湾三十五号	基督教青年会
陈念恃		南县	南正街六十八号	长沙律师公会
陈家轸				中华公会
杨兴权		长沙	小学宫街律师叶之乔同住	长沙知事公署
陈斌生	观文	湘阴	草潮门正街湘记粮栈	湘阴县知事公署

续表

姓名	别号	籍贯	住址	推派机关
刘光萃		岳阳	长春街二十九号	岳阳县知事公署
黄孟祥	玖瑜	益阳	康济医院	益阳县知事公署
谭景义		茶陵	戥子桥	茶陵知事公署
吉光勋	涑轩	安化	天心阁下吉怡云寄庐	安化县知事公署
刘善泽	腴深	浏阳	寿星巷半醒书屋	浏阳知事公署
鄞明纲		平江	大东茅巷京兆寄庐	平江县知事公署
沈凤翔	秋浦	临湘	高井街二号	临湘知事公署
谢钟枘	重齐	湘乡	刘公渡谢公馆	湘乡知事公署
唐建藩	春海	湘潭	北正街义昌当铺内	湘潭知事公署
陈润霖	夙荒	新化	储英园楚怡小学校	新化知事公署
欧阳刚中	伯健	武冈	教育会担任通俗报社编辑	武冈知事公署
胡曜	良翰	宁乡	刘忠壮祠坪十二号	宁乡知事公署
汤超举	滨南	醴陵	财政厅总务科	醴陵县知事公署
夏秀峰		新宁	息机园来安旅馆	新宁知事公署
				宝庆知事公署
				攸县知事公署
				华容知事公署
				城步知事公署
汪宗垚	毓嵩	常德	省长公署交涉股主任科员	常德知事公署
罗大凡		汉寿	文星桥六号	汉寿县知事公署
田玉树		凤凰	苏家巷湘西镇守使田公馆	凤凰知事公署
杨凤藻	梧森	永绥	皇仓坪天灯巷招贤宾馆	永绥知事公署
覃遵典	晦甫	石门	省议会	石门知事公署
郭庆寿	筝坞	永顺	贡院东街五十号	永顺知事公署
段书麟	云初	乾城	贡院西街自福旅馆	乾城知事公署
萧登	登初	溆浦	长沙戥子桥惜字公庄	溆浦县知事公署
江天涵		芷江	省议会	芷江县知事公署
吴树勋		慈利	县城东门外中学堂	慈利县知事公署
舒守徇		晃县	水风井光睦甲第第三号覃遵典	晃县公民吴舜卿等公举
向玉楷		麻阳	省垣兑泽中学校	麻阳知事公署

续表

姓名	别号	籍贯	住址	推派机关
钟启桢	干嶔	泸溪	文星桥第八号西师旅省校友会	泸溪知事公署
王正鹏		桑植	省议会	桑植知事公署
徐新		临澧	省议会	临澧知事公署
石成金		沅江	省长公署总务科长	沅江知事公署
陈克刚		会同	北门文星桥文星里第八号	会同知事公署
罗维镛		桃源	省议会	桃源知事公署
黄承熙		靖县	省宪法驻省审查员	靖县知事公署
张声树	伯衡	沅陵	左局第二号	沅陵知事公署
黎晓旸		澧县		澧县知事公署
				辰溪知事公署
				通道知事公署
傅庆余				古丈知事公署
胡锦心		龙山	省长公署内务科	龙山知事公署
				保靖知事公署
				黔阳知事公署
				大庸知事公署
				绥宁知事公署
				安乡知事公署
				南县知事公署
王会圭	旷宣	耒阳	西园省议员寄宿舍	耒阳县议会
贺模	文楷	衡阳	坡子街丰亨豫钱号	衡阳知事公署
程振霆			总司令部参谋官	资兴县知事公署
伍坤	尧堦	零陵	省议会	零陵县知事公署
雷铸寰	孟强	东安	省长公署内务科	东安县知事公署
黄赟		江华	怡长街彭氏试馆	江华县知事公署
匡柏巢	垣昂	宁远	省议会	宁远县知事公署
朱应祺	子山	汝城	赐间湖九号	汝城知事公署
成兆炎		蓝山		蓝山县知事公署
彭显唐		永兴		永兴县知事公署
谢镇湘		嘉禾		嘉禾县知事公署

续表

姓名	别号	籍贯	住址	推派机关
				新田县知事公署
				临武知事公署
				桂东知事公署
				鄜县知事公署
				宜章知事公署
				道县知事公署
				永明知事公署
				桂阳知事公署
				郴县知事公署
				安仁知事公署
				常宁知事公署
				衡山知事公署
				祁阳知事公署

《湘灾周报》第十四号（一九二二年一月十五日）：专件

《湖南华洋筹赈会评议会章程》

第一章　组织

第一条，本评议会根据《华洋筹赈会续订办事章程》第四条之规定组织之。

第二条，本评议会得设办公室，以便随时办公。

第三条，本评议会由会员互选主任一人副主任一人，主持会务，其文牍书记由执行干事部职员兼任。

第二章　权限

第四条，本评议会得刊图记一颗，文曰"湖南华洋筹赈会评议会图记"，以昭信用。

第五条，本评议会关于办理调查赈散采运等款、募捐、平粜、编译各事，有建议、报告及审查之权。

第六条，本评议会对于执行部预算及散赈方法与决算等事，有建议及审查支配之权；每届办赈之决算，得请干事部汇印报告。

第七条，本评议会议决事件，交干事部执行之；但干事会认为窒碍难行时，得申述理由，再交复议。

第八条，本评议会如经会员十人以上，认理干两部执行之事有必须变更时，得连署提议召集开评议会，再经出席会员三分之二议决，得请执行部变更其执行；但执行干事仍认为不妥时，得再交复议，或开理干评大会解决之。

第九条，本评议会根据《湖南华洋筹赈会续订办事章程》第十条，有修改全会章程之权。

第十条，本评议会主任，总理本会应行各事；本会开会时由主任主席，如主任有事不能到会时，副主任得代理之。

第三章　会议

第十一条，本评议会议事细则另定订之。

第十二条，本评议会会议分常会、临时会议两种。常会于每月第一、第三星期六下午三旬钟举行，临时会无定期。

第十三条，本评议会开会由主任召集之，但经理事部或干事部及有评议员五人以上之函请，得临时召集之。

第四章　附则

第十四条，本评议会设于湖南华洋筹赈会内。

第十五条，本章程自本评议会通过后即生效力。

第十六条，本章程经会员过半数出席，出席会员过半数议决，得修改之。

附议事细则：

（一）本议事细则根据本评议会章程第十一条之规定订定之。

（二）本评议会开会时间，照本评议会章程第十二条之规定。

（三）本评议会开议时，须有会员三分之一出席，出席会员过半数表决制，但本评议会章程第十六条之规定不在此限。

（四）本评议会议案须由主任编印议事日程，先期分发会员，但临时动议者不在此限。

（五）本评议会会议时，同时不得有二人发言。

（六）本评议会会议时，会员因有事故不能出席者，须先向会中书面请假，如逾三次不请假者，得由本会函请该县或该机关另选到会。

（七）本评议会会议时，会员不得迟到或早退，但有特别事故时，须向主席声明。

（八）本细则自开会通过后，即生效力，但经会员十人以上之提议，得开会修改之。

《湘灾月刊》第四期（一九二二年七月）：专件

《湖南华洋筹赈会改订路工办法》

工人组织。每队人数三十人起至一百人止，每队队长伙夫由各队自行推举；队长负有与路工事务所接洽一切任务；各队工人工资由各该队长承领，分别发给；工资发放以队为单位，不以人为单位。其工资等级如下：

土工在五尺以下者，每百英立方尺洋二角；

土工自五尺至十尺者，每百英立方尺洋二角二分；

土工自十尺至十五尺者，每百英立方尺洋二角四分；

土工自十五尺至二十尺者，每百英立方尺洋二角六分；

土工在二十尺以上者，每百英立方尺洋二角八分；

坚土照上列工资加倍，石工另议包挖。

至此项工资之给予，以谷米高粱或以银钱，视土方数目多寡为准；米与高粱均照市价扣算。每日每人给高粱或米二斤，如某队三十人，即给六十斤；人数多者，照此类推。每人准给每日养家津贴米或高粱二斤，从工队到路工作之日起算；三十人之队，每天共六十斤，人数多者照算。每月月终查照工程师报告核发，如所赚工资尚有赢余，即可以之购买蔬菜及他项食物用品。

路费。自应募之日起，每人每日发给粮食一斤半，蔬菜钱二分五厘，其赴工程途在两日以内者，可不给发。

路费及养家津贴各种款项，均先行估计，交由各该处筹赈代表掌管。

日工。有某种工程不能包定者，即以日工计算。工资每人每日二角三分，以谷米或银钱给予之。

供具。（已到工后）每人给锄头一把，土箕一担扁挑一条，每队给沐浴盆一个，锅子一口，饭甑一个，大篾棚（每个容三十人）照人数酌发；号戳一个，为领取各县供具之用；此外工人或工队所需用具概归自备。

付资。工资须在工程已达一定标准之时酌发，竣工后结算；所需日用粮食，可先垫发；一切款项支付，须经工程司核准，再由钱粮股发给。

一切供用器具归各队负责保存，如彼等缴足代价，即为该队所有。

雨天津贴。一日或半日因雨停工，工人仍得领每日一角之工资。

回家。每队自停止工作日起，工资及养家津贴一律停给，回家路费工人自备。

附录二

民国电报纪日办法

民国时期电报的发报月份用地支代替，而日期则用韵目代替。因开通之初，电报发送非常昂贵，按字论价，"字字是金"，由是节约用字。由是以地支代月，韵目代日，此种方法一直延用到新中国成立初期，前后使用70余年。

电报中韵目代日，是以金代编修的《平水韵》的韵目代表日期。从韵目表中挑选出代替日期的韵目，总共有三十个，分别代表三十天。前十五天为韵目上平声全部，其次是韵目上声十个，韵目去声五个；后使用公历，又添上一个"世"，代表三十一日，这样用三十一个字分别代表三十一天。

日期	上平	下平	上声	去声	入声
一日	东	先	董	送	屋
二日	冬	萧	肿	宋	沃
三日	江	肴	讲	绛	觉
四日	支	豪	纸	寘	质
五日	微	歌	尾	未	物
六日	鱼	麻	语	御	月
七日	虞	阳	麌	遇	曷
八日	齐	庚	荠	霁	黠
九日	佳	青	蟹	泰	屑
十日	灰	蒸	贿	卦	药

续表

日期	上平	下平	上声	去声	入声
十一日	真	尤	轸	队	陌
十二日	文	侵	吻	震	锡
十三日	元	覃	阮	问	职
十四日	寒	盐	旱	愿	缉
十五日	删	咸	潸	翰	合
十六日		铣	谏	叶	
十七日		筱	霰	洽	
十八日		巧	啸		
十九日		皓	效		
二十日		哿	号		
二十一日		马	箇（即"个"）		
二十二日		养	祃		
二十三日		梗	漾		
二十四日		迥	敬		
二十五日		有	径		
二十六日		寝	宥		
二十七日		感	沁		
二十八日		俭	勘		
二十九日		豏	艳		
三十日	卅		陷		
三十一日	世	引			

注：三十日应用"陷"字代替，但因军队忌讳，便用"卅"字来代替。三十一日无韵目可代，常用"世"或"引"字代替；"世"字是"卅一"的合写，"引"字与阿拉伯数字"31"形似。

实际电报中常用日期代用字：

日期	常用代用字	日期	常用代用字	日期	常用代用字
一日	东	十二日	文	二十三日	梗（漾）
二日	冬	十三日	元	二十四日	敬
三日	江	十四日	寒	二十五日	有
四日	支	十五日	删	二十六日	宥

续表

日期	常用代用字	日期	常用代用字	日期	常用代用字
五日	歌（微）	十六日	铣	二十七日	感
六日	鱼	十七日	筱	二十八日	俭（勘）
七日	虞（阳）	十八日	巧	二十九日	艳
八日	齐（庚）	十九日	皓（效）	三十日	卅
九日	佳	二十日	哿	三十一日	世
十日	灰（蒸）	二十一日	马		
十一日	真	二十二日	养		

（引自张福通《民国时期电报日期代用字考察》，《浙江万里学院学报》2007年第6期。）

参考文献

[1] 保靖县档案馆馆藏民国湘西档案。

[2] 长沙《大公报》（1915—1927 年）电子版。

[3] ［日］国立公文书馆亚洲历史资料中心所藏泰平械款交涉档案文书。https：//www. jacar. archives. go. jp/aj/meta/MetSearch. cgi.

[4] 《申报》《新闻报》、天津《益世报》《时报》《民国日报》、北京《事益报》等。https：//www. cnbksy. com/。

[5] 中国第二历史档案馆藏民国档案。

[6] 中国第一历史档案馆藏民国档案。

[7] ［美］阿玛蒂亚·森：《以自由看待发展》，于真等译，中国人民大学出版社 2002 年版。

[8] ［英］埃瑞克·霍布斯鲍姆：《匪徒：秩序化生活的异类》，中国友谊出版社 2001 年版。

[9] ［英］贝思飞：《民国时期的土匪》，徐有威等译，上海人民出版社 2010 年版。

[10] 财政科学研究所、中国第二历史档案馆编：《民国外债档案史料》（第三卷），档案出版社 1989 年版。

[11] 陈存恭：《列强对中国军火的禁运（民国八年——十八年）》，台湾"中研院"近代史研究所 1983 年版。

[12] 陈元吉编：《陈渠珍遗著》，湖南人民出版社 2008 年版。

[13] 池子华：《中国流民史·近代卷》，安徽人民出版社 2000 年版。

[14] 戴玄之：《中国秘密宗教与秘密会社》，台湾商务印书馆 1991 年版。

[15]（清）但湘良：《湖南苗防屯政考》。

[16] 邓云特：《中国救荒史》，河南大学出版社2010年版。

[17] 杜春和等编：《北洋军阀史料选辑》，中国社会科学出版社1981年版。

[18][美] 费正清编：《剑桥中华民国史（1912—1949）》（上卷），刘敬坤、杨品泉等译，中国社会科学出版社1994年版。

[19] 国家图书馆古籍影印室编：《民国赈灾史料初编》（1—3册），国家图书馆出版社2008年版。

[20] 郭剑林编：《北洋政府简史》，天津古籍出版社2000年版。

[21] 贵州省政协文史与学习委员会编，李祖明编著：《贵州文史资料专辑——黔军史略》，贵州人民出版社2011年版。

[22] 胡履新、鲁陆盎、张孔修等：民国《永顺县志》，吟张纸局代印1930年版。

[23] 湖南历史考古研究所编：《湖南自然灾害年表》，湖南人民出版社1961年版。

[24] 湖南善后协会编纂：《湘灾纪略》，中华书局2007年版。

[25] 湖南省地方志编纂委员会编：《湖南省志·政务志·外事》，湖南出版社1996年版。

[26]《湖南文史资料选编》，湖南人民出版社1987年版。

[27] 黄福庆：《清末留日学生》，台湾"中研院"近代史研究所2010年版。

[28] 姜克夫编著：《民国军事史》（第1卷），重庆出版社2009年版。

[29] 来夏新等：《北洋军阀史》，东方出版中心2016年版。

[30] 李文海、周源：《灾荒与饥馑：1840—1919》，高等教育出版社1991年版。

[31] 刘显世等修，任可澄等纂：民国《贵州通志》，巴蜀书社2006年版。

[32] 刘泱泱主编：《湖南通史》，湖南人民出版社2008年版。

[33] 龙山修志办公室编：《龙山县志》，内部发行1985年版。

[34] 鲁岚：《陈渠珍》，湖南人民出版社1989年版。

［35］罗维：《湘西王陈渠珍》，知识产权出版社 2013 年版。

［36］马模贞主编：《中国禁毒史资料》，天津人民出版社 1998 年版。

［37］南雁：《小事化大的安徽匪乱》，《东方杂志》第 21 卷第 14 号，商务印书馆 1924 年版。

［38］石宏规：《湘西苗族考察纪要》，长沙清泰街飞熊印务公司民国二十五年七月重版。

［39］宋斐夫主编：《湖南通史》，湖南人民出版社 2008 年版。

［40］陶菊隐：《记者生活三十年》，中华书局 2005 年版。

［41］王晓天：《湖南古今人物辞典》，湖南人民出版社 2013 年版。

［42］王芸生编：《六十年来中国与日本》（第六卷），生活·读书·新知三联书店 1980 年版。

［43］［美］威廉·阿瑟·刘易斯：《二元经济论》，施炜等译，北京经济学院出版社 1989 年版。

［44］魏源：《魏源全集》，岳麓书社 2004 年版。

［45］《文史精华》编辑部编：《近代中国烟毒写真》，河北人民出版社 1997 年版。

［46］［美］西奥多·舒尔茨：《改造传统农业》，梁小民译，商务印书馆 1987 年版。

［47］夏鹤鸣、廖国平编：《贵州航运史》，人民交通出版社 1993 年版。

［48］湘西州政协文史资料研究委员会《湘西文史资料》编辑部：《湘西文史资料》全辑。

［49］谢本书、马祖贻：《西南军阀史》，贵州人民出版社 1994 年版。

［50］［日］信夫清三郎：《日本外交史》，天津社会科学院日本问题研究所译，商务印书馆 1980 年版。

［51］熊晓辉、向东：《湘西历史与文化》，民族出版社 2008 年版。

［52］《永顺县志》编纂委员会编：《永顺县志》，湖南出版社 1995 年版。

［53］酉阳、秀山、龙山、永顺、来凤文史资料协作委员会编：《湘西文史资料》，1989 年版。

［54］张朋园：《中国现代化的区域研究——湖南省（1860—1916）》，台湾"中研院"近代史研究所 1983 年版。

[55] 张侠等编：《北洋陆军史料（1912—1916）》，天津人民出版社 1987 年版。

[56] 中国第二历史档案馆编：《中华民国史档案资料汇编第三辑·军事》，江苏古籍出版社 1991 年版。

[57] 《中国地方志集成·湖南府县志辑》，江苏古籍出版社 2002 年版。

[58] 中国社会科学院近代史研究所：《日本侵华七十年史》，中国社会科学出版社 1992 年版。

[59] 中国社会科学院近代史研究所《近代史资料》编辑组编：《近代史资料》，中国社会科学出版社 1983 年版。

[60] 周秋光编：《湖湘文库·熊希龄集》，湖南人民出版社 2008 年版。

[61] 邹念之编译：《日本外交文书选译——关于辛亥革命》，中国社会科学出版社 1980 年版。

[62] 鲍世修：《日本对晚清军队改革的影响》，《军事历史》1989 年第 3 期。

[63] 陈存恭：《民初陆军军火之输入（民国元年—十七年）》，载台湾"中研院"近代史研究所《近代史研究所集刊》第六期。

[64] 郭循春：《泰平组合、军火贸易与日本陆军的对华政策》，《抗日战争研究》2018 年第 2 期。

[65] 李文海：《晚清义赈的兴起与发展》，《清史研究》1993 年第 3 期。

[66] 吴德华：《试论民国时期的灾荒》，武汉大学学报（社会科学版）1992 年第 3 期。

[67] 向常水、吴仰湘：《民国时期湖南纷乱的公共领域：基于米盐公股问题的考察》，《湖南大学学报》（社会科学版）2008 年第 6 期。

[68] 张玉法：《外人与辛亥革命》，载中国台湾"中研院"近代史研究所《近代史研究所集刊》第三期。

[69] 郑自军：《湖南辛酉大旱（1921 年）及赈务研究》，《历史教学》2002 年第 5 期。

[70] 黄公舒：《陈渠珍与湘西社会治理研究（1920—1935）》，硕士学位论文，吉首大学，2017 年。

[71] 张黎：《陈渠珍教育思想研究》，硕士学位论文，吉首大学，

2010年。

［72］［日］名古屋貢：《泰平組合の武器輸出》，新潟大学：東アジア：歴史と文化，第16册，2007年3月，第1页。

致　　谢

本书为湖南省教育厅科研重点项目"社会失范与湖南华洋筹赈会辛酉湘西旱荒赈济研究"（项目编号：18A276）的结题成果；本书出版还得到了吉首大学民族学学科等的大力资助；同时商永林也在泰平械款日文文献的翻译及其研究方面贡献颇多；安芳编辑的时时督促与指导，于本书的顺利付梓尤为不可或缺。一并致谢！